AF145073

Wie regele ich meine Nachfolge?

Anna Nagl

(Hrsg.)

Wie regele ich meine Nachfolge?

Leitfaden für Familienunternehmen

3., aktualisierte Auflage

Hrsg.
Anna Nagl
Aalen, Deutschland

ISBN 978-3-658-25844-3   ISBN 978-3-658-25845-0   (eBook)
https://doi.org/10.1007/978-3-658-25845-0

Die Deutsche Nationalbibliothek verzeichnet diese Publikation in der Deutschen Nationalbibliografie; detaillierte bibliografische Daten sind im Internet über http://dnb.d-nb.de abrufbar.

Springer Gabler

Springer Gabler ist ein Imprint der eingetragenen Gesellschaft Springer Fachmedien Wiesbaden GmbH und ist ein Teil von Springer Nature
Die Anschrift der Gesellschaft ist: Abraham-Lincoln-Str. 46, 65189 Wiesbaden, Germany

Geleitwort

Eigentlich ist die Sache ganz einfach und normal: Man baut einen Betrieb, ein Geschäft oder ein Unternehmen auf, investiert seine ganze Zeit und Kraft, sein ganzes Wissen, Wollen und Können und mit einigem Glück entwickelt sich alles zum Besten. Nach der Phase des Aufbaus folgt die des Ausbaus, der Erweiterung und der Diversifikation und danach die Konsolidierung. Wenn das „Lebenswerk" steht und die Mitte des Lebens so langsam überschritten ist, fragt man sich, wie es weitergehen soll, denn an der Frage „Was ist, wenn ich aufhöre?" kommt ja keiner vorbei. Man schaut sich nach einem Nachfolger um, übergibt ihm das Unternehmen und zieht sich als Senior aufs Altenteil zurück.

In mittelständischen Unternehmen war das früher so: Wenn Kinder da waren, übernahm eines davon, auch wenn derjenige oder diejenige keine besondere Neigung dazu verspürte, Nachfolger und Unternehmer zu sein. Wenn keine Kinder da waren, wurde jemand anderer aus der Familie als Erbe eingesetzt.

Hier hat sich die Situation heute spürbar gewandelt. Es zeigt sich, dass die junge Generation zunehmend nicht mehr gewillt ist, den elterlichen Betrieb zu übernehmen. Das hat dazu geführt, dass heute in jedem zweiten deutschen Familienunternehmen, dessen Eigentümer älter als sechzig Jahre ist, die Nachfolge noch nicht geklärt ist. Die Gründe dafür sind unterschiedlich: Mal liegt es daran, dass für den Senior, auch wenn er die Sechzig bereits überschritten hat, das Thema der Nachfolgeregelung noch nicht akut ist, weil er noch nicht ans Aufhören denkt, mal hat sich kein potenzieller Nachfolger gefunden, der in den Augen des Seniors die nötige Qualifikation mitbringt, in anderen Fällen konnte keine Einigung über den Unternehmenswert oder über die künftige Unternehmensstrategie oder neue Geschäftsmodelle erzielt werden. Vielfach lag es auch einfach daran, dass die potenziellen jungen Nachfolgekandidaten eine ganz andere Lebenseinstellung vertraten und ihr Leben anders gestalten wollten als die Eltern es vorgelebt hatten. Kurz: Die Nachfolgeregelung ist in kleineren und mittelständischen Unternehmen zu einer entscheidenden, weil überlebenswichtigen Frage geworden, denn wenn sich die Nachfolge nicht regeln lässt, droht fast jedem dritten Unternehmen das Aus.

Dass und wie eine geregelte Nachfolge in kleinen und mittelständischen Unternehmen möglich ist, zeigt die Studie „Was ist, wenn ich aufhöre?". Das vorliegende Buch ist ein verlässlicher Ratgeber und Leitfaden für jeden, der mit der Frage „Was ist, wenn ich aufhöre", also der Regelung seiner Nachfolge im Unternehmen, konfrontiert ist.

Aalen   Prof. Dr. Gerhard Schneider
März 2019   Rektor der Hochschule Aalen

Vorwort

Die deutsche Unternehmenslandschaft ist primär durch inhabergeführte Unternehmen geprägt. 73 % der Unternehmen sind Einzelunternehmen und Personenhandelsgesellschaften. Hinzu kommen 21 % Kapitalgesellschaften, von denen ein großer Anteil durch Eigentümer und Eigentümerfamilien dominiert wird. 6 % der Unternehmen haben eine andere Rechtsform. Allein aus diesen Zahlen lässt sich schon ableiten, dass im Gegensatz zu Publikumsgesellschaften mit externem Management, der Unternehmensnachfolge eine überaus bedeutende Rolle zukommt. In vielen Fällen ist die Zukunftsfähigkeit des Unternehmens vom Einzelunternehmer oder dem Mehrheitsgesellschafter bzw. Gesellschafter-Geschäftsführer abhängig. Seine Begeisterung für das Unternehmen, „sein Unternehmen" und seine Fachkompetenz, seine Innovationskraft prägen diese Unternehmen. Aufgrund dieser überaus großen Bedeutung des „Patriarchen" für das Unternehmen und damit für alle Stakeholder kommt seiner Nachfolge diese herausragende Bedeutung zu. Vielfach ist er Chef, Innovator, Verkäufer und Vorarbeiter in einer Person. Gerade wegen dieser Bündelung von Kompetenz in einer Person hat die Regelung der Nachfolge heute in den Rating-Systemen der Banken einen besonderen Stellenwert.

Häufig ist dieser Personenkreis so intensiv mit dem Unternehmen verbunden, ja verschmolzen, dass sie selbst gar nicht an die „Zeit danach" denken und sich häufig für unentbehrlich und für immer jung halten. Dabei ist die Regelung der Nachfolge für einen verantwortungsbewussten Unternehmer altersunabhängig. So kann eine Erkrankung oder ein Unfall schon in jungen Jahren die Nachfolge ganz plötzlich auf den Plan rufen. Über die Funktion des amerikanischen Vizepräsidenten wurde einmal gesagt: „Der Vizepräsident ist die unbedeutendste Funktion in der Exekutive und dennoch ist sie nur einen Herzschlag von der wichtigsten Funktion, der des Präsidenten, entfernt!" Dies sollten sich viele Unternehmer verdeutlichen und ihre Nachfolge so regeln, dass ein Notfallplan jeden Tag Realität werden könnte.

Dazu gibt das vorliegende Buch vielfältige Hinweise für Unternehmer und potenzielle Nachfolger. Es zeigt Handlungsmaximen und Gestaltungsmöglichkeiten auf, die dann im Einzelfall mit Rechts- und Steuerberatern sowie den das Unternehmen begleitenden Banken mit Leben zu erfüllen, aktiv zu gestalten und verantwortungsbewusst, auch und gerade gegenüber den im Unternehmen beschäftigen Mitarbeitern zu gestalten sind.

Aalen   Hans-Peter Weber
März 2019   bis Ende 2018 Vorsitzender des Vorstandes der VR-Bank Ostalb

Einleitung

Zusammenfassung

Das deutsche mittelständische Unternehmen ist die tragende Säule unserer Wirtschaft, insbesondere auch was die Anzahl der Arbeitsplätze betrifft. Dieses Buch greift ein Hauptproblem des Mittelstands, nämlich die Unternehmensnachfolge, auf.

Nach einer ausführlichen Situationsanalyse der Herausgeberin beschreibt Beatrice Rodenstock den Generationswechsel als Veränderungsprozess und geht auf die Übergabestrategie und das Beziehungsmanagement als wesentliche Komponenten ein, die es für beide Generationen zu „managen" gilt, um die Nachfolge erfolgreich umsetzen zu können. Darauf folgt von Alexander Haubrock die Betrachtung der Probleme des Generationswechsels aus psychologischer Sicht. Anschließend wird als wichtiger Bestandteil einer guten Unternehmensführung und -kontrolle die Einrichtung eines Beirats dargestellt, der bei der Unternehmensnachfolge eine nicht zu unterschätzende Hilfe sein kann.

Die Breite der Nachfolgeproblematik wird durch vier Fallbeispiele abgerundet, die zeigen, wie Unternehmensübergaben auf die nächste Generation ablaufen können. Im ersten Beispiel wurde ein Kleinbetrieb an die Tochter übergeben. Das zweite Beispiel beschreibt die Übergabe eines mittelständischen Unternehmens an den Sohn. Beispiel drei beschreibt den Prozess der Übergabe eines Betriebs an den Schwiegersohn. Und im letzten Kapitel geht der Autor auf die Schwierigkeiten und Herausforderungen ein, mit denen er selbst als Nachfolger aufgrund des plötzlichen Todes seines Vaters zu kämpfen hatte. Er gibt Tipps für die familieninterne Nachfolge für den Fall, dass nichts geregelt ist.

Dieser Leitfaden für Familienunternehmer zeigt sowohl der übergebenden als auch der übernehmenden Unternehmensführung Gestaltungs- und Handlungsalternativen auf, die den nachhaltigen Erfolg des Unternehmens sichern helfen. Die aktuelle Diskussion über „Good Governance" in mittelständischen Familienunternehmen wird hier für den Bereich Unternehmensnachfolge konkretisiert. Mit den theoretischen Analysen und praktischen Beispielen ist dieses Buch gleichermaßen für Unternehmer und Nachfolger wie auch für Fachleute eine Fundgrube.

Aus Gründen der besseren Lesbarkeit wird auf die gleichzeitige Verwendung männlicher und weiblicher Sprachformen verzichtet. Sämtliche Personenbezeichnungen gelten gleichwohl für beiderlei Geschlecht.

Inhaltsverzeichnis

Herausgeber- und Autorenverzeichnis

Über die Herausgeberin

 **Prof. Dr. Anna Nagl** ist seit 20 Jahren Professorin für Management an der Hochschule Aalen. Darüber hinaus ist sie Studiendekanin und leitet das Kompetenzzentrum für innovative Geschäftsmodelle der Hochschule Aalen. Sie berät Familienunternehmen bei strategischen Fragen zu Geschäftsmodellen, bei der Unternehmensnachfolge und beim -verkauf. Bei Springer Gabler sind u. a. ihre Bücher „Der Businessplan – Geschäftspläne professionell erstellen" (9. Aufl.) und „Geschäftsmodelle 4.0 – Business Model Building mit Checklisten und Fallbeispielen" erschienen.

E-Mail: anna.nagl@hs-aalen.de
Leitung Kompetenzzentrum für innovative Geschäftsmodelle, Hochschule Aalen, Aalen, Baden-Württemberg, Deutschland

Autorenverzeichnis

Dr. h.c. Dietrich Dörner war bis Ende 2001 Vorsitzender des Vorstandes der Ernst & Young Wirtschaftsprüfung AG, Stuttgart. Er war langjähriges Mitglied des Hauptfachausschusses (HFA) des Instituts der Wirtschaftsprüfer in Deutschland e. V. (IDW) sowie Mitglied in mehreren Beiräten und Aufsichtsräten, Sprecher des Kuratoriums Deutsches Netzwerk Wirtschaftsethik (DNWE) und Präsident der Schwäbischen Gesellschaft. Dr. h.c. Dörner verfasste zahlreiche Aufsätze und wirkte an Kommentaren zur Rechnungslegung und Prüfung mit.

E-Mail: dietrich.doerner@ddwp.de
Wirtschaftsprüfer/Steuerberater, Ravensburg, Baden-Württemberg, Deutschland

Manuel Graf, Diplom-Betriebswirt (FH), studierte an der Hochschule Aalen Betriebswirtschaft für kleine und mittlere Unternehmen. Von 2005 bis 2007 war er Assistent der Geschäftsführung bei der Unternehmensberatung TQU ifqm GmbH. Danach stieg er zunächst als Prokurist in das familieneigene Unternehmen ITC Graf GmbH ein, seit 2012 ist er dort Geschäftsführer.

E-Mail: m.graf@itc-graf.de
Geschäftsführung, ITC Graf GmbH, Heidenheim, Baden-Württemberg, Deutschland

Prof. Dr. Alexander Haubrock studierte Psychologie in Münster und spezialisierte sich auf die Gebiete Personalentwicklung und Wirtschaftspsychologie. Nach seiner Promotion arbeitete er in unterschiedlichen Funktionen im Personalbereich. 1999 folgte die Berufung als Professor für Personalmanagement und Wirtschaftspsychologie an die Hochschule Aalen. Von 2010 an war er Prorektor der Hochschule Aalen, ehe er 2016 als Studiengangleiter Wirtschaftspsychologie zur Fachhochschule Bielefeld in den Fachbereich Wirtschaft und Gesundheit wechselte.

E-Mail: alexander.haubrock@fh-bielefeld.de
Fachhochschule Bielefeld, Fachbereich Wirtschaft und Gesundheit, Interaktion 1, 33619 Bielefeld, Nordrhein-Westfalen, Deutschland

Christian Lanzinger, M.Sc. Vision Science and Business (Optometry), machte nach seinem Bachelorstudium Augenoptik und Hörakustik seinen Masterabschluss im berufsbegleitenden Studiengang Vision Science and Business (Optometry) an der Hochschule Aalen. Aufgrund des plötzlichen und unerwarteten Todes seines Vaters musste er sich intensiv mit dem Thema Nachfolge beschäftigen und hat den Betrieb mittlerweile übernommen.

E-Mail: c.lanzinger@brillen-wohlfart.de

Theresa Raible, B.Sc. Augenoptik, hat sich im Rahmen ihrer Bachelorthesis intensiv mit dem Thema Unternehmensnachfolge beschäftigt. Sie arbeitet in einem erfolgreichen Augenoptikfachgeschäft, das sich derzeit im Nachfolgeprozess befindet.

E-Mail: theresa.Raible@web.de

Beatrice Rodenstock, Dipl.-Soz., erwarb ihren MBA an der Hochschule St. Gallen. Sie ist geschäftsführende Gesellschafterin der Rodenstock – Gesellschaft für Familienunternehmen mbH. Die Gesellschaft unterstützt Unternehmerfamilien bei Veränderungsprozessen in den Bereichen Nachfolge und Entwicklung von Familien-, Unternehmens- und Family-Office-Strategien. Als Unternehmerin und Beirätin in Familienunternehmen sowie als Beraterin und Mitglied der fünften Generation einer Unternehmerfamilie kennt sie die Herausforderungen, die es bei der Nachfolge zu meistern gilt.

E-Mail: info@rodenstock-gfu.de
Rodenstock – Gesellschaft für Familienunternehmen mbH, München, Bayern, Deutschland

Thomas Wollherr, M.Sc. Vision Science and Business (Optometry), ist Nachfolger und Teilhaber in der MW Hör- und Sehzentrum Osnabrück GmbH & Co. KG. Er ist Autor der Broschüre „Verkaufen und Beraten in der Augenoptik" und Mitglied des Beirats im berufsbegleitenden Masterstudiengang Vision Science and Business (Optometry) der Hochschule Aalen.

E-Mail: info@optik-motzek.de
Sehzentrum OPTIK MOTZEK Hörakustik, Osnabrück, Niedersachsen, Deutschland

Abbildungsverzeichnis

Was ist, wenn ich aufhöre?

Ergebnisse einer Studie zur Nachfolgeregelung in Familienunternehmen

Anna Nagl

1.1 Ausgangssituation

Die Regelung der Nachfolge ist heute für viele Unternehmen zum Problem geworden, denn die junge Generation ist zunehmend nicht mehr daran interessiert, den elterlichen Betrieb zu übernehmen. Entweder weil sie nicht bereit ist, so viel Zeit, Energie und Nervenstress aufzuwenden, wie das ihre Eltern ihr Leben lang getan haben, oder weil sie nicht fähig ist, das Unternehmen weiterzuführen oder weil sie die Zukunft des Unternehmens nicht positiv genug einschätzt. Für zahlreiche Unternehmen ist es heute schwieriger eine Nachfolge zu finden, da die Geschäftsmodelle den Anforderungen des Marktes nicht mehr genügen.

Da die Problematik der ungeregelten Nachfolge zwar allgemein bekannt ist, zuverlässige Daten aber fehlen, wurde mittels Experteninterviews eine in Oberbayern durchgeführte repräsentative Studie (Vollerhebung), bei der Inhaber, Komplementäre oder geschäftsführende Gesellschafter im Alter zwischen 55 und 65 Jahre befragt wurden, im Jahr 2014 einer Validierung unterzogen.

Ziel der Studie war herauszufinden, in wie vielen Unternehmen, in denen die Nachfolge ansteht,

- diese bereits geklärt ist,
- in wie vielen sie noch ungeklärt ist und
- was eine Nachfolgeregelung erschwert oder gar scheitern lässt.

A. Nagl (✉)
Hochschule Aalen, Aalen, Deutschland
E-Mail: anna.nagl@hs-aalen.de

© Springer Fachmedien Wiesbaden GmbH, ein Teil von Springer Nature 2019
A. Nagl (Hrsg.), *Wie regele ich meine Nachfolge?*,
https://doi.org/10.1007/978-3-658-25845-0_1

1.2   Stand der Nachfolgeregelung

Die Situation zum Stand der Nachfolgeregelung lässt sich folgendermaßen beschreiben: Bei den Familienunternehmen haben 60 % ihre Nachfolge noch nicht geklärt (Abb. 1.1).

In der Gruppe der 55- bis 60-Jährigen sind es sogar 71 %. Bei den über 60-Jährigen ist in jedem zweiten Unternehmen (52 %) die Nachfolgefrage noch offen. Da es nach den Erfahrungswerten der Unternehmer, die ihre Nachfolge bereits geregelt haben, in den meisten Fällen mindestens fünf Jahre dauerte, bis der Nachfolger das Unternehmen tatsächlich übernahm, wächst insbesondere für die über 60-Jährigen der Zeitdruck, eine Nachfolgeregelung zu finden.

1.3   Die nicht geklärte Nachfolge

Die Tatsache, dass bei über der Hälfte der Unternehmen, bei denen die Nachfolge dringend ansteht, diese noch nicht geregelt ist, gibt zu denken.

1.3.1   Warum ist in so vielen Unternehmen die Nachfolge nicht geklärt?

Die Hälfte (51 %) der Unternehmer mit noch nicht geklärter Nachfolge gibt als Grund an, das Thema sei für sie noch nicht aktuell. Mit anderen Worten: Die Hälfte der Unternehmer zwischen 55 und 65 denkt noch nicht ans Aufhören. Knapp ein Drittel der Befragten fühlt sich – so die Umfrageergebnisse – selbst mit 64 oder 65 Jahren noch zu jung für eine Unternehmensübergabe. Das ist gar nicht so erstaunlich, denn man weiß ja, dass manche einfach nicht aufhören können zu arbeiten und sich um ihr Lebenswerk bis zu ihrem Lebensende kümmern. Erst wenn die Gesundheit nicht mehr mitmacht, denken sie an eine Übergabe. Im Grunde ist es eine Frage des Loslassen-Könnens. Das Loslassen einer über Jahrzehnte hinweg ausgeübten Position ist eine mentale Herausforderung, der man sich nur ungern stellt. Unter Berufung auf die Belastungen des Tagesgeschäfts wird deshalb das Thema Nachfolgeregelung immer wieder hinausgeschoben. Menschlich ist dies alles sehr verständlich, aber objektiv gesehen muss man sagen, dass viele Unternehmer hier einfach zu sorglos sind. Wenn dann der „Ernstfall" eintritt, ist eine schnelle Lösung meist nicht in Sicht (Abb. 1.2).

Abb. 1.1 Stand der
Nachfolgeregelung

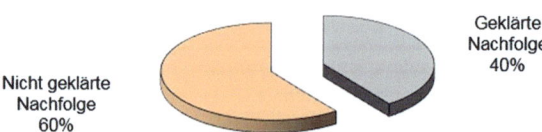

Nicht geklärte
Nachfolge
60%

Geklärte
Nachfolge
40%

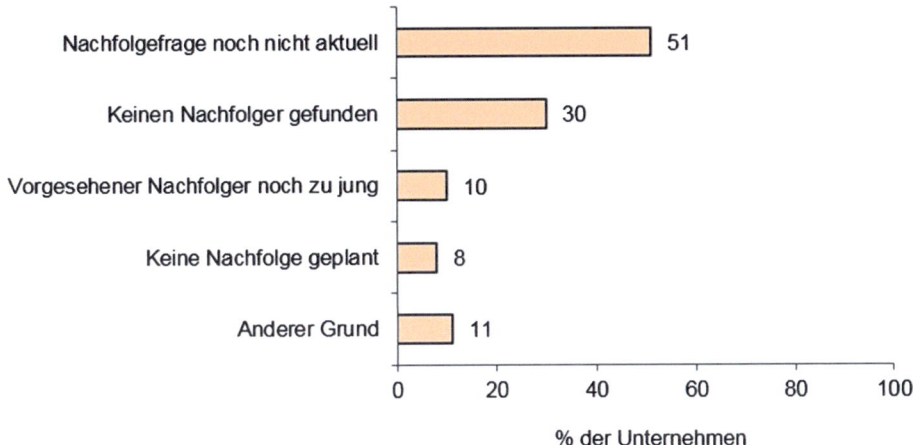

Abb. 1.2 Gründe für nicht geklärte Nachfolge. Anmerkung Antwortbasis: Unternehmer mit nicht geklärter Nachfolge, Mehrfachnennungen

Der zweithäufigste Grund (30 %) für die noch ungeklärte Nachfolge lautet: „Ich habe noch keinen passenden Nachfolger gefunden." Einige der Befragten (10 %) haben zwar einen bestimmten Nachfolger im Auge, meistens ihren Sohn oder ihre Tochter, können ihn oder sie aber noch nicht als Nachfolger einsetzen, weil die Person zu jung ist, das Unternehmen zu führen. Eine etwa gleich große Gruppe (8 % der Befragten) plant aufgrund mangelnder Rentabilität und Zukunftsaussichten des Unternehmens keine Nachfolge.

1.3.2   Woher wird der Nachfolger voraussichtlich kommen?

Auf die Frage, woher der Nachfolger voraussichtlich kommen wird, konnten die meisten Unternehmer mit ungeklärter Nachfolge noch keine Angaben machen (39 %). Ein Drittel der Befragten (33 %) sagte, der Nachfolger werde voraussichtlich von außen kommen. Nur etwa ein Fünftel (22 %) derjenigen, die ihre Nachfolge noch nicht geregelt haben, erwartet, dass ihr Nachfolger aus der Familie kommen wird: Sohn, Tochter oder andere Verwandte. Einige Befragte (6 %), die ihre Nachfolge noch nicht geklärt haben, gehen davon aus, dass ihr Nachfolger aus dem Unternehmen kommen wird (Abb. 1.3).

Bemerkenswert ist die Tatsache, dass die nächstliegende Lösung – die Übergabe des Unternehmens an Sohn oder Tochter – auffallend häufig nicht vorkommt. In knapp einem Fünftel der Fälle sind keine Kinder vorhanden (17 %), aber in weit über der Hälfte der Fälle (58 %) sind die Kinder nicht daran interessiert, den elterlichen Betrieb zu übernehmen. Wenn die Kinder nicht daran interessiert sind – weil sie sich andere Lebensziele gesetzt haben, die sie verwirklichen wollen oder weil sie nicht bereit sind, so viel Energie, Zeit und Arbeit in den Betrieb zu stecken, wie es ihre Eltern ihr ganzes Leben

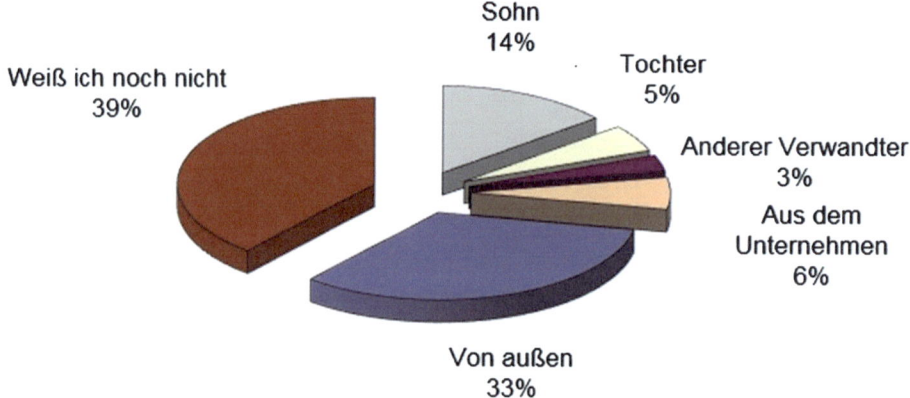

Abb. 1.3 Herkunft des voraussichtlichen Nachfolgers. Anmerkung Antwortbasis: Unternehmer mit nicht geklärter Nachfolge

lang getan haben –, liegt seitens der Eltern die Versuchung nahe, hier einen mehr oder minder massiven Druck auszuüben. So verständlich das ist, ist doch davon abzuraten. Zum einen hört die junge Generation von heute kaum noch auf den Rat und den Wunsch der Eltern, zum anderen ist, wenn die Kinder zur Nachfolge erst überredet werden müssen, sowieso schon der Wurm drin: Ein Hund, den man zum Jagen tragen muss, wird nie ein guter Jagdhund werden.

Bei der Angabe der Unternehmer, dass ihre Kinder nicht geeignet (15 %) seien, die Nachfolge anzutreten, ist die Frage allerdings: Sind die Kinder wirklich ungeeignet oder sind sie es nur in den Augen des Seniors? Auf diese Frage gibt die Studie naturgemäß direkt keine Antwort, aber die Befragung zeigt ganz deutlich, dass die Erwartungen der Unternehmer an ihre Nachfolger sehr hoch sind (Abb. 1.4).

1.3.3   Welche Kriterien bestimmen die Wahl des Nachfolgers?

Praktisch alle Befragten erwarten von ihrem Nachfolger Persönlichkeit (99 %), Belastbarkeit (98 %), Kommunikationsfähigkeit (97 %), fachliche Qualifikation (96 %) und Loyalität zum Unternehmen (94 %). Weiter erwarten die meisten Befragten von ihrem Nachfolger Branchenerfahrung (89 %), die Fähigkeit zur Mitarbeiterführung (79 %), Finanzkraft (75 %) und Risikobereitschaft (70 %). Erfahrungen im eigenen Unternehmen (50 %) oder im Ausland (20 %) werden für nicht so wichtig gehalten.

Die Eltern orientieren sich bei den Erwartungen zumeist an den eigenen Fähigkeiten, dem eigenen Engagement und dem eigenen Erfolg. Das schreckt die Kinder in

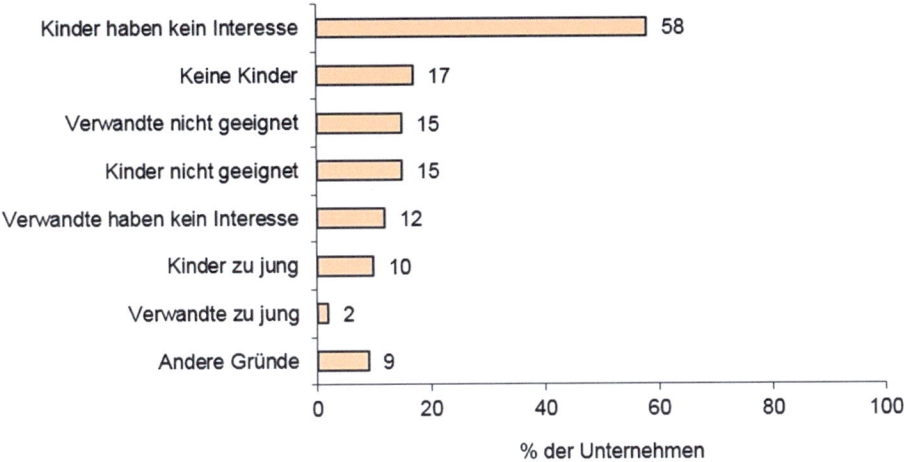

Abb. 1.4 Gründe für eine voraussichtlich familienexterne Übergabe. Anmerkung Antwortbasis: Unternehmer mit nicht geklärter, voraussichtlich aber familienexterner Nachfolge, Mehrfachnennungen

vielen Fällen von einer Übernahme ab. Sie befürchten aus dem Schatten der Eltern nicht heraustreten zu können und auch mit Akzeptanzproblemen bei den Mitarbeitern rechnen zu müssen (Abb. 1.5).

1.3.4 Wer berät bei der Regelung der Nachfolge?

Über zwei Drittel der Unternehmer (71 %), die ihre Nachfolge noch nicht geklärt haben, haben bereits eine Beratung durch Dritte in Anspruch genommen. Im Vordergrund stand dabei die Hilfe durch den Steuerberater oder Wirtschaftsprüfer (77 %). Mehr als ein Drittel der Befragten (37 %) wandten sich an die Industrie- und Handelskammer bzw. Handwerkskammer. Etwa gleich viele der Unternehmer suchten Rat bei einem Rechtsanwalt (30 %), einige bei einer Unternehmensberatung (23 %) und bei anderen Instanzen (14 %) (Abb. 1.6).

1.3.5 Woran liegt dem Unternehmer am meisten?

Die Sicherung der Arbeitsplätze (76 %) und die Wahrung der Eigenständigkeit des Unternehmens (64 %) sind für die Unternehmer, die einen Nachfolger suchen, am wichtigsten. Fast die Hälfte der Unternehmer halten die Schaffung neuer Arbeitsplätze für wichtig (42 %), und weniger als ein Drittel dieser Gruppe legt besonderen Wert auf den Verbleib des Unternehmens in der Familie (27 %) (Abb. 1.7).

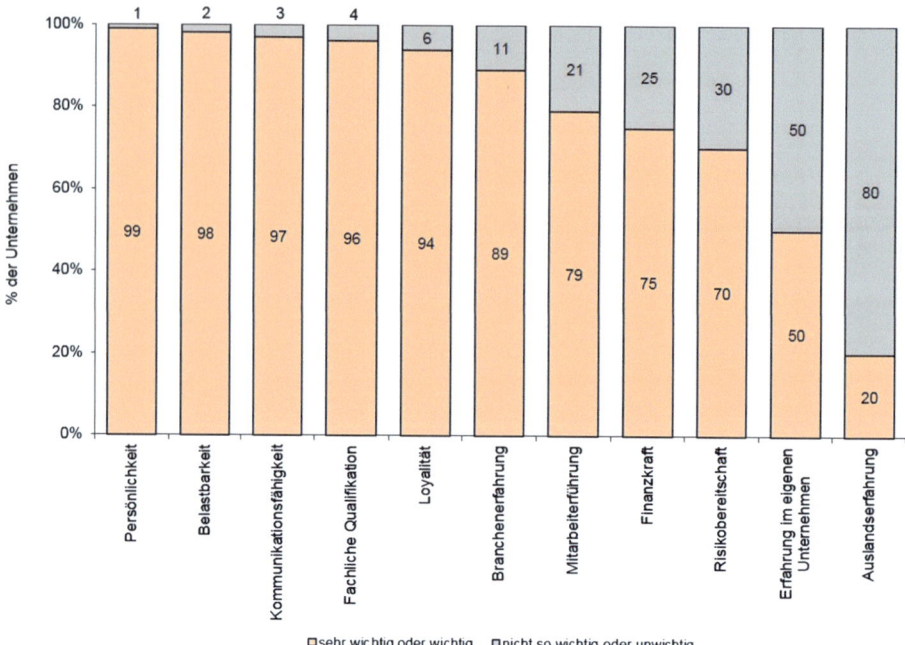

Abb. 1.5 Erwartungen an den voraussichtlichen Nachfolger. Anmerkung Antwortbasis: Unternehmer mit nicht geklärter Nachfolge, Mehrfachnennungen

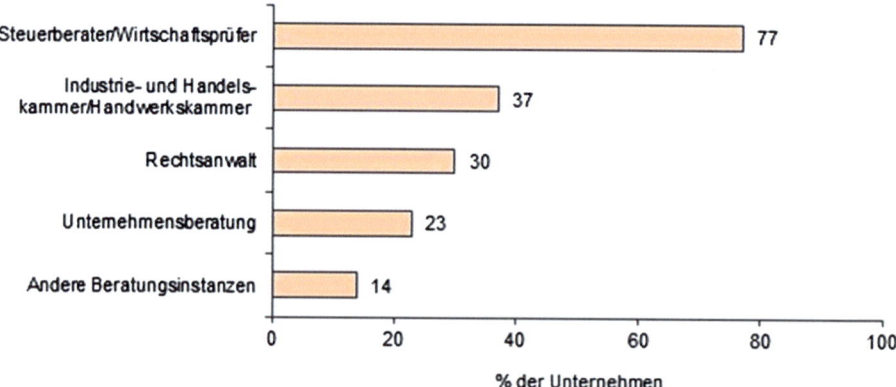

Abb. 1.6 Beratungsinstanzen. Anmerkung Antwortbasis: Unternehmer mit nicht geklärter Nachfolge, die Beratung in Anspruch genommen haben, Mehrfachnennungen

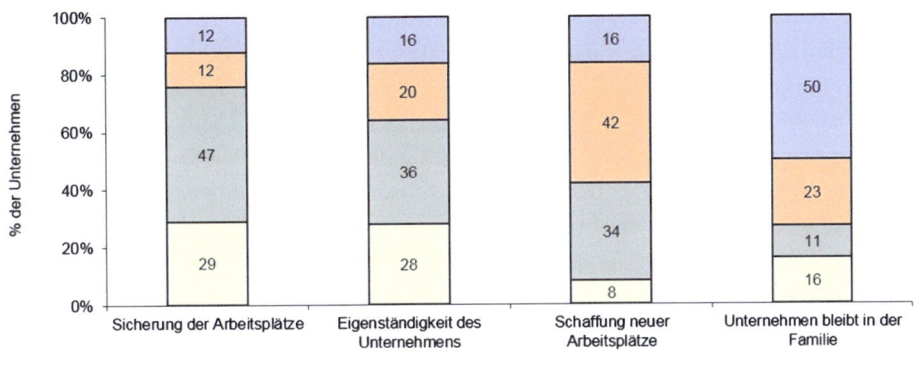

Abb. 1.7 Wichtige Aspekte bei der Übergabe. Anmerkung Antwortbasis: Unternehmer mit nicht geklärter Nachfolge

1.3.6 Was passiert im Notfall?

Ein überraschendes Ergebnis brachte die Frage nach der Vorsorge für den Notfall, d. h. wenn der Eigentümer plötzlich beispielsweise durch Tod oder Krankheit ausfällt. Nicht einmal jedes zweite Unternehmen (45 %) hat trotz noch ungeklärter Nachfolge eine Vorsorge für den Notfall getroffen. Davon hat gut die Hälfte ein Testament verfasst oder einen Erbvertrag abgeschlossen (60 %). Jeweils knapp ein Drittel hat Familienmitglieder eingebunden (32 %) bzw. Mitarbeiter als Nachfolger aufgebaut (31 %). Jeder zehnte Befragte hatte die Vorsorge für den Notfall anderweitig geregelt (Abb. 1.8).

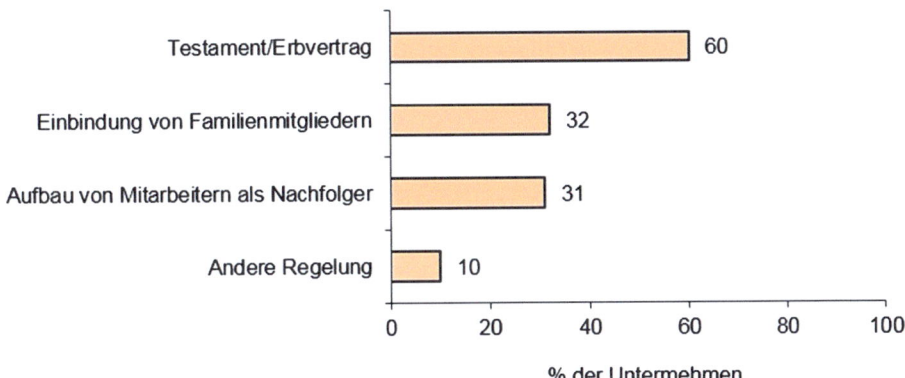

Abb. 1.8 Wichtige Aspekte bei der Übergabe. Anmerkung Antwortbasis: Unternehmer mit nicht geklärter Nachfolge

1.3.6.1 Woran scheitern Nachfolgeverhandlungen?

Knapp ein Drittel der Unternehmer mit ungeklärter Nachfolge (28 %) hatte bereits Nachfolgegespräche geführt, die aber ergebnislos blieben. Als Gründe für das Scheitern dieser Verhandlungen wurden in den überwiegenden Fällen die Finanzierbarkeit (34 %) und die Höhe des Kaufpreises (24 %) genannt. Die Uneinigkeit über den Kaufpreis lässt sich folgendermaßen erklären: Der Unternehmer geht bei der Festsetzung des Unternehmenswerts meist von den unternehmerischen Erfolgen der Vergangenheit aus, wobei das Phänomen der „Vergoldung der Vergangenheit" immer mitspielt.

Der Nachfolger betrachtet hingegen meist in allererster Linie die Zukunft des Unternehmens und sieht dort die Schwierigkeiten und Gefahren, die dem Unternehmen drohen. Vor allem beurteilt er die Zukunft des Unternehmens danach, wie weit es ihm möglich sein wird, wesentliche Innovationen durchzuführen und ein in der Zukunft betriebswirtschaftlich nachhaltig erfolgreiches Geschäftsmodell zu etablieren.

Damit ist der Dissens zwischen dem Senior und dem potenziellen Nachfolger praktisch bereits vorprogrammiert. Zur Kaufpreisermittlung gehören immer zwei Parteien: der abgebende Unternehmer und der Nachfolger. Neben „harten" Faktoren aus der Vergangenheit wie den Zahlen aus den Jahresabschlüssen, den Werten von Gebäuden, Maschinen etc. spielen weiche in die Zukunft gerichtete Faktoren wie die Einschätzung der Unternehmensentwicklung und der Konkurrenzsituation eine Rolle. Hier gehen die Meinungen oft weit auseinander und daraus resultieren unterschiedliche Kaufpreisvorstellungen (Abb. 1.9).

Weitere Gründe für das Scheitern der Verhandlungsgespräche waren die mangelnde fachliche (21 %) bzw. persönliche (13 %) Qualifikation des potenziellen Nachfolgers (21 %) und unterschiedliche Vorstellungen über die Zukunft des Unternehmens (18 %). In einem Zehntel der Fälle (12 %) verlor der Nachfolger während der Verhandlungen

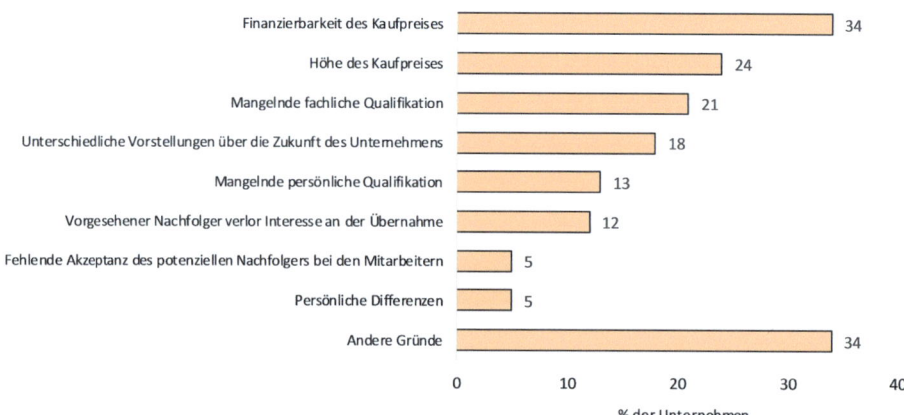

Abb. 1.9 Gründe für das Scheitern von Nachfolgeverhandlungen. Anmerkung Antwortbasis: Unternehmer mit nicht geklärter Nachfolge und bereits gescheiterten Nachfolgeverhandlungen, Mehrfachnennungen

das Interesse an einer Übernahme. In einigen Fällen lag es auch an der mangelnden Akzeptanz des Nachfolgers bei den Mitarbeitern (5 %) bzw. an persönlichen Differenzen von Senior und Nachfolger (5 %).

1.3.7   Was geschieht, wenn sich die Nachfolge nicht regeln lässt?

Wenn sich die Nachfolge nicht regeln lässt – so eine weitere Erkenntnis dieser Studie –, droht fast jedem dritten Unternehmen (31 %) mit bisher ungeklärter Nachfolge die Schließung. Dies ist eine der alarmierendsten Erkenntnisse der Studie. Wenn auf diese Weise das Lebenswerk eines Unternehmens verloren geht, ist das nicht nur für die Betroffenen ein harter Schlag und ein bedauernswertes persönliches Schicksal, sondern diese Entwicklung ist auch von erheblicher volkswirtschaftlicher Relevanz, denn es geht um Arbeitsplätze und um die Kaufkraft einer ganzen Bevölkerungsgruppe. Bei unserer mittelständisch geprägten Wirtschaftsstruktur hat jede fehlgeschlagene Unternehmensnachfolge über das Unternehmen hinaus eine nachhaltige Bedeutung für den Standort und die Region. Mit anderen Worten: Die Regelung der Nachfolge ist zu einem brisanten Politikum geworden (Abb. 1.10).

Für jeden fünften Unternehmer mit ungeklärter Nachfolge ist es völlig unklar, wie es in Zukunft mit dem Unternehmen weitergehen wird. Fast jeder Dritte (27 %) will sein Unternehmen verkaufen. Einige (16 %) sind davon überzeugt, dass die Nachfolgefrage doch noch geklärt werden kann. Nur wenige (6 %) glauben an eine Weiterführung ihres Unternehmens in der Form, dass der Betrieb an irgendein Familienmitglied oder an einen Mitarbeiter übergeht.

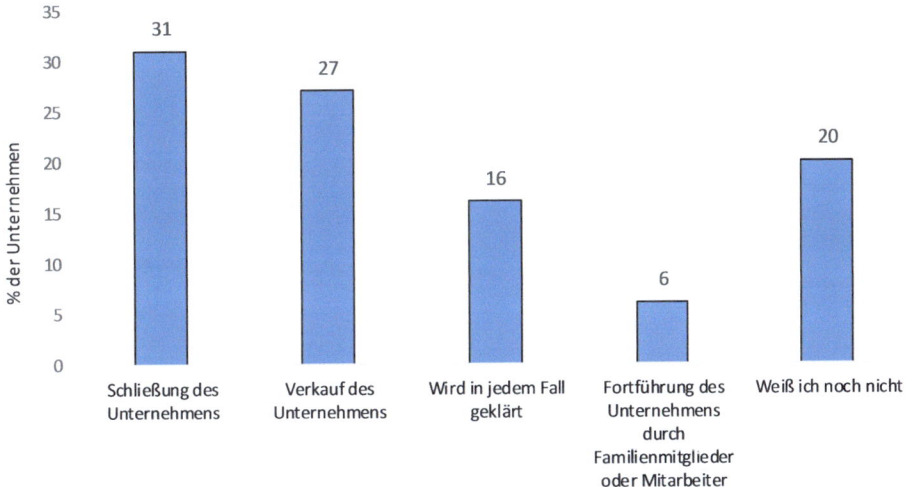

Abb. 1.10 Zukunft der Unternehmen mit nicht geklärter Nachfolge. Anmerkung Antwortbasis: Unternehmer mit nicht geklärter Nachfolge

1.4 Die geklärte Nachfolge

Nur 40 % der befragten Unternehmen haben die Nachfolgefrage geklärt. Wie haben sie es gemacht? Was waren dabei die wichtigsten Aspekte, Probleme und Erfahrungen? So schwierig es auch für einen Unternehmer sein mag, sein Lebenswerk, das vielfach aus eigener Kraft aufgebaute Unternehmen, einem Jüngeren und zwangsläufig nicht so erfahrenen Nachfolger zu überlassen: Irgendwann kommt der Zeitpunkt, an dem diese Entscheidung ansteht (Abb. 1.11).

1.4.1 Was waren die wichtigsten Gründe für die Übergabe?

In den meisten Fällen war es das Alter (84 %), dass die Unternehmer nötigte, nach einem Nachfolger Ausschau zu halten. An zweiter Stelle stand der Wunsch nach mehr Freizeit (29 %). Andere Gründe, die genannt wurden, waren die eigene Gesundheit (18 %) und die schlechte wirtschaftliche Lage des Unternehmens. Manchmal kommt die Initiative auch von außen, wenn nämlich z. B. der designierte Nachfolger darauf drängt, den Betrieb zu übernehmen.

1.4.2 Wer hat bei der Regelung der Nachfolge beraten?

Auch die meisten Unternehmer mit geklärter Nachfolgeregelung suchten Rat bei einem Steuerberater oder Wirtschaftsprüfer (82 %). Jeder Vierte (27 %) ging zu einem Rechtsanwalt. In jedem zehnten Fall wurde Rat bei einem Unternehmensberater (13 %) eingeholt oder waren die Industrie- und Handelskammer bzw. Handwerkskammer (12 %) Ansprechpartner (Abb. 1.12).

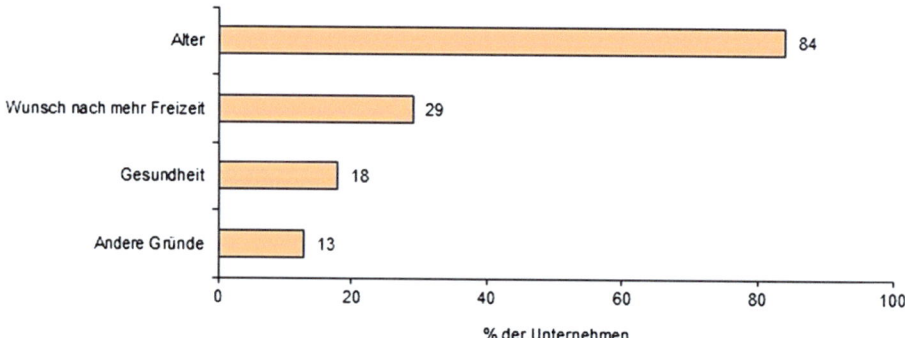

Abb. 1.11 Gründe für eine Übergabe. Anmerkung Antwortbasis: Unternehmer mit geklärter Nachfolge, Mehrfachnennungen

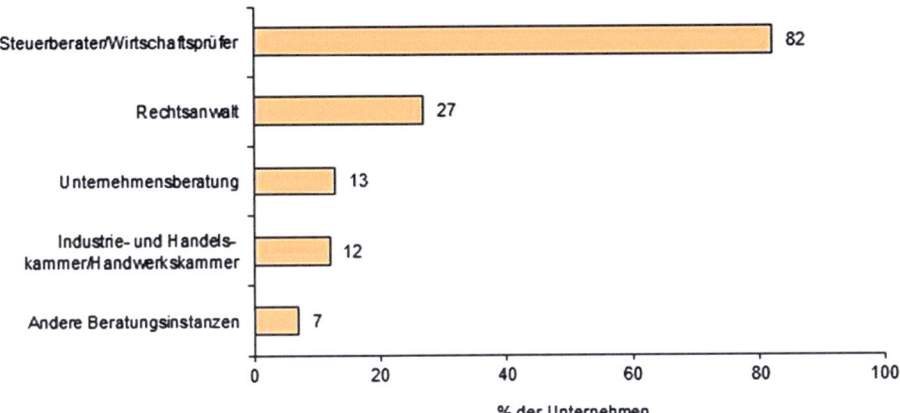

Abb. 1.12 Beratungsinstanzen. Anmerkung Antwortbasis: Unternehmer mit geklärter Nachfolge, die Beratung in Anspruch genommen haben, Mehrfachnennungen

1.4.3 Woher kommt der Nachfolger?

Wie zu erwarten, kommt der Nachfolger in den meisten Fällen (73 %) aus der Familie. Meistens ist es ein Sohn (54 %), in einigen Fällen, immerhin 16 %, eine Tochter. Selten sind es andere Verwandte (3 %). Kommt der Nachfolger nicht aus der Familie, kommt er genauso häufig aus dem Unternehmen (14 %) wie von außen (13 %).

Interessant ist in diesem Zusammenhang, dass die innerhalb der Familie geregelte Nachfolge mit steigenden Umsatz- und Mitarbeiterzahlen zunimmt. So stammt bei den Unternehmen mit einem Jahresumsatz bis einschließlich 5 Mio. € und einer Beschäftigtenzahl von bis zu 49 Mitarbeiter der zukünftige Nachfolger zu rund 70 % aus dem Familienkreis. Die Unternehmen mit einem Umsatz von über 5 Mio. € bis einschließlich 50 Mio. € und mehr als 49 Mitarbeiter finden schon zu über 80 % den Nachfolger unter den Kindern oder Verwandten. Bei einem Jahresumsatz höher als 50 Mio. € wurde die Nachfolge von allen Unternehmen familienintern geregelt (Abb. 1.13).

Dass bei einem Viertel der Fälle der Nachfolger von außen oder aus dem Kreis der Mitarbeiter kam, lag nur in 20 % der Fälle daran, dass der Unternehmer keine Kinder hatte. In den meisten Fällen wurde als Grund angegeben, dass die Kinder kein Interesse an der Übernahme des elterlichen Unternehmens hatten (53 %) und auch in der weiteren Verwandtschaft kein Interesse daran vorlag (16 %). In anderen Fällen (16 %) waren die Kinder oder andere Familienangehörige ungeeignet für eine Übernahme des Unternehmens, dies zumindest aus Sicht des Unternehmers (Abb. 1.14).

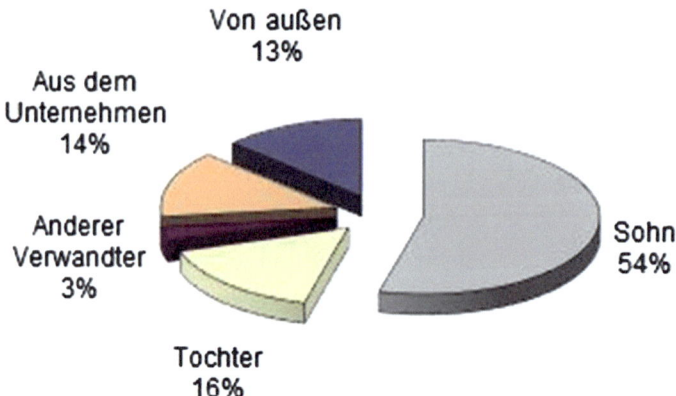

Abb. 1.13 Herkunft des Nachfolgers. Anmerkung Antwortbasis: Unternehmer mit geklärter Nachfolge

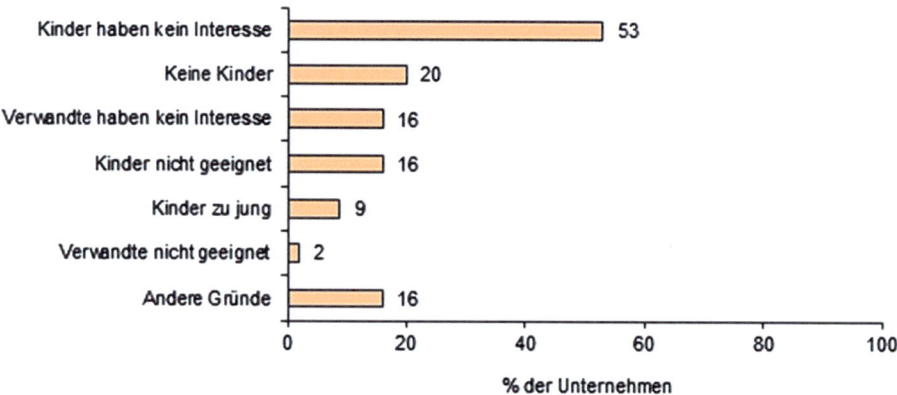

Abb. 1.14 Gründe für eine externe Nachfolge. Anmerkung Antwortbasis: Unternehmer mit geklärter Nachfolge und externer Nachfolge, Mehrfachnennungen

1.4.4 Was sind die Erwartungen an den Nachfolger?

Die Erwartungen an den Nachfolger sind bei den Unternehmen mit geklärter Nachfolge ähnlich denen der Unternehmen, die ihre Nachfolge noch nicht geklärt haben. Ganz oben auf der Wunschliste standen hier auch die fachliche Qualifikation (100 %), Persönlichkeit (99 %), Belastbarkeit (98 %), Kommunikationsfähigkeit (98 %), Loyalität (97 %), Mitarbeiterführung (92 %) und Branchenerfahrung (91 %).

In zwei Punkten unterscheiden sich die Erwartungen allerdings: Bei Unternehmen mit geklärter Nachfolge wurde größerer Wert auf die Erfahrung des Nachfolgers im eigenen Unternehmen gelegt (80 %) als bei den Unternehmen mit nicht geklärter Nachfolge

(50 %). Die Finanzkraft des Nachfolgers wird hingegen von den Unternehmen mit unge-klärter Nachfolge deutlich höher bewertet (75 %) als von denen mit geklärter Nachfolge (45 %) (Abb. 1.15).

1.4.5   Wo waren die größten Probleme?

Die größten Probleme hatten die Unternehmer damit, den richtigen Nachfolger zu fin-den. Jeder zweite Befragte beurteilte diesen Punkt als schwierig bis sehr schwierig (49 %). Die Unternehmenswertermittlung und die Realisierung der Preisvorstellung wur-den von 31 % bzw. 24 % als schwierig bis sehr schwierig empfunden (Abb. 1.16).

1.4.6   Welche Aspekte waren im Hinblick auf die Nachfolge wichtig?

Zwei Dinge spielten für Unternehmer mit geklärter Nachfolgeregelung bei der Über-gabe ihres Unternehmens die wichtigste Rolle: die Sicherung der Arbeitsplätze (95 %) und der Fortbestand des Unternehmens als eigenständiges Unternehmen (88 %). Ein weiterer wichtiger Punkt war der Verbleib des Unternehmens in der Familie (73 %). Die Schaffung neuer Arbeitsplätze hingegen hatte für diese Unternehmer keine besondere

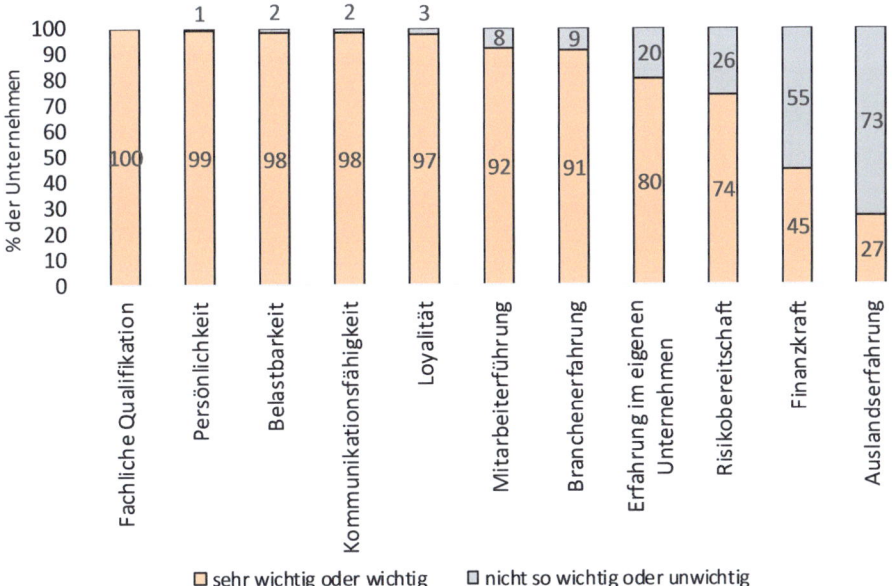

Abb. 1.15 Erwartungen an den Nachfolger. Anmerkung Antwortbasis: Unternehmer mit geklärter Nachfolge, Mehrfachnennungen

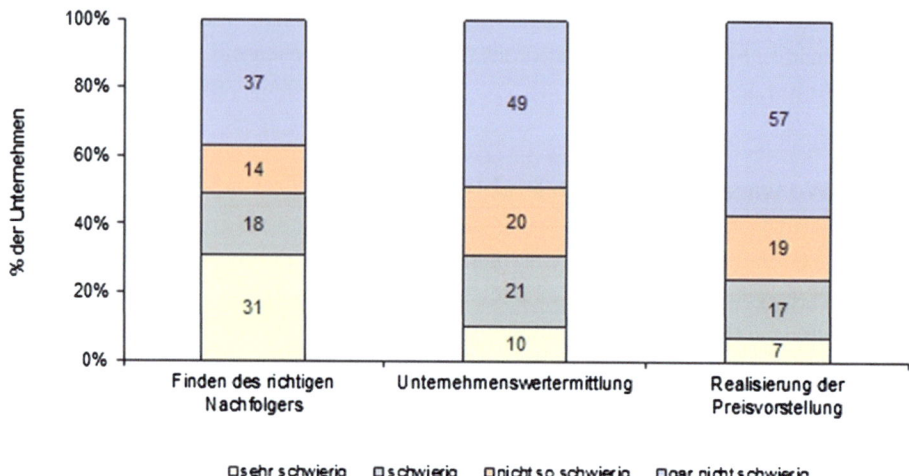

Abb. 1.16 Wichtige Aspekte bei der Übergabe. Anmerkung Antwortbasis: Unternehmer mit geklärter Nachfolge

Bedeutung. Nur ein gutes Drittel der Befragten (37 %) hielt dies für wichtig. Allerdings gibt es hier einen signifikanten Unterschied zwischen familieninterner und externer Nachfolge. Bei familieninterner Nachfolge wird der Schaffung neuer Arbeitsplätze eine höhere Wichtigkeit beigemessen als in den Fällen, in denen der Nachfolger von außen kommt (Abb. 1.17).

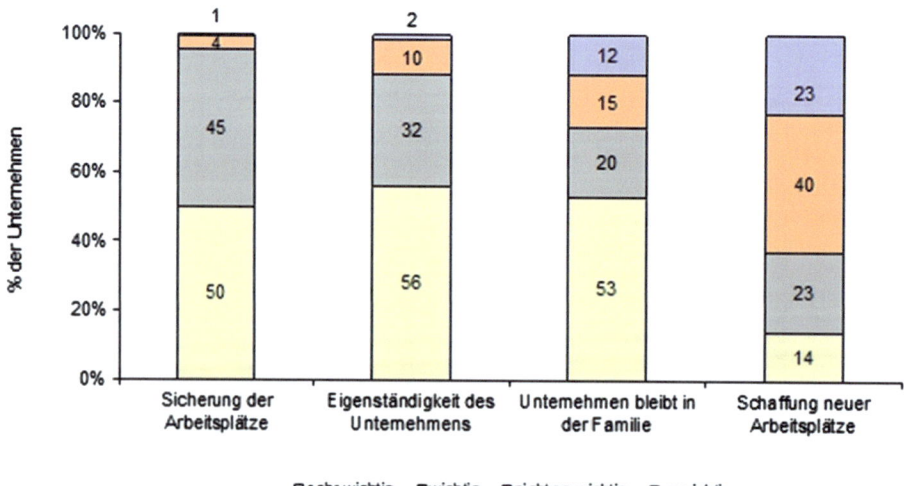

Abb. 1.17 Bewertung verschiedener Punkte. Anmerkung Antwortbasis: Unternehmer mit geklärter Nachfolge

1.4.7 Wie erfolgt die Übergabe des Unternehmens?

Die häufigste Form der Übergabe ist die Schenkung (40 %). Ein Drittel (31 %) der Unternehmer vererbten ihr Unternehmen, ein weiteres Drittel (31 %) verkaufte es. Fast ein Fünftel der Unternehmen (17 %) wählte eine Regelung in Form wiederkehrender Bezüge, dies ist der rechtlich korrekte Ausdruck für die umgangssprachlich bekannte Leibrente. Andere Übergabeformen wie Beteiligung, Pacht oder Miete wurden von 14 % der Befragten genannt (Abb. 1.18).

1.4.8 Was passiert, wenn der Nachfolger die Erwartungen enttäuscht?

Ein wichtiger Aspekt bei der Unternehmensnachfolge ist die Antwort auf die Frage: Kann der Unternehmer seine Entscheidung zurücknehmen, wenn der Nachfolger die in ihn gesetzten Erwartungen enttäuscht? Bei der Hälfte der Befragten lautet die Antwort auf diese Frage: Ja, der Unternehmer kann in diesem Fall seine Entscheidung rückgängig machen und sich einen anderen Nachfolger suchen. Bei drei Viertel der Unternehmen, bei denen ein Sohn oder eine Tochter die Nachfolge antreten, ist das der Fall. Rechnet man noch andere Verwandte hinzu, haben die meisten Unternehmer (81 %) die Nachfolge so geregelt, dass sie gegebenenfalls einen neuen Nachfolger suchen könnten. Kommt der Nachfolger dagegen aus dem Unternehmen, haben nur 15 % der Unternehmer die Möglichkeit, ihre Entscheidung zu revidieren. Bei einem Nachfolger von außen ist diese Möglichkeit praktisch ausgeschlossen (4 %).

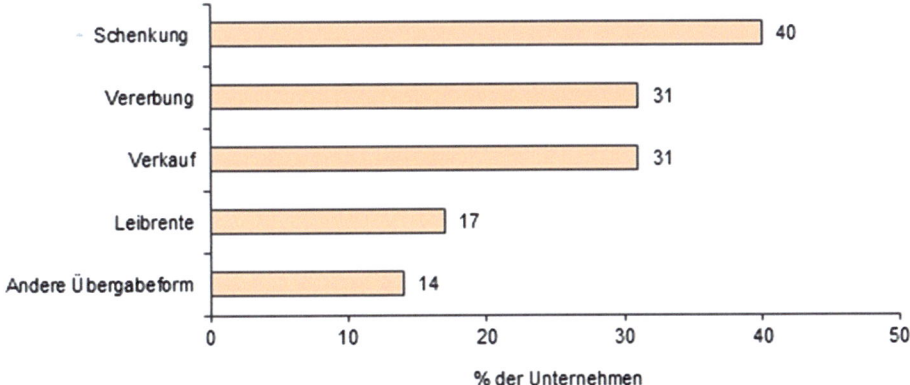

Abb. 1.18 Form der Übergabe. Anmerkung Antwortbasis: Unternehmer mit geklärter Nachfolge, Mehrfachnennungen

1.4.9   Ganz übergeben oder die Finger noch ein wenig drin behalten?

Welche Rolle möchte der Senior nach der Übergabe im Unternehmen spielen? Macht er einen eindeutigen Schnitt und zieht er sich völlig aus dem Unternehmen zurück, oder versucht er, noch weiterhin Einfluss auf das Unternehmen auszuüben?

Die Studie zeigt: Bei mehr als der Hälfte der Übergaben (57 %) ist eine Weiterführung des Unternehmens im Tandem von Senior und Nachfolger vorgesehen. Die Tandemlösung als Übergabemodus, bei dem Junior und Senior das Unternehmen über einen gewissen Zeitraum gemeinsam führen, hat den Vorteil, dass durch den Senior Erfahrungswissen, persönliche Kundenbeziehungen und bestehende Geschäftskontakte weiterhin genutzt werden können. Der Nachteil der Tandemlösung ist, dass der Nachfolger sehr viel schwerer neue Ideen und Reformen verwirklichen kann. Wenn ein Unternehmen dringend neue Geschäftsmodelle, eine neue Ausrichtung und Strategie braucht, kann die Bremswirkung durch den Senior sogar existenzgefährdend werden. Soll sie funktionieren, ist es wichtig, dass im Vorfeld des „Stabwechsels" genaue Spielregeln ausgemacht werden und der Zeitpunkt der endgültigen Übergabe genau definiert wird. Jeder zweite Unternehmer will sich also auch nach der Übergabe der Geschäfte nicht aus dem Unternehmen zurückziehen, sondern weiterhin Einfluss auf die Geschäftsführung nehmen. In gut einem Viertel der Fälle (27 %) bleibt der Senior Miteigentümer, hat aber keine Führungsfunktion mehr. Nur jeder fünfte Unternehmer will sich ganz aus dem Unternehmen zurückziehen (21 %). Einige (8 %) planen nach der Übergabe, Mitglied des Beirats oder anderer Aufsichtsgremien des früher eigenen Unternehmens zu werden (Abb. 1.19).

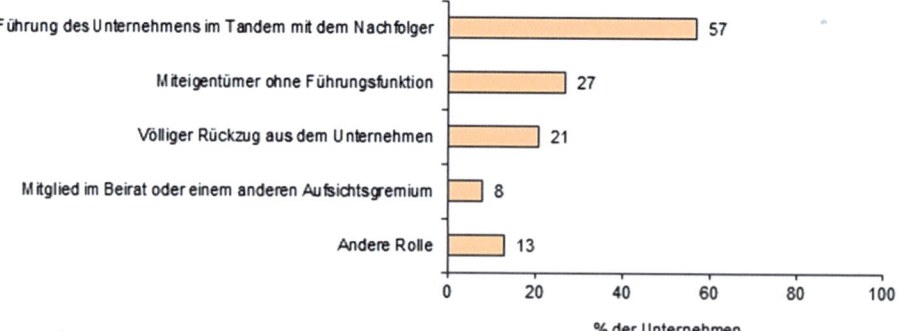

Abb. 1.19 Rolle des Seniors nach der Übergabe. Anmerkung Antwortbasis: Unternehmer mit geklärter Nachfolge, Mehrfachnennungen

1.5   Fazit

Neben dem aktuellen Kenntnisstand über den Status quo der Nachfolgeregelung in Familienunternehmen bringt die Studie zum Thema Nachfolgeregelung folgende Erkenntnisse:

71 % der Unternehmer im Alter von 55 bis 59 Jahren und die Hälfte der Unternehmer im Alter von 60 bis 65 Jahren haben die Nachfolge noch nicht geregelt. Die Nachfolgeregelung ist heute offenbar zum Problem geworden. Hauptursache ist das Desinteresse der Kinder an einer Übernahme des elterlichen Unternehmens oder ihre mangelnde Fähigkeit, das Unternehmen weiterzuführen, denn die nächstliegende Lösung, den Sohn oder die Tochter zum Nachfolger zu machen, bleibt auffallend häufig aus. Auch die Erfordernis des Überdenkens in der Vergangenheit zwar bewährter aber nicht zukunftsfähiger Geschäftsmodelle spielt bei der Nachfolgeproblematik eine nicht zu geringe Rolle, die zu großen Verwerfungen führen kann und ganzen Branchen und Berufsfeldern die Existenzgrundlage entziehen kann.

Zum Teil besteht die Problematik aber auch darin, dass viele Unternehmer den Aufwand an Zeit und Energie deutlich unterschätzen, den eine professionelle Regelung der Nachfolgefrage erfordert. Nach den Erfahrungswerten der befragten Unternehmer, die ihre Nachfolge bereits geregelt haben, ergibt sich ein Zeitraum von mindestens fünf Jahren von den ersten Aktivitäten zu diesem Thema bis zur endgültigen Regelung.

Die alarmierendste Erkenntnis der Studie ist, dass jeder vierte Unternehmer noch nicht weiß, wie es mit dem Unternehmen weitergehen wird. Ein Großteil von ihnen rechnet sogar mit der Schließung des Unternehmens.

Was ist bei der Regelung der Nachfolge zu bedenken?

Handlungsempfehlungen für die Praxis

Anna Nagl

2.1 Die Bedeutung der Studie für die Praxis

Im vorhergehenden Kapitel wurde im Wesentlichen über empirische Daten und Fakten berichtet, wie sie aus der Untersuchung über die Nachfolgeregelung deutscher Familienbetriebe hervorgingen – sozusagen eine Momentaufnahme in der Frage der Nachfolgeregelung.

Was bedeuten die Erkenntnisse dieser Untersuchung nun für den Unternehmer, der vor der Aufgabe steht, die Nachfolgefrage in seinem Unternehmen zu klären? Auf diese Frage gibt es ein ganzes Bündel von Antworten. Sie betreffen den Zeitaufwand, den eine gelungene Nachfolgeregelung erfordert, die Auswahlkriterien und Qualifikationsanforderungen, denen der Nachfolgekandidat genügen muss, die psychologischen Aspekte, die bei der Nachfolgeregelung sowohl für den Senior als auch für den Nachfolger eine Rolle spielen, die Art und Weise, in der die Übergabe am besten erfolgen sollte, sowie die steuer- und erbrechtlichen Aspekte. Dabei ist es wichtig zu beachten, dass diese Handlungsempfehlungen und Ableitungen auf die Praxis nur generelle Aussagen sein können. Der Einzelfall verlangt immer eine zusätzliche individuelle Ausrichtung und Justierung.

Drei Aussagen lassen sich allerdings für alle Fälle und jeden Unternehmer, der vor der Frage der Nachfolgeregelung steht, verbindlich und mit Sicherheit treffen:

1. Erfolgreiche Übergaben an die nächste Generation sind machbar.
2. Es gibt kein Patentrezept.
3. Man kann gar nicht zu früh anfangen.

A. Nagl (✉)
Hochschule Aalen, Aalen, Deutschland
E-Mail: anna.nagl@hs-aalen.de

© Springer Fachmedien Wiesbaden GmbH, ein Teil von Springer Nature 2019
A. Nagl (Hrsg.), *Wie regele ich meine Nachfolge?*,
https://doi.org/10.1007/978-3-658-25845-0_2

2.2   Der Faktor Zeit: Mit 50 anfangen, ans Aufhören zu denken

Nach den Erfahrungen derjenigen Unternehmer, die ihre Nachfolge erfolgreich geklärt haben, dauert es von den ersten Überlegungen, Ansätzen und Bemühungen bis zu dem Tag, an dem die Übergabe tatsächlich erfolgt, im Durchschnitt fünf Jahre.

Selbst wenn der aus Sicht vieler Familienunternehmer ideale Fall zutrifft, dass Sohn und Tochter das Unternehmen weiterführen wollen und über alle wesentlichen Punkte völlige Einigkeit zu herrschen scheint, sind doch mehrere Gesprächsrunden und mehrere Gänge zum Steuerberater, zum Notar und zu anderen Stellen nötig, bis die Sache wirklich über die Bühne gehen kann, und da ist ein Jahr schnell vorbei.

Hier hat sich folgendes Vorgehen als sehr hilfreich und nützlich erwiesen: Der Senior sollte seine Vorstellungen und Wünsche genau formulieren und aufschreiben. Auch der Sohn bzw. die Tochter sollten das tun. Wenn man seine Gedanken und Vorstellungen zu Papier bringen muss, merkt man selbst am ehesten und deutlichsten, was sie eigentlich genau besagen, ob sie wirklich bis ins Letzte klar sind oder doch in manchen Punkten eher vage und nicht ganz zu Ende gedacht. Auch ein außenstehender Dritter, z. B. die Bank, kann so die Gedanken und Vorstellungen besser und klarer erfassen und verstehen. Genauso verhält es sich mit den Gedanken und Vorstellungen des Nachfolgers. Wenn sie auf dem Papier stehen und in aller Ruhe aufgenommen und nachvollzogen werden können, wirken sie sehr oft ganz anders, als wenn sie in persönlichen Gesprächen vorgetragen werden. Selbst wenn es über diese Gedanken und Vorstellungen zu Diskussionen kommen sollte und die Harmonie plötzlich nicht mehr ganz so groß erscheint: Besser ist es, die Konfliktpunkte und Störungen gleich im Vorfeld auszudiskutieren, als dass sie später auftauchen, wenn nichts mehr an den Bedingungen und Tatsachen zu ändern ist. Außerdem ist beim Vollzug der Übergabe ohnehin alles Wesentliche in den Vertrag hineinzuschreiben, also kann es doch auch gleich schriftlich fixiert werden.

Keinem Unternehmer wird es leichtfallen, sich mit dem Gedanken an ein Aufhören und eine Übergabe seines Unternehmens an einen Nachfolger zu beschäftigen, wenn er, wie z. B. im Alter von 50 Jahren normalerweise der Fall, mit unverminderter Kraft und Leistungsfähigkeit arbeiten kann und sozusagen noch „voll im Saft steht". Dennoch sollte er, wie die Erfahrung lehrt, gerade zu diesem Zeitpunkt schon anfangen, an ein Aufhören zu denken, und wenn auch nicht an ein baldiges, so sich doch wenigstens die Frage zu stellen: Was ist, wenn ich einmal aufhöre?, bzw.: Was ist, wenn ich einmal aufhören muss, weil ich nicht mehr kann? Im Alter von 50 Jahren sind für den Unternehmer die Bedingungen für einen geglückten, für beide Seiten befriedigenden und für das Unternehmen förderlichen „Stabwechsel" ideal. Zu diesem Zeitpunkt stehen ihm noch alle Handlungsmöglichkeiten offen.

Keiner übt irgendeinen Druck aus. Mögliche Fehler bei der Planung und sogar bei der Realisierung der Übergabe können angesichts des großen zeitlichen Spielraums meist ohne nennenswerten Schaden korrigiert werden. Der Unternehmer kann noch alle Optionen ausführlich durchspielen. Er kann von externen Beratern, die Erfahrung und

Überblick auf diesem Gebiet haben, seine Situation prüfen lassen, und sich dann erst entscheiden, welche Form der Übergabe er wählen will. Wenn er noch nicht gleich aufhören möchte, im und für das Unternehmen tätig zu sein, kann er die „gestaffelte" Übergabe wählen, also die Übergabe in Etappen nach einem mit allen Beteiligten abgestimmten Übergabefahrplan. Sogar nach erfolgter Übergabe kann der Senior-Unternehmer als Mitglied oder Vorsitzender des Beirats des Unternehmens eine für das Unternehmen wichtige Aufgabe wahrnehmen.

Die Übergabe eines Unternehmens an einen Nachfolger ist vergleichbar mit der Stabübergabe beim Staffellauf. Selbst wenn alle Staffelläufer Weltbestzeiten in ihrer Distanz laufen, ist das noch keine Garantie für den Sieg ihrer Staffel. Das Entscheidende beim Staffellauf ist nämlich der Zeitpunkt der Staffelübergabe. Was hier versäumt wird – zu früh oder zu spät – kann durch Leistung kaum wieder gut gemacht werden. Für die Nachfolgeregelung in einem Unternehmen bedeutet das:

Entscheidendes Kriterium für eine gelungene und für alle Beteiligten erfolgreiche Unternehmensübergabe ist der richtige Zeitpunkt der Übergabe. Wenn diese Erkenntnis im Kopf des Unternehmers erst einmal Platz gefasst hat, sind die Weichen für eine optimale Nachfolgeregelung gestellt. Das kann, wie gesagt, praktisch gar nicht zu früh geschehen, am besten eben schon, wenn man als Unternehmer das fünfte Lebensjahrzehnt erreicht hat. Natürlich ist man als Unternehmer in den Fünfzigern eher geneigt zu denken: „Ich habe noch 15 Jahre vor mir. Was soll ich jetzt schon an meine Nachfolge denken? Dieses Thema hat ja noch Zeit." Das ist für einen verantwortlich denkenden Unternehmer eine falsche Einstellung. Die Regelung der Nachfolge gehört zu den strategischen Aufgaben der Unternehmensführung. Ein verantwortungsbewusster Unternehmer handelt nach dem Gedanken der Fürsorgepflicht und regelt seine Angelegenheiten rechtzeitig so, dass sein Ende nicht das Ende des Unternehmens zur Folge hat, denn diese Tatsache ist jedem klar, wenn sie auch in der Regel aus verständlichen Gründen lieber verdrängt wird: Jederzeit kann etwas passieren. Ob Unfall, Herzinfarkt oder eine andere schwere Krankheit, die zur Berufsunfähigkeit führt, der Notfall kann eintreten und für diesen Fall muss vorgesorgt sein. Es muss in irgendeiner Form geregelt sein, wie es mit dem Unternehmen weitergehen soll.

2.3 Den Tatsachen ins Auge sehen: Planung für den Notfall

Immer wieder ist zu beobachten, dass erfolgreiche Unternehmer ihr „Lebenswerk" zerstören, weil sie meinen, dass die alte Erkenntnis, dass alles einmal zu Ende geht, auf sie nicht zutrifft. Der Weitblick, dessen sich die meisten erfolgreichen Inhaber und Unternehmer zu Recht rühmen, scheint beim Thema einer effizienten Nachfolgeregelung eher getrübt. Die im vorhergehenden Kapitel beschriebenen Ergebnisse der empirischen Studie belegen: Bei nicht einmal jedem zweiten Unternehmen ist trotz noch ungeklärter Nachfolge für den Fall einer plötzlichen Krankheit oder des plötzlichen Ablebens des Unternehmensinhabers vorgesorgt.

Dabei ist es besonders hier unerlässlich, dass mit der Vorsorge für den Notfall so früh wie möglich begonnen wird. Ein gutes Übergabekonzept sollte schon bei der Übergabe für den Nachfolger Klarheit schaffen. Folgende Checkliste sorgt für die Berücksichtigung der wichtigsten Punkte:

- Wer erbt die Unternehmensbeteiligung?
- Was soll mit dem Unternehmen/der Beteiligung geschehen?
- Wer kann das Unternehmen – im Notfall auch interimsweise – führen?
- Wie sichere ich mich gegen eine mögliche Berufsunfähigkeit ab?
- Wie sichere ich den Lebensstand meiner Familie?
- Wie stelle ich sicher, dass die Erbschaftsteuer bezahlt werden kann?

Praktisch wird die Nachfolgeregelung in ihren Grundzügen schon in der Notfallplanung festgelegt. Es muss alles berücksichtigt und bedacht werden, wofür auch bei der erlebten Übergabe des Unternehmens Sorge getragen werden muss. Im Erlebensfall muss zudem die konkrete Umsetzung des Übergabeplans vollzogen werden.

2.4   Mit 60 sind schon viele Möglichkeiten verschenkt

Wer noch nicht mit 50 Jahren anfängt, an die Nachfolgeregelung zu denken, hat zwar noch nichts Grundlegendes versäumt, aber er schränkt damit seine Möglichkeiten schon spürbar ein. Für bestimmte Lösungen der Nachfolgefrage ist es bereits mit 55 Jahren zu spät. Auch wird zu diesem Zeitpunkt die Frage nach der Nachfolge schon hin und wieder von den Geschäftspartnern, Freunden, Familienangehörigen oder auch von der kreditgebenden Bank angesprochen. Jedenfalls beginnt sich der Unternehmer mehr und mehr – bewusst oder unbewusst wahrgenommen –, einem psychischen Druck ausgesetzt zu fühlen, d. h., er ist in seinen Plänen und Entscheidungen innerlich nicht mehr ganz frei.

Beginnt man als Unternehmer erst mit 60 ernsthaft über die Regelung der Nachfolge nachzudenken, hat man schon sehr viele Möglichkeiten verschenkt. Die eigenen Kinder – sofern vorhanden –, aber auch andere potenzielle Nachfolgekandidaten aus der Familie haben sich vielfach ihr Leben schon anderweitig eingerichtet und sind womöglich in ganz anderen Berufszweigen fest etabliert. Auch für die Lösung, Mitarbeiter aus dem eigenen Unternehmen gezielt aufzubauen und auf die Übernahme des Unternehmens vorzubereiten, fehlt die Zeit. Gleichzeitig wird der Druck aus dem Umfeld immer größer, denn es gibt mehrere Personen und Gruppen, die ein vitales Interesse daran haben zu wissen, wie es in den nächsten 10 bis 20 Jahren mit dem Unternehmen weitergehen wird. Da ist zum Ersten einmal die Familie. Sind eigene Kinder oder direkte Erben aus der Familie vorhanden, können und wollen diese nicht einfach abwarten und im Ungewissen verharren, wann irgendeine Entscheidung gefallen ist, die sie nicht einmal voraussehen können. Zu bekannt ist das Beispiel von dem 80-jährigen „Vollblut-Unternehmer", der immer noch die Zügel fest in der Hand hält und seinen 55-jährigen Sohn auf die Nach-folge warten lässt.

Als Nächstes sind da die Mitarbeiter: Auch für sie ist eine möglichst frühzeitige Nachfolgeregelung sehr wichtig, denn vom Fortbestand und der Zukunftssicherheit des Unternehmens hängt auch der Erhalt ihres Arbeitsplatzes und ihre eigene Zukunftssi-cherung ab. Doch nicht nur die persönlichen Interessen der Mitarbeiter spielen hier eine Rolle. Indirekt geht es in diesem Punkt ebenso um das Interesse und Wohlergehen des Unternehmens. Es ist eine bekannte Tatsache: Fehlen in einem Unternehmen die Konti-nuität und die Zukunftssicherheit, steigt die Fluktuation der Mitarbeiter. Und das ist für kein Unternehmen gut, sondern schlägt sehr bald negativ zu Buche: Die guten Mitarbei-ter wechseln zu einem anderen Unternehmen – womöglich zur Konkurrenz – und neue Bewerber sind erst gar nicht bereit einzusteigen, wenn sie erkennen, dass keine Sicher-heit für die Zukunft gegeben ist. Genauso gilt die umgekehrte Rechnung: Die Motivation und Identifikation der Mitarbeiter mit dem Unternehmen steigen, wenn der Unternehmer Kontinuität langfristig und erkennbar plant.

Und dann sind da noch die Banken, die sich ausdrücklich für die Lösung der Nach-folgefrage in dem Unternehmen interessieren. Wie auch der Sprecher des Vorstands der VR-Bank Aalen in seinem Vorwort zu diesem Buch schreibt, pochen insbesondere in Zeiten von Basel III und Rating die Kundenbetreuer bei der Kreditvergabe auf eine früh-zeitige Regelung der Nachfolge. Die Bonität des kreditsuchenden Unternehmers hängt für die Bank direkt mit der Regelung der Nachfolgefrage zusammen, denn die Zukunfts-sicherheit des Unternehmens ist ein hoch bewerteter Punkt auf den Rating-Checklisten der Banken. Ein Übergabe- oder Führungsvakuum gilt als schwerwiegender Risikofak-tor. Konkret bedeutet das: Kunden mit guter Bonität erhalten Kredite zu günstigeren Bedingungen als Kunden mit schlechten Rating-Noten. Sie müssen höhere Zinsen bei schlechteren Konditionen zahlen bzw. erhalten gar keinen Kredit. Der Unternehmer tut also gut daran aus der Not, in die ihn die Bank mit dem Ratingsystem und den strenge-ren Kreditvergabevorschriften zunächst bringt, eine Tugend zu machen, indem er seine Nachfolge rechtzeitig zu regeln beginnt.

Die Unternehmensnachfolge erst mit 65 Jahren in die Wege zu leiten bedeutet, dass die meisten „Züge schon abgefahren" sind, zumindest stehen dem Unternehmer viele Optionen gar nicht mehr zur Verfügung. Die Unternehmensübergabe muss in diesem Fall schnell und reibungslos funktionieren. Ohne eine gründliche Vorbereitung ist dies nur in den seltensten Fällen möglich, d. h. ab 65 beginnt dem Unternehmer die Zeit davonzu-laufen, während das gesamte Umfeld immer lauter und offener über das Nachfolgepro-blem spricht. Wer bis 70 mit der Lösung des Nachfolgeproblems wartet, hat praktisch keinen Spielraum für überlegte eigene Entscheidungen mehr. Ein 70-Jähriger muss schließlich jede Lösung akzeptieren, die sich noch bietet, was in den seltensten Fäl-len befriedigend ist, weder für das Wohl des Unternehmens noch für den Unternehmer selbst.

Ein Weg führt bei der Suche nach der Lösung des Nachfolgeproblems immer ins Abseits: das Aussitzen. Nicht handeln ist immer auch Handeln. In diesem Falle Handeln gegen die eigenen Interessen, denn die Zeit arbeitet hier nicht für, sondern gegen den Unternehmer.

Der „Stabwechsel" in einem Familienunternehmen ist ein äußerst komplexer und sensibler Vorgang, der Umsicht, Intuition, Menschenkenntnis und Fingerspitzengefühl erfordert. Da ist ein strukturiertes Vorgehen für einen gelungenen Generationswechsel von großer Wichtigkeit. Neben der Wahl des Nachfolgers müssen Maßnahmen zur Konfliktbewältigung entwickelt werden, denn wie groß der grundsätzliche Konsensus und das gemeinsame Grundverständnis auch sein mögen, einen Generationswechsel in einem Familienunternehmen völlig frei von Konflikten gibt es nicht. Die Konflikte an sich sind aber nicht das Problem, denn in fast allen Fällen gibt es dafür eine Lösung. Entscheidend ist, wie mit diesen Konflikten umgegangen wird. Das sollte nämlich in konstruktiver Weise geschehen. Wenn z. B. Diskussionen über grundsätzliche Dinge, die vielfach in mehr oder weniger emotionaler Weise geführt werden und mit berechtigten oder unberechtigten Schuldvorwürfen verbunden sind, vor Mitarbeitern ausgetragen werden, so ist das im Hinblick auf eine gelungene Nachfolgeregelung wenig förderlich. Wenn der Senior sich in solchen Fällen gegenüber dem Junior in massiver Weise durchsetzt, hat er zwar in seinen eigenen Augen seinen Standpunkt erfolgreich vertreten, aber in den Augen der Mitarbeiter hat er die Autorität und Anerkennung des Nachfolgers beschädigt. Konflikte, welcher Art auch immer, sollten grundsätzlich hinter verschlossenen Türen oder außerhalb des Unternehmens ausgetragen werden.

Immer sollte dabei nach einer Lösung gesucht werden, die von beiden überzeugt getragen wird. In den meisten Fällen ist davon die Rede, was zu tun ist, wenn kein Familienmitglied die Nachfolge antreten will. Das ist freilich für den Senior-Unternehmer meist eine prekäre Situation. In der Praxis kann aber auch die umgekehrte Situation eintreten, dass nämlich mehrere Familienmitglieder Ansprüche auf die Nachfolge anmelden. Diese Konstellation birgt zwar ein großes emotionales Konfliktpotenzial, denn Geschwister sind immer auch Konkurrenten, was in mehr oder weniger offener Weise ausgetragen wird. Es beginnt mit dem Buhlen um die Aufmerksamkeit und Zuwendung der Eltern sowie um die Stellung innerhalb der Familie und setzt sich mit zunehmendem Alter fort mit der Rivalität innerhalb des Familienunternehmens. Auch wenn bei den Eltern der verständliche Wunsch aufkommt, die Kinder für eine Teamführung des Unternehmens zu gewinnen, um die Familienharmonie zu erhalten, ist diese Lösung mit großer Vorsicht zu genießen. Wenn die Kinder nicht wirklich fähig und gewillt sind, ihre persönlichen Konflikte und Schwierigkeiten miteinander aus der Unternehmensführung herauszuhalten, ist erfahrungsgemäß das endgültige Aus für das Unternehmen bald die Folge. Nach allen Kräften sollte deshalb bei Wahrung der Gleichbehandlung im materiellen Bereich die Übergabe an einen Nachfolger angestrebt werden. Leicht ist diese Entscheidung sicherlich nie, aber wenn der Kandidat eindeutig die besseren fachlichen und persönlichen Voraussetzungen mitbringt, kann man wenigstens die Entscheidung für ihn den anderen gegenüber objektiv begründen.

Schwieriger wird die Entscheidung, wenn mehrere Familienmitglieder die gleichen Qualifikationen für eine Unternehmensnachfolge mitbringen. Hier hilft ein offener Dialog zwischen allen Beteiligten. Unter der Führung des Senior-Unternehmers sollte geklärt werden, ob ein Konsens möglich ist. Stellt sich dabei heraus, dass ein ausreichendes Maß an Gemeinsamkeiten und Grundüberzeugungen vorhanden ist, kann eine Teamführung eine erfolgreiche Lösung sein.

Bei einem klassischen Generationenkonflikt, dem Vater-Sohn-Konflikt, liegt die Ursache nicht immer in der unüberbrückbaren Wesensverschiedenheit von Vater und Sohn. Sie kann – im Gegenteil – auch in der zu großen Wesensähnlichkeit liegen. Der Sohn hat die Eigenschaften wie der Vater: Er will sich nichts sagen lassen, will sich nicht unterordnen, will selbst bestimmen und selbst das Sagen haben. Andere Konstellationen sind: Einem dominanten Vater steht ein Sohn mit schwacher Persönlichkeit gegenüber, der in jeder Hinsicht leicht zu verunsichern ist, oder der Vater trifft auf einen starken, ihm überlegenen Sohn. Im Allgemeinen haben die Konflikte ihre Ursache darin, dass die betreffenden Personen sich entweder zu sehr ähneln oder sich gar nicht ähnlich sind. In allen Fällen hilft nur eine offene und sachliche Aussprache an einem neutralen, ruhigen Ort in Anwesenheit oder mit Beteiligung eines Dritten, dessen Urteil von beiden Seiten akzeptiert und respektiert wird.

Nicht selten ist ein Unternehmer sich der Notwendigkeit einer baldigen Nachfolgeregelung bewusst, aber er findet keinen geeigneten Nachfolger, weil es ihm am notwendigen Vertrauen in den Nachfolger fehlt. Vertrauen ist zwar ein stark emotional bestimmtes Phänomen, aber es gibt durchaus einige konkrete Möglichkeiten, die Entstehung von Vertrauen zu begünstigen und zu fördern. So kann der Unternehmer den potenziellen Nachfolger mit Aufgaben in seinem Unternehmen betrauen, um die er sich selbst nie so ernsthaft gekümmert hat, weil sie nicht von existenzieller Wichtigkeit für das Unternehmen waren. Solche Aufgaben könnten z. B. die Umsetzung innerbetrieblicher neuer Erkenntnisse in der Prozessoptimierung oder die eigenverantwortliche Erschließung neuer Märkte im Ausland sein, also Aktivitäten, die nichts mit dem Kerngeschäft unmittelbar zu tun haben und nur geringe Auswirkung auf die Existenz des Unternehmens haben. Auf diese Weise muss der Unternehmer keine umfassende Verantwortung auf den Nachfolger übertragen, kann aber doch dessen unternehmerische Fähigkeiten prüfen und gibt dem Nachfolgekandidaten Gelegenheit sich nach und nach durch eine Reihe von Einzelerfolgen sein Vertrauen zu erarbeiten.

Ist die Entscheidung für den Nachfolger gefallen, beginnt die Planung der Übergabe. Ein Übergabeplan ist fast ebenso wichtig wie die rechtzeitige Vorbereitung der Nachfolge. Auf keinen Fall kann man sich darauf verlassen, dass das meiste schon von selbst laufen wird. Im Gegenteil: Von selbst läuft das Wenigste. Zumindest nicht so, wie es für eine reibungslose Übergabe im Interesse des Unternehmens erforderlich ist. Der Übergabefahrplan ist die schriftliche Dokumentation der geplanten Nachfolgeregelung und enthält alle Details. Der Vorteil: Senior wie Nachfolger können sich immer auf die getroffenen Vereinbarungen berufen, ohne jedes Mal neu über das Vorgehen und die Zukunft diskutieren zu müssen. Der Fahrplan zur Übergabe kann sich auf die erste Zeit nach der Übergabe beschränken, kann sich aber auch auf die Zukunftsperspektive beziehen.

2.5   Übertragung von Verantwortung an den Nachfolger und Rückzug des Seniors

Selbst wenn der Nachfolger als Familienmitglied oder Mitarbeiter das Unternehmen kennt und mit den meisten Vorgängen vertraut ist, kann er doch nicht ohne weitere Vorbereitung einfach von heute auf morgen die Führungsverantwortung übernehmen. Eine systematische Einarbeitung in die neuen Führungsaufgaben ist für einen erfolgreichen Generationenwechsel unabdingbar. Inhalte dieser Einarbeitungsphase können Ausbildungsziele im Unternehmen sein, wobei sich der Nachfolger in den verschiedenen Bereichen des Unternehmens mit den dort wichtigen Aufgaben und Prozessen vertraut macht oder man schickt den Nachfolger auf externe Lehrgänge, Workshops und andere Weiterbildungsveranstaltungen.

Es hat sich in der Praxis der Unternehmensübergabe bewährt, die Übergabe des Unternehmens in mehreren Schritten zu vollziehen. Mit den jeweiligen Schritten der Einarbeitung werden dem Nachfolger entsprechende Kompetenzen und Verantwortung übertragen. Bei jedem neuen Kompetenzbereich, den der Nachfolger erhält, zieht sich der Senior aus diesem Bereich zurück.

Des Weiteren erhält der Nachfolger durch eine solche abgestufte Übergabe die Gelegenheit, sich langsam an seine Aufgaben als Inhaber heranzutasten und Vertrauen in die eigenen Fähigkeiten aufzubauen. Zusätzlich kann er in dieser Zeit seine Akzeptanz bei den Mitarbeitern aufbauen. Damit das Ziel dieser Maßnahmen nicht im Trubel der Tagesarbeit aus den Augen verloren wird und der geplante Übergabetermin auch wirklich eingehalten werden kann, sollten alle Schritte der stufenweisen Übergabe von Verantwortung und Kompetenzen sowohl für den Senior als auch für den Nachfolger schriftlich dokumentiert und mit Terminen festgehalten werden.

Parallel zu der stufenweisen Kompetenzübertragung an den Nachfolger findet der Rückzug des Seniors aus dem Tagesgeschäft und der Unternehmensführung statt. Dieser allmählich sich vollziehende Übergang hat für den Senior den Vorteil, dass er immer noch einen Einblick in die Geschäftsvorgänge und das ganze Betriebsgeschehen hat und zur Not eingreifen kann. Wenn er aber sieht, dass alles so weit in geordneten Bahnen verläuft und er den Fähigkeiten des Nachfolgers vertrauen kann, fällt es ihm leichter, die Dinge laufen zu lassen und sich auch innerlich von dem Unternehmen zu lösen. Zudem hat diese stufenweise Unternehmensübergabe noch den Vorteil, dass der Senior sich langsam an die zunehmende Freiheit und Freizeit gewöhnen kann und Gelegenheit hat, sich in Ruhe sinnvolle Beschäftigungen zu suchen. In beiderseitigem Interesse sollten der Senior und der Nachfolger auch die Termine der Rückzugsplanung des Seniors verbindlich festlegen.

Eine Möglichkeit, die sich bei vielen erfolgreichen Unternehmensübergaben bewährt hat, ist eine Beratungstätigkeit im Unternehmen des Seniors nach der ersten Hälfte des Übergabefahrplanes. In manchen Fällen hat sich auch ein „glatter Schnitt" bewährt. Sobald man sich grundsätzlich über die Übergabemodalitäten und auf einen bestimmten

Termin zur Übergabe geeinigt hat, übergibt der Senior an diesem Tag „die Schlüssel" und betritt das Unternehmen nicht wieder.

Der im Übergabefahrplan vorgesehene Übergabetermin sollte von beiden Partnern sehr ernst genommen und unter allen Umständen eingehalten werden. Sicher kann es Gründe geben, die es rechtfertigen, diesen Termin zu verschieben, aber das sollte wirklich die Ausnahme bleiben. Eine mehrfache Verschiebung des angekündigten Übergabetermins hat nach außen bei Partnern und Kunden wie nach innen bei den Mitarbeitern eine negative, weil die Glaubwürdigkeit mindernde, Wirkung.

Wenn Klarheit über die Wahl des Nachfolgers besteht und ein Übergabefahrplan erstellt wurde, ist es wichtig, die eigenen Mitarbeiter wie die „Außenwelt" – Geschäftspartner, Kunden, Banken – von dem bevorstehenden Wechsel in der Geschäftsleitung in Kenntnis zu setzen. Beginnen sollte man natürlich mit den eigenen Familienangehörigen, sofern man sie nicht schon bei den Vorüberlegungen zur Geschäftsübergabe mit einbezogen hat. Die Kommunikation der vorliegenden Entscheidung ist schon deshalb wichtig, weil dadurch Gerüchten und Spekulationen, die im internen und externen Umfeld Unsicherheit erzeugen, vorgebaut wird. Die Information über eine frühzeitig eingeleitete, geplante Nachfolge wird von den Kunden, die auf Kontinuität der Zusammenarbeit Wert legen, Lieferanten, die um ihre Aufträge bangen und vor allem von den Banken im Hinblick auf Kreditvergaben positiv aufgenommen.

2.6 Keine Angst vor dem „schwarzen Loch"

Beim Zögern vieler Unternehmer, die Nachfolgeregelung frühzeitig und konsequent zu betreiben, spielt auch – bewusst oder unbewusst – die Angst vor dem „schwarzen Loch" mit, in das man hineinfallen könnte, wenn man sein „Lebenswerk", das stets alle Energie, Zeit und Aufmerksamkeit in Anspruch nahm, in andere Hände gegeben hat. Ganz unbegründet ist diese Angst nicht, denn alles, was bisher den Tag strukturiert, organisiert und ausgefüllt hat – die Arbeit, die Termine, die Pflichten, die Überlegungen, die Entscheidungen – fällt weg. Hinzu kommt noch ein anderer Punkt, den man vielleicht bisher gar nicht für so wichtig gehalten hat, der aber jetzt doch eine große Rolle spielt: die Statusveränderung. Man ist nicht mehr der „Chef". Die Gefahr, tatsächlich in ein „schwarzes Loch" zu fallen, ist umso größer, je stärker sich der Senior mit seinem Unternehmen identifiziert hat, d. h. je mehr er seine ganze Zeit dem Unternehmen gewidmet und dementsprechend kaum Zeit für Freizeitaktivitäten oder zur Entwicklung und Pflege privater Hobbys gefunden hat. Nicht wenige Unternehmer, die kurz vor der Übergabe ihres Unternehmens stehen, leben in der Vorstellung: „Übergeben heißt nicht mehr leben." Diese Vorstellung ist natürlich völlig irrig, aber dem Senior-Unternehmer geht es wie dem Bergsteiger, der in der Steilwand hängt: Er sieht die Schönheiten auf dem Gipfel nicht. Die allermeisten Unternehmer stellen – kaum ist ein Jahr nach der Übergabe vorbei – erstaunt und erfreut fest: „Es gibt ein Leben nach der Übergabe!" Nicht wenige sagen sogar: „Das Einzige, was ich falsch gemacht habe, ist, dass ich mein Unternehmen nicht schon eher übergeben habe.".

Ganz von allein stellt sich allerdings diese Euphorie nicht ein. Man muss und kann schon einiges dazutun. Neben den persönlichen Hobbys, die es zu entdecken bzw. wiederzuentdecken gibt, gibt es eine Reihe von Möglichkeiten, die frei gewordene Zeit, Energie und Tatkraft sinnvoll einzusetzen. Zunächst einmal besteht die Möglichkeit, als Senior-Chef im Beirat für das eigene Unternehmen tätig zu werden. Die Vorstände von Vereinen, Bürgervereinigungen oder Interessengemeinschaften bieten ebenfalls Gelegenheiten, sich sinnvoll zu betätigen. In der Kommunalpolitik kann man sich für ein bestimmtes Thema oder für ein klar definiertes Projekt engagieren und seine Erfahrung wie sein Wissen und Können einbringen. Kammern, Verbände und gemeinnützige Vereine wissen die Erfahrung und Kompetenz der Senior-Unternehmer ebenfalls zu schätzen. Außerdem, wenn eine Familie vorhanden ist, dann dauert es nicht sehr lange, bis der Senior als Onkel oder Großvater für vielerlei Zwecke vereinnahmt wird. Auf jeden Fall ist eins sicher: Die Angst vor dem „schwarzen Loch" ist unbegründet.

2.7 Vernachlässigungen bei der Nachfolgeregelung

Wenn man die Chronik gescheiterter Unternehmensübergaben analysiert, stellt man fest, dass mit großer Regelmäßigkeit bei der Übergabe immer wieder die gleichen Punkte vernachlässigt werden.

2.7.1 Vernachlässigung 1: Kein klares Anforderungsprofil

Die Auswahlkriterien für den Nachfolger wurden entweder nicht genau genug formuliert oder nicht konsequent angewandt. Es wurde – wie sonst bei jeder Besetzung eines Managementpostens üblich – kein klares Anforderungsprofil entwickelt, dem der Nachfolger entsprechen sollte. Die Folge: Als der Nachfolger mit den Realitäten des Geschäftsalltags konfrontiert wurde, zeigten sich erhebliche Defizite, die bei allen Beteiligten und Betroffenen Unverständnis, Unwillen und Kritik hervorriefen und eine effiziente Unternehmensführung unmöglich machten.

Was ist zu tun?
- Wie sonst bei Neueinstellungen und Beförderungen üblich eine exakte Stellenbeschreibung vornehmen und diese mit dem Nachfolgekandidaten Punkt für Punkt durchgehen. Bei Bedarf einen neutralen Personalberater mit dem Nachfolgekandidaten das Einstellungsgespräch führen lassen und sich die Auswertung geben lassen.
- Dem Nachfolgekandidaten die eigenen Tätigkeiten, Leistungen, Wünsche und Erwartungen deutlich vor Augen führen.

- Den Nachfolgekandidaten bitten, seine Vorstellungen, Pläne und Ziele klar zu formulieren und diese schriftlich niederzulegen.
- Jede Person, die auf der Führungsebene mit dem Kandidaten in Zukunft zusammenarbeiten soll, möglichst bald in den Auswahlprozess integrieren.

2.7.2 Vernachlässigung 2: Unterschiedliche Wertvorstellungen

Die unterschiedlichen Wertvorstellungen des Senior-Unternehmers und des Nachfolgers werden nicht deutlich genug dargestellt. Jede Generation hat ihre eigenen Wertvorstellungen von der Welt, vom Leben, von der Arbeit, vom Umgang mit den Mitmenschen. Das ist ein natürliches Faktum und der Nachfolger wäre kein guter Nachfolger, wenn er nicht als Vertreter einer neuen Zeit und neuen Generation neue Wertvorstellungen und Ziele in das Unternehmen tragen würde. Nur dürfen diese nicht so stark von dem bestehenden Wertsystem abweichen, dass es im Unternehmen zu einem kulturellen Konflikt zwischen alt und neu kommt. Wenn die Unternehmenskultur nicht mehr intakt ist, ist das Betriebsklima gestört. Die guten Mitarbeiter fühlen sich nicht mehr wohl und gehen, die bleibenden sind frustriert und demotiviert, was sich bald nach außen bei Partnern und Kunden herumspricht. Der geschäftliche Niedergang ist vorgezeichnet.

Was ist zu tun?
- Die „Werte", die vom bisherigen Inhaber des Unternehmens geschaffen und vorgelebt wurden und die Unternehmenskultur prägen, müssen klar definiert und im Prinzip als verbindlich dargestellt werden.
- Um ein Erstarren der Unternehmenskultur in den etablierten Werten zu verhindern und das Unternehmen überlebensfähig zu halten, muss dem Nachfolger genügend Freiraum zugebilligt werden, sodass es ihm möglich ist, die Unternehmenskultur und das Verhalten der Mitarbeiter den Anforderungen der neuen Zeit anzupassen. Er darf nicht nur, er soll verändern. Nur die Grundwerte müssen erhalten bleiben.

2.7.3 Vernachlässigung 3: Zeitpunkt der Übergabe nicht verbindlich festgelegt

Der Zeitpunkt der definierten Geschäftsübergabe wird nicht genau und verbindlich festgelegt. Dass die Übergabe des Unternehmens, das in den meisten Fällen das Lebenswerk des Unternehmers darstellt, keinem Senior leichtfällt, ist mehr als verständlich. Der Tag, an dem ein Unternehmer sein Unternehmen übergibt, stellt einen tiefgreifenden Einschnitt in seinem Leben dar. Diesen Tag aber immer wieder hinauszuschieben, ist kurzsichtig und falsch. Besonders wenn der designierte Nachfolger sich schon im Haus befindet, während der Senior stolz darauf ist zu zeigen, dass er alle Fäden fest in der Hand hält, ist die Wirkung auf die „Mitspieler" und „Zuschauer" katastrophal. Das ist so, wie wenn ein Verein einen Weltklassefußballer eingekauft hat und der Trainer lässt ihn auf der Bank sitzen. Schwung und Aufbruchsstimmung wird man auf diese Weise mit Sicherheit nicht erzeugen.

Was ist zu tun?
- Wenn das Zögern und Zaudern des Seniors mit seinem Rückzug aus dem Unternehmen mit mangelndem Vertrauen in die Person des Nachfolgers zu tun hat, hilft nur eins: eine gründliche, schonungslose, offene Aussprache. Empfehlenswert ist dabei die Gegenwart eines neutralen, von beiden Gesprächspartnern respektierten Dritten. In dieser Aussprache sollten seitens des Seniors alle Ängste, Zweifel und Kritik klar formuliert und dem Nachfolger die Gelegenheit gegeben werden, die Argumente und Befürchtungen des Seniors zu widerlegen und zu zerstreuen.
- Schon im Übergabefahrplan wird der Übergabetermin festgelegt, und an einem anderen fixierten Punkt des Übergabegeschehens wird der Termin öffentlich und offiziell bekannt gegeben. Dadurch bringt man sich selbst in Zugzwang, weil man den einmal bekannt gegebenen Termin nur noch mit großem Gesichts- und Glaubwürdigkeitsverlust verschieben kann.

2.7.4 Vernachlässigung 4: Kommunikationsdefizite

Der „Stabwechsel" im Unternehmen wird den Beteiligten und Betroffenen nicht ausreichend oder nicht in der richtigen Form kommuniziert. Dass der „Neue" neue Ideen, neue Vorstellungen und neue Ansprüche mitbringt, die er verwirklichen will und soll, ist klar. Das bringt aber bei vielen Mitarbeitern, die den neuen bzw. zukünftigen Chef ja nicht kennen, zunächst einmal eher Unsicherheiten und Ängste mit sich. Das geht auf Kosten von Motivation und Akzeptanz.

Was ist zu tun?
- Um Ängste abzubauen und stattdessen ein positives Klima aufzubauen, muss dem Nachfolger die Möglichkeit gegeben werden, die Mitarbeiter kennen zu lernen, mit ihnen zu reden und eine persönliche Beziehung zu ihnen herzustellen, denn er ist auf jeden angewiesen, wenn er das Unternehmen zu neuen Zielen führen will.
- Die gleiche Kommunikationsintensität und -qualität muss auch zwischen dem Senior und dem Nachfolger herrschen. Der Nachfolger soll Einsicht in alle Vorgänge haben, die über den Tisch des Seniors laufen: E-Mails der beiden sollten grundsätzlich über den gleichen Verteiler laufen. Es sollte täglich eine „störungsfreie Stunde" fest eingeplant sein, in der Senior und Junior die Vorgänge des Tages in Ruhe durchsprechen.
- Bei allen repräsentativen Verpflichtungen sollten Junior und Senior stets gemeinsam auftreten.

2.7.5   Vernachlässigung 5: Konflikte nicht ausdiskutieren

Dass eine Unternehmensübergabe völlig ohne Konflikte und Meinungsverschiedenhei-
ten zwischen allen Beteiligten vonstattengehen könnte, ist ein frommer Wunsch, der in
Wirklichkeit niemals in Erfüllung geht. Das ist kein Grund zum Klagen, denn Konflikte
sind in zwischenmenschlichen Beziehungen, bei denen es immer um unterschiedliche
persönliche Interessen geht, eine ganz natürliche, unvermeidbare Sache. Zum Problem
werden sie erst, wenn sie nicht offen ausgesprochen, sondern um des „lieben Friedens"
oder der Familienharmonie wegen oder auch aus mangelndem Mut oder falsch ver-
standener Rücksichtnahme auf Empfindlichkeiten oder Eigenarten bestimmter Personen unter den Teppich gekehrt, d. h. verdrängt werden. Eine solche Konfliktvermeidung
bringt Schaden für das ganze Unternehmen und für alle Beteiligten. Besonders gefähr-
lich wird es, wenn die Konflikte verdeckt ausgetragen werden, etwa in der Art, dass
der Betroffene den eigentlichen Konflikt, den er mit dem Partner hat, nicht offen beim
Namen nennt, sondern seinen Vorbehalt bzw. seine Ablehnung einer bestimmten Person
hinter Sachthemen versteckt, die mit der Person des Kontrahenten verbunden sind nach
dem Motto: „Man schlägt den Sack und meint den Esel." Auf diese Weise werden wichtige Entscheidungen für das Unternehmen verhindert und gute, zum Teil für das Überleben des Unternehmens wichtige Konzepte torpediert.

Was ist zu tun?
- Nicht sofort heftig auf alle Meinungen und Verhaltensformen reagieren, die nicht der
  eigenen Auffassung entsprechen. Ruhig ein paar Tage abwarten, um die Emotionen
  zu prüfen. Dann aber nicht länger mit den Ansichten, dem Standpunkt und dem Urteil
  hinter dem Berg halten. Eine alte Erfahrung lautet: Ansprüche wollen artikuliert sein!
- Wenn nicht ganz deutlich gesagt wird, was gedacht wird und was die Erwartungshaltung an den Partner ist, wie soll dann der Partner die Erwartungen und Wünsche
  erfüllen? Es sollte nicht davor zurückgeschreckt werden, Gefühle zu zeigen. Je lei-
  denschaftlicher die Ansichten und Vorstellungen vertreten werden, desto glaubwürdi-
  ger, akzeptabler und respektabler wirken sie.

2.7.6   Vernachlässigung 6: Mittleres Management nicht
eingebunden

Das mittlere Management wird nicht eingebunden. Beim Militär weiß man, dass man
ohne einen motivierten und handlungsfreudigen Unteroffizierskader keine Schlacht
gewinnen kann. Mit dem mittleren Management in einem Unternehmen ist es ähnlich.
Auch das mittlere Management stellt eine überlebenswichtige Größe im Unternehmen
dar. Deshalb darf die mittlere Führungsebene bei einem Generationswechsel im Unternehmen niemals außer Acht gelassen werden. Das aber geschieht bei Unternehmensübergaben häufig. Dabei können aller Erfahrung nach Veränderungen im Unternehmen ohne

die innere Zustimmung und Bereitschaft des mittleren Managements, sie mitzutragen, nicht durchgeführt werden.

Wenn die Mitarbeiter auf der mittleren Führungsebene die Anforderungen und Ideen nicht engagiert, motiviert und überzeugt nach unten weitergeben, wo sie in konkretes Handeln umgesetzt werden sollen, nützt das beste Innovationskonzept der Unternehmensführung nichts.

Was ist zu tun?

- Darauf achten, dass der Nachfolger schon in der Einarbeitungszeit einen guten Kontakt zu den Führungskräften der mittleren Ebenen bekommt, z. B. durch eine Einladung zu einem eigenen Kennenlern-Abend in informeller Runde. Bei dieser Gelegenheit sollte sich der Nachfolger über alles informieren können, was ihn interessiert. Und auch die Mitarbeiter sollten den „Neuen" bei dieser Gelegenheit alles fragen und ihm alles sagen können.
- Versuchen die Wichtigsten der „alten Garde" auf seine Seite zu ziehen, indem sie sich von den Qualitäten und der Kompetenz des Nachfolgers überzeugen können.
- Die Absicht des Nachfolgers, jüngere Mitarbeiter an seine Seite zu holen – auch wenn es sich dabei nicht um Familienmitglieder handeln sollte –, sollte vom Senior erkennbar gefördert werden.

2.7.7 Vernachlässigung 7: Fehlendes Prestigeprojekt für den Nachfolger

Der Nachfolger hat kein Projekt, mit dem er sich profilieren kann. Die Persönlichkeit des Nachfolgers, sein Auftreten, sein sympathisches Wesen, die Tatkraft, Dynamik und Stärke, die er ausstrahlt, sind die eine Sache. Die andere Sache ist die Bewährung des „Neuen" bei den konkreten Herausforderungen des betrieblichen Alltags, d. h. die Frage, ob er auch konkrete Erfolge vorweisen kann. Letzteres kann er aber nur, wenn er die Gelegenheit erhält, ein eigenes, anspruchsvolles Projekt durchzuführen und zu zeigen, was in ihm steckt, denn damit überzeugt er die Mitarbeiter, Kunden und Geschäftspartner am schnellsten und nachhaltigsten. Hat der „Neue" dazu keine Gelegenheit, und geht in den Augen der Mitarbeiter alles so weiter wie bisher, obwohl es doch eine neue Unternehmensführung geben soll, macht sich die Stimmung breit: „Es bleibt alles ganz anders." Jeder Impuls zur Veränderung und jedes Engagement für neue Wege und Konzepte schlafen auf diese Weise wieder ein. Der Ruck, der mit dem Stabwechsel durch das Unternehmen gehen sollte, bleibt aus.

Was ist zu tun?

- Alle laufenden Projekte im Unternehmen auflisten, die Wichtigsten „herausfischen" und auf ihre Eignung als Prestigeprojekt prüfen. Ist keines geeignet, ein neues Projekt aufsetzen, das eine Herausforderung darstellt.

- Eine verbindliche Vereinbarung treffen, dass der Senior-Unternehmer sich aus dem Projekt – und ist der Erfolg noch so gefährdet – vollkommen heraushält. Es sei denn, der Nachfolger fragt ihn um Rat.
- Den Mitarbeitern gegenüber dieses Projekt als Prestigeprojekt deklarieren und diesem Projekt die entsprechende Aufmerksamkeit widmen.
- Bei erfolgreichem Abschluss des Projektes eine Projektabschlussfeier inszenieren und das Team mit dem Leiter mit einer Auszeichnung belohnen.

2.8   Checklisten und Adressen

Im Folgenden sind Fragen in Form von zwei Checklisten, die für jede Nachfolgeregelung wichtig sind, dargestellt. Die erste Checkliste betrifft die Konfliktvermeidung bei der Übergabe, die zweite die Regelung der Übergabe selbst.

2.8.1   Checkliste Konfliktvermeidung

- Liegt ein Übergabefahrplan vor, der die Interessen aller an der Nachfolge Beteiligten berücksichtigt?
- Sind die einzelnen in diesem Fahrplan enthaltenen Maßnahmen unmissverständlich formuliert?
- Ist die Einhaltung des Nachfolgefahrplans für alle verbindlich?
- Sind die Aufgabenbereiche und Verantwortlichkeiten klar definiert?
- Werden Mitarbeiter, Geschäftspartner und Kunden von dem bevorstehenden Führungswechsel ausreichend und in richtiger Form informiert?
- Sind Vorkehrungen getroffen für den Fall, dass die Zusammenarbeit mit dem Nachfolger sich als unmöglich erweist?

2.8.2   Checkliste Nachfolgeregelung

- Sind das Ziel und die Strategie zur Erreichung des Ziels definiert?
- Sind die Anforderungen und Erwartungen an den Nachfolger formuliert und kommuniziert?
- Wurde gemeinsam mit dem Nachfolger ein Konzept zur Weiterführung des Unternehmens entwickelt?
- Wurde der Übergabetermin verbindlich fixiert?
- Wurde ein Übergabefahrplan entwickelt und ein Konsens mit allen Beteiligten und Betroffenen herbeigeführt (einschließlich Familie)?

- Wurden alle Beteiligten, Betroffenen und anderweitigen Interessierten, z. B. die Bank, richtig und ausreichend informiert?
- Wurde die Übergabe an den Nachfolger und seine Einführung formal geregelt?
- Wer kann die Leitung des Unternehmens im Notfall sofort übernehmen?
- Ist der Gesellschaftervertrag von einem Experten überprüft worden?
- Liegt ein Businessplan für den „Neuanfang" vor, der allen professionellen Anforderungen genügt?

Wenn die Fragen dieser beiden Checklisten beantwortet sind, kann eine konfliktfreie Nachfolgeregelung aller Erfahrung nach nicht schief gehen.

Zum Abschluss dieses Kapitels die wichtigsten Adressen, die dabei unterstützen können, ein Unternehmen bzw. einen Nachfolger zu finden sowie bei der Regelung der Nachfolge erfolgreich voranzukommen. Im regionalen Umfeld gibt es meist weitere Institutionen, die sich um erfolgreiche Unternehmensnachfolgen bemühen.

2.8.3   Wo finde ich einen Nachfolger?

- Nachfolgebörsen, z. B.
  Initiative nexxt des Bundesministerium für Wirtschaft und Energie, der KfW, der DIHK, des ZDH, des BVR und des DSGV [https://www.nexxt-change.org/]
  Bei dieser Initiative steht eine bundesweite und branchenübergreifende Unternehmensbörse im Mittelpunkt, die dabei unterstützen soll, interessierte Senior-Unternehmer und potenzielle Nachfolger zusammenzubringen.
  Darüber hinaus gibt es auch regionale websites, z. B. [www.go-online.nrw.de]
- Anzeigen in Fachzeitschriften
  In Anzeigen finden sich in den meisten Branchen Suchanzeigen zu den Themen Unternehmensverkäufe und Unternehmenskäufe.

2.8.4   Wer hilft mir bei der Suche?

- Industrie- und Handelskammer und Handwerkskammer
  Die Industrie- und Handelskammer und Handwerkskammer bieten ihren Mitgliedern neben vielfältigen Informationsmaterialien auch meist ein Beratungsangebot aus dem regionalen Umfeld an.
- Kreditinstitute
  Oft verfügen auch Kreditinstitute über Datenbanken mit Unternehmen, die zur Übergabe anstehen. Die Kreditinstitute haben ein elementares Interesse an einer erfolgreichen Unternehmensübergabe, damit ihre Kundenbeziehungen erhalten bleiben.

- Unternehmensvermittler
  Meist gibt es branchenbezogene Unternehmensvermittler, die sich auf das Zusammenbringen und die Verhandlungsführung von Senior-Unternehmern und potenziellen Nachfolgern spezialisiert haben. Hier gilt das Gleiche wie bei der Einschaltung von Unternehmensberatungen: Es ist auf ein gutes Preis-Leistungs-Verhältnis des Angebotes zu achten.

2.8.5 Wer hilft mir bei der Übergabe?

- Steuerberater und Wirtschaftsprüfer
  Da im Rahmen einer Unternehmensnachfolge zahlreiche steuerliche Fragen auftauchen, z. B. zur Erbschafts- und Schenkungssteuer, ist die Einbindung eines Steuerberaters oder Wirtschaftsprüfers in den allermeisten Fällen unerlässlich. Informationen hierzu gibt es auch von der Bundessteuerberaterkammer: [www.bstbk.de].
- Rechtsanwälte und Notare
  Selbst bei einer Unternehmensnachfolge innerhalb der Familie ist eine rechtlich fehlerfreie Form wichtig. Daher ist oftmals die Einbindung eines Rechtsanwalts und/oder Notars nötig. Was an dieser Stelle durch Sparen am falschen Ende versäumt wird, kann nur mit erheblichem Mehraufwand – wenn überhaupt – wieder repariert werden. Eine Recherche nach Notaren kann über die folgende Web-Adresse durchgeführt werden: [www.bnotk.de] und Rechtsanwälte sind gelistet unter: [www.brak.de].
- Unternehmensberater
  Wertvolle Unterstützung bei strategischen Fragestellungen, bei der Umsetzung von notwendigen Kosteneinsparprogrammen oder auch bei der Einarbeitung des Nachfolgers können Unternehmensberatungen leisten. Auf die Unternehmensnachfolge spezialisierte Beratungen gibt es unzählige, entscheidend ist die intensive Prüfung der jeweiligen Unternehmensberatung auf das angebotene Preis-Leistungsverhältnis vor Auftragserteilung. Einen Überblick über Unternehmensberatungen und deren Schwerpunktangebot vermittelt die folgende Website: [www.bdu.de].
- Weitere nützliche Adressen im Internet web, z. B.
  [www.1-to-manage.de] Informationen und Tipps zur Unternehmensnachfolge
  [www.bmwi.de] umfangreiche Informationen zur Unternehmensgründung und -nachfolge

Wie sichere ich Familie, Unternehmen und Eigentum für die Zukunft?

3

Strategien und Beziehungsmanagement bei der Übergabe von Familienunternehmen

Beatrice Rodenstock

3.1 Herausforderungen bei der Übergabe von Familienunternehmen

Die Übergabe ist eine besonders kritische Phase im Lebenszyklus eines Familienunternehmens, sie bildet sozusagen den bottle neck. Daher scheitern viele Familienunternehmen am Wechsel der Generationen.

Nach Angaben des Instituts für Mittelstandsforschung stehen im Zeitraum 2018 bis 2022 in Deutschland etwa 150.000 Unternehmen mit 2,4 Mio. Beschäftigten zur Übergabe an, deutlich mehr als im vorangegangenen Fünfjahreszeitraum (IfM Bonn 2018). Der DIHK-Report zur Unternehmensnachfolge 2017 sieht zudem u. a. wegen des demografischen Wandels einen Nachfolger-Engpass entstehen: „Immer mehr Alt-Inhabern auf Nachfolgersuche stehen immer weniger potenzielle Übernehmer gegenüber." Es wächst also nicht nur die wirtschaftliche Bedeutung der Übergabethematik, sondern auch die Problematik, dass die nächste Generation sich der unternehmerischen Herausforderung der Übernahme immer weniger stellen will – ein Grund mehr, den Generationswechsel möglichst gut vorzubereiten.

Was heißt in diesem Zusammenhang gut? Gut ist die Übergabeplanung dann, wenn sie rechtzeitig und proaktiv angegangen wird. Der Übergabeprozess ist sehr komplex, weil er verschiedene Themen umfasst, die alle beachtet werden müssen: rechtliche, finanzielle, steuerliche, ökonomische und nicht zu vergessen zwischenmenschliche. Alle greifen ineinander und müssen jedes für sich, zur rechten Zeit bearbeitet werden.

Das erfordert zum einen jahrelange Vorausplanung, um etwa die Altersvorsorge sicher zu stellen oder steuerliche Nachteile bei Schenkung oder Vererbung zu vermeiden.

B. Rodenstock (✉)
Rodenstock – Gesellschaft für Familienunternehmen mbH, München, Deutschland
E-Mail: info@rodenstock-gfu.de

© Springer Fachmedien Wiesbaden GmbH, ein Teil von Springer Nature 2019   37
A. Nagl (Hrsg.), *Wie regele ich meine Nachfolge?*,
https://doi.org/10.1007/978-3-658-25845-0_3

Vor allem aber greift die Übergabe in die Lebensplanung und die Beziehungen der Beteiligten ein. Nur in den wenigsten Familien sind die Beziehungen so belastbar und im Unternehmens- wie im Eigentumsbereich so gut geregelt, dass eine Übergabe ad hoc reibungslos stattfinden kann.

Zum anderen ist der Generationswechsel ein einmaliger Prozess, bei dem viele Unternehmer eventuell bewusst davon ausgehen, dass er sich irgendwie von alleine regeln wird. Als Unternehmer haben sie alles im Griff, kennen ihr Geschäft und wissen, wann was zu tun ist. Nicht so bei der Übergabe: Sie ist nichts Unternehmerisches an sich. Sie ist Neuland. Der Mehrwert der Planung ist nicht unmittelbar greifbar und ersichtlich. Im Gegenteil, sie kostet Geld und Zeit und hält die Unternehmer von ihrer eigentlichen Tätigkeit ab. Zudem müssten sie sich ja auch damit beschäftigen, wie sie am besten ihren „Abgang" planen, wie sie sich im Geschäft „überflüssig" machen. Alles keine attraktiven Aussichten, keine Motivation, sich rechtzeitig und intensiv mit der Übergabeplanung zu beschäftigen.

Doch Nichtstun hilft nicht. Es ist mit die größte unternehmerische Verantwortung, die Übergabe, sprich das Unternehmen, die Familie und ihr Eigentum für die nächste Generation auf gute Beine zu stellen und in gute Hände zu übergeben. Die guten Beine fußen vor allem auf einem erfolgreichen Management der Firma und der Familie, das heißt auf den guten Beziehungen der Beteiligten untereinander. Diese zu pflegen oder zuallererst herzustellen ist die Hauptaufgabe von Übergebenden und Übernehmenden und erfordert, was Unternehmer eigentlich sowieso beherrschen, aber in diesem Bereich selten anwenden: Management.

3.2   Der Generationswechsel als Veränderungsprozess

Ein Generationswechsel ist mehr als nur Nachfolge. Bei der Nachfolge dominiert oft die Vorstellung, es handelt sich im Wesentlichen um eine Angelegenheit zwischen zwei Personen: dem Unternehmer und seinem Nachfolger. Das ist schon in Publikumsgesellschaften eine irrige Annahme und trifft auf Familienunternehmen noch weniger zu.

Wenn in einem Familienunternehmen die Führung übergeben wird, betrifft der Wechsel nicht nur die Firma, sondern auch die beiden anderen Bereiche, die eine Unternehmerfamilie ausmachen: die Familie und das Eigentum. Beendet also ein Familienunternehmer die Tätigkeit als Kopf des Unternehmens oder gibt er wesentliche Anteile am Familienbetrieb ab, dann hat das nicht nur Auswirkungen auf das Unternehmen oder den Gesellschafterkreis. Was immer in einem Bereich passiert, bringt Änderungen für die beiden anderen.

Jeder Generationswechsel ist also ein Veränderungsprozess sowohl für die Familie als auch für das Unternehmen. Wie bei jedem Change Managementprozess benötigt man sowohl eine Strategie als auch ein Beziehungsmanagement, das heißt klare Ziele ebenso wie die konstruktive Einbindung aller Beteiligten und einen wohlwollenden Umgang miteinander.

Die Übergabestrategie setzt sich aus der Familien-, Unternehmens- und Eigentümerstrategie zusammen, jeweils bezogen auf das Thema Nachfolge. Hier braucht es eindeutige Vorgaben, klare Ziele, Rollen und Verantwortlichkeiten. Diese sind nur gegeben, wenn sich die Inhaberfamilien über wesentliche strategische Fragestellungen bezüglich der Familie, des Eigentums und des Unternehmens einigen und die entsprechenden Prozesse angemessen stark formalisieren.

Oft liegt schon eine indirekte Übergabestrategie vor (Rüsen und Schlippe 2014). Dabei handelt es sich aber meistens um gelebte Werte und implizite Erwartungshaltungen, über die in der Unternehmerfamilie wenig reflektiert wird. So können diese Werte und Erwartungen auch nicht explizit an die nächsten Generationen weitergegeben werden. Erst wenn diese impliziten Annahmen besprochen und schriftlich fixiert sind, kann es auch zu einer bewussten und erfolgreichen Steuerung der Übergabe kommen.

Die Übergabestrategie funktioniert aber nur, wenn sie gleichzeitig mit einem aktiven Gestalten der Beziehungen aller Beteiligten, einem Beziehungsmanagement verbunden wird. Wie bei jedem klassischen Veränderungsprozess ist es auch bei der Übergabe wichtig, alle Betroffenen zu Beteiligten zu machen und entsprechend zielführend einzubinden. Dazu bedarf es weniger der schriftlichen Formalisierung, auch wenn in der Übergabestrategie wichtige Punkte zum gegenseitigen Umgang und den gemeinsamen Werten festgehalten werden. Vielmehr bedarf es der ständigen Reflexion:

- der eigenen Position und Ziele,
- der Rollen und Erwartungen der Beteiligten in den jeweiligen Situationen
- sowie der Art der Kommunikation untereinander

Da dies ein ständiges „an sich arbeiten" bedeutet, an seinen Eigenarten und eingespielten Mustern, handelt es sich um einen kontinuierlichen Prozess, der allerdings unerlässlich ist. Nur durch einen konstruktiven und respektvollen Umgang miteinander kann die Übergabe für den langfristigen Erhalt von Familie, Vermögen und Unternehmen erfolgreich sein (Abb. 3.1).

Das Beziehungsmanagement bei der Übergabe von Familienunternehmen spielt auch deshalb so eine große Rolle, weil man sich ständig an der Schnittstelle von zwei Systemen bewegt. Diese Überschneidungen können zu Konflikten führen. Das System Familie unterscheidet sich vom System Unternehmen vor allem dadurch, dass die Mitglieder konstant sind. Von der Wiege bis zur Bahre bleibt man Mitglied einer Familie. Die Kündigung bzw. der Austausch sind fast unmöglich.

In Unternehmen ist die Austauschbarkeit der Mitglieder erheblich größer. Sie ist sogar die Voraussetzung dafür, dass Unternehmen ihre Identität erhalten können. Bei virulenten und nicht lösbaren Auseinandersetzungen können Gesellschafter von Nicht-Familienunternehmen, die hauptsächlich über die Beteiligung am Unternehmen und nur eventuell privat verbunden sind, einfach ihre Verbindung trennen und damit das Streitfeld einfacher verlassen. Familiengesellschafter hingegen haben weiterhin die unauflösbare verwandtschaftliche Verbindung. So besteht die Gefahr, dass im Konfliktfall aufgrund der

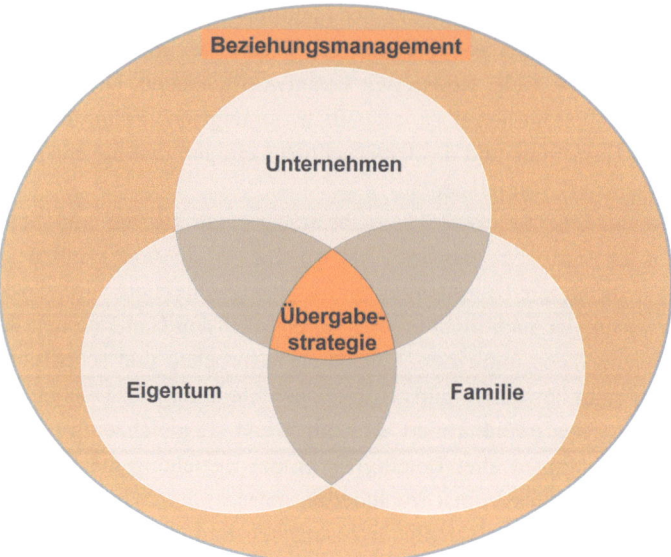

Abb. 3.1 Strategiebereiche und Beziehungsmanagement als Teile des Change Management-prozesses beim Generationswechsel

Untrennbarkeit von Familie und Unternehmen die Themen nicht auf der Gesellschafter-ebene, nämlich dort, wo sie ihren Ursprung haben, bleiben, sondern sich auf das Unter-nehmen übertragen (Abb. 3.2).

Bei jedem Wechsel müssen also die aktuellen Rollen und Beziehungen zueinander geklärt bzw. wieder neu festgelegt werden. So kann zum Beispiel ein Unternehmer seine Führungsrolle im Unternehmen aufgeben, aber gleichzeitig weiterhin als Oberhaupt sei-ner Familie fungieren. Der umgekehrte Fall gestaltet sich schwieriger, weil das Familien-oberhaupt nicht „abgewählt" oder gekündigt werden kann. Es kann nicht ausscheiden aus seiner Rolle, weil es diese durch die Familienhierarchie innehat. Wenn allerdings eine starke Persönlichkeit innerhalb der Familie und des Unternehmens wegfällt, fehlt nicht nur dem Unternehmen, sondern auch der Familie die „Klammer", die die unter-schiedlichen und vielleicht auseinandertreibenden Generationen zusammenhält.

Die Beziehungen in der Familie sind – da sie auf den Grundsätzen der Liebe und Zugehörigkeit via Geburt funktionieren – in der Regel intensiver und langdauernder als die in Unternehmen und ihnen wird eine herausragende Bedeutung beigemessen. Wenn sich im Familiengefüge durch den Generationswechsel also etwas ändert, schlägt dies große Wellen. Deshalb spielt das Beziehungsmanagement beim Generationswechsel in Familienunternehmen eine noch größere Rolle als in anderen Change Management Pro-zessen.

Strategische Fragen und Beziehungsmanagement greifen im Veränderungsprozess ineinander. Ohne eine ausreichend stabile Beziehungsbasis in der Familie wird es zu kei-ner Einigung bei den Sachthemen kommen. Umgekehrt ist es oft die Auseinandersetzung

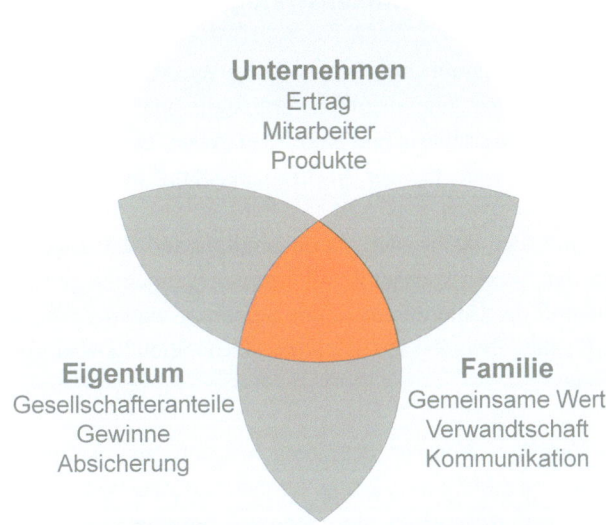

Abb. 3.2 Unterschiedliche Systemlogiken nach Fritz B. Simon (2009, S. 17 ff.)

über die strategische Ausrichtung, die Beziehungsthemen ins Bewusstsein hebt. Idealer-weise beginnt das Beziehungsmanagement *vor* der Diskussion der Übergabestrategie. In der Praxis wird beides wohl oft parallel verlaufen. Wenn in dieser Ausführung zuerst die strategischen Fragestellungen behandelt werden, soll dies keinesfalls eine Chronologie des Herangehens suggerieren.

Es geht vielmehr darum, die Notwendigkeit eines aktiven Beziehungsmanagements zu verdeutlichen, da dies in der Literatur zur Nachfolgeregelung weniger stark ver-ankert ist. Die Übergabestrategie behandelt heikle Fragen, wie zum Beispiel wer genau zur Familie gehört oder was jemanden als Nachfolger qualifiziert. Wem bewusst ist, dass Familie und Anteilseigner zu solchen Punkten eine gemeinsame verbindliche Position finden müssen, dem wird in den meisten Familien die Notwendigkeit eines Beziehungs-managements unmittelbar einleuchten.

3.3   Übergabestrategie – strategische Fragestellungen zu Familie, Eigentum und Unternehmen

Die Übergabestrategie umfasst Fragen der Familien-, Unternehmens- und Eigentums-strategie in Bezug auf den Generationswechsel. Von den einzelnen Strategiebereichen werden hier vor allem die Aspekte dargestellt, die die (zwischen-)menschliche Kompo-nente betreffen.

3.3.1   Fragestellungen zur Familienstrategie

Mehrere Studien weisen darauf hin, wie wichtig es ist, einer Unternehmerfamilie durch eine Familienstrategie, eine Familienverfassung oder Family Governance eine gemeinsam beschlossene Wertebasis und Regeln zu geben. Dies wirkt sich sowohl beim ökonomischen Erfolg als auch bei der Nachfolgeregelung positiv aus (Schween et al. 2011, S. 9).

Zunächst bestimmt der Kreis der Familienmitglieder die sogenannte Familienstrategie, die beim Generationswechsel von den grundlegenden Fragen ausgeht: Wie will die Familie die Zukunft des Unternehmens, des Eigentums und der Familie sichern? Und was bedeutet das für die Übergabe in die nächste Generation? Dabei gilt es gemeinsam Fragen zu klären wie:

- **Identität der Familie:** Worüber definieren wir uns als Familie? Welche Werte machen uns aus und sind uns wichtig? Welche wollen wir auch in der nächsten Generation leben? Was stiftet uns Identität? Hauptsächlich die Firma und das Unternehmertum, andere Vermögenswerte und/oder eher die gesellschaftliche und soziale Verantwortung? Wer zählt zur Familie – nur direkte Verwandte oder auch angeheiratete Mitglieder?
- **Zusammenhalt und Regeln:** Wie stärken wir unseren Familienzusammenhalt und -umgang so, dass er für die Familie und die Firma konstruktiv und wertstiftend sein kann? Dazu muss beantwortet werden, wie die Familie mit unterschiedlichen Interessen bezogen auf die Übergabe mit emotionalen Befindlichkeiten und Reaktionen sowie mit Konflikten umgehen will. Dies kann nur durch das Etablieren von gemeinsamen Umgangs- und Kommunikationsregeln funktionieren.
- **Familie und Unternehmen:** Welche Rolle wollen wir als Familie in Bezug auf das Unternehmen spielen? Welchen Einfluss soll die Familie haben? Soll sie nur repräsentieren, eine operative Rolle spielen oder sich auf die Eigentümer- und Gesellschafterrolle konzentrieren? Welche Belange haben Vorrang, die der Familie oder die des Unternehmens? Gibt es einen Vertreter als Sprecher der Familie? Eigentum am Unternehmen: Soll das Familienunternehmen in Familienhand bleiben oder dürfen die Eigentumsverhältnisse auch fremde Dritte berücksichtigen?

3.3.2   Fragestellungen zur Eigentums- bzw. Vermögensstrategie

Auch aus Sicht der Eigentümer stellen sich grundlegende Fragen bezogen auf den Generationswechsel. Die Eigentümer sollten gemeinsame Beschlüsse fassen zu Themen wie:

- **Art des Vermögens:** Aus welchen Vermögensgegenständen besteht das Eigentum bzw. Vermögen? Hauptsächlich aus dem Unternehmen oder existieren noch weitere Vermögensgegenstände und wie hängen sie zusammen?

- **Eigentumsverteilung:** In welchen Verhältnissen sollen Anteilseigner bzw. Familienstämme Anteile am Unternehmen halten? Soll es immer eine Anteilsmehrheit geben, die die Geschicke leitet, oder darf es zu einer 50/50-Verteilung der Eigentumsverhältnisse kommen? Darf es viele Minderheitsanteile geben? Soll jeder Familienstamm mit all seinen Mitgliedern vertreten sein oder soll jeweils ein Familienvertreter Sprecher sein?
- **Entscheidungsfindung:** Wie sollen welche Entscheidungen im Eigentümerkreis gefällt werden? Wie und an wen sollen Informationen fließen?
- **Anteilsweitergabe/Vererbung/Veräußerung:** Wer darf unter welchen Bedingungen Anteile bekommen? Wie sollen Anteile und an wen dürfen Anteile vererbt werden? Wann und unter welchen Bedingungen dürfen Anteile veräußert werden und an wen? Soll es ein familieninternes Vorkaufsrecht geben?

3.3.3   Fragestellungen zur Unternehmensstrategie

Ebenso sind die Belange des Unternehmens bei der Übergabe zu berücksichtigen. Die Eigentümer(-familie) sollte u. a. zu folgenden Themen eine gemeinsame Position festlegen:

- **Strategische und operative Unternehmensziele:** Welche strategischen und operativen Ziele verfolgen wir in Bezug auf das Unternehmen? Wo soll das Unternehmen in den nächsten zehn bis 15 Jahren stehen? Welche Rendite wird erwartet? Welche Ausschüttung bzw. Thesaurierungsziele bestehen? Wie soll in den nächsten Jahren investiert werden, aus eigenen Mitteln oder auch mit Fremdkapital?
- **Operative Unternehmensleitung:** Soll die operative Leitung des Unternehmens in der nächsten Generation noch von Familienmitgliedern besetzt sein? Wenn ja, wer zählt zur Familie – nur direkte Verwandte oder auch angeheiratete Mitglieder? Unter welchen Voraussetzungen dürfen sie eine Leitungsfunktion übernehmen? Oder ist eine Kombination mit Fremdgeschäftsführern besser oder die Übergabe ausschließlich an externe Dritte?
- **Qualifikation und Auswahl der künftigen Führungskraft:** Wie qualifiziert sich ein Nachfolger? Welche Ausbildung, Erfahrung, Alter, etc. sollte er mitbringen? Welches Gremium entscheidet anhand welcher Kriterien, wer übernimmt? Sollen nur die Gesellschafter oder auch ein Beirat oder eine externe neutrale Stelle, wie beispielsweise eine Personalberatung, entscheiden?
- **Position von Familienmitgliedern:** In welcher Position sollen und können Familienmitglieder im Unternehmen tätig sein? Sollen sie das Unternehmen „von der Pike auf" kennen lernen? Oder sollen sie lieber in anderen Unternehmen Erfahrungen sammeln und dann in einer Leitungsfunktion ins Familienunternehmen einsteigen?
- **Gremien:** Soll ein Aufsichtsgremium wie beispielsweise ein Beirat etabliert werden, der bei der Übergabe behilflich sein kann, in dem er Themen objektiviert und im Notfall vermittelt?

3.3.4 Fragestellungen zum Übergabefahrplan

Auch bezüglich des konkreten Übergabeprozesses sollten die Beteiligten im Vorfeld einige Eckpunkte festlegen.

- **Übergabeplanung:** Welche Fähigkeiten und welche Kompetenzen braucht der Nachfolger, damit er in den Augen des Übergebers erfolgreich sein kann? Wann sollte er welche Erfahrungen im Betrieb oder außerhalb des Betriebs machen? Wann wird auf ihn wie viel Wissen im Unternehmen transferiert? Wann erhält er ausreichend Entscheidungsfreiheit und wofür?
- **Ausstiegsbedingungen:** Wie lange will der Unternehmer das Unternehmen noch selbst leiten? Was braucht er beim Ausstieg, um sich sicher zu sein, dass die Firma in guten Händen ist? Welche Vorstellungen hat der Übergebende von seiner Rolle nach dem Austritt? Möchte er eine stufenweise Einarbeitung des Nachfolgers ins operative Geschäft und in die Gesellschafterrolle? Oder soll es einen klaren Schnitt zu einem bestimmten Zeitpunkt geben? Wie würde eine optimale Übergabe laufen? Wie ist die Altersvorsorge geregelt? Gibt es Darlehen oder andere Finanzierungen über den Ausstieg hinaus zu finanzieren? Wenn ja welche und wie lange?
- **Übergabezeit:** Gibt es eine gemeinsame Einarbeitungszeit von Übergebenden und Übernehmenden? Wenn ja, wie lange soll diese dauern? Wie sind in dieser Zeit die Rollen und Verantwortlichkeiten verteilt? Wie können Aufgaben und Entscheidungsbefugnisse so geplant werden, dass der Nachfolger stufenweise an die vollständige Entscheidungshoheit herangeführt wird? Geht die Übergabe der Tätigkeiten und Verantwortlichkeiten auch Hand in Hand mit der Übertragung der Anteile? Läuft der Übergabeprozess wie geplant oder muss nachjustiert werden?
- **Kommunikationsstrategie:** Welche Inhalte werden kommuniziert? Wer erfährt in welcher Form von der Nachfolgeregelung zu welchem Zeitpunkt im Gesellschafterkreis, bei den Mitarbeitern, den Kunden, Lieferanten und Banken?
- **Meilensteinplanung:** Wichtig ist, dass sich der Übergeber und Nachfolger einig darüber sind, wann genau der Zeitpunkt sein soll, zu dem der Nachfolger allein verantwortlich das Unternehmen führen soll. Dieser Tag x ist dann der Zielmeilenstein auf der Zeitachse und Planungsgrundlage für die Übergabe. Von diesem Zielzeitpunkt an können dann die notwendigen Themen und Aktivitäten auf der Zeitachse zurück geplant werden. Oder andersherum: Was muss bis dahin alles passiert sein, damit die Übergabe funktionieren kann? Es sollte eine Einarbeitung in die unterschiedlichen Arbeitsbereiche geben, eventuell Prokura übertragen sein, die Einführung des Nachfolgers bei den Schlüsselkunden und Lieferanten und auch bei Banken und Verbänden erfolgt sein. Der Nachfolger sollte Schritt für Schritt mehr faktische Verantwortung und Entscheidungshoheit bekommen. Alle Beteiligten sollten erleben, wie der Nachfolger an Kompetenzen gewinnt und seinen Wirkungskreis ausweiten kann. Gleichzeitig kann sich der Übergebende schrittweise zurückziehen.

Die Übergabestrategie lebt davon, dass sie besprochen und auch umgesetzt wird. Die Strategie ist das Instrument mit dem Familie und Eigentümer (falls abweichend) untereinander und miteinander ins Gespräch kommen können, um Gemeinsamkeiten und Unterschiede herauszufinden und Ziele festzulegen.

Möglichst vor, spätestens während der Zeit, in der all diese Aspekte erörtert werden, stellt sich die wesentliche Frage: Wie können und wollen wir während der Übergabe gut miteinander umgehen? Diese Frage ist die Frage nach dem Beziehungsmanagement.

3.4   Beziehungsmanagement – die Grundlage für eine gelungene Übergabe

Die Übergabe setzt sich also aus unterschiedlichen, ineinandergreifenden Themenbereichen zusammen, an denen verschiedene Menschen beteiligt sind. Die hohe Quote des Scheiterns beim Generationswechsel weist darauf hin, dass sich in diesem Zeitraum eine Reihe von Problemen verdichten, die die Nachfolge in Familienunternehmen von Führungswechseln in anderen Unternehmen unterscheiden. Dabei fehlt es meist nicht an juristischen und steuerlichen Planungen. Generationswechsel in Familienunternehmen scheitern überwiegend an der Konfliktdynamik, die durch die Überschneidung der unterschiedlichen Rollen und Erwartungen und ihren emotionalen Ausprägungen, sowohl im Unternehmen als auch in der Familie aufkommt und schwer zu steuern ist. „Der Streit in Familienunternehmen ist der größte Wertevernichter in der deutschen Wirtschaft." (persönliches Gespräch von Prof. Brun-Hagen Hennerkes mit Rudolf Wimmer) (Wimmer 2009, S. 12).

Deswegen liegt der Grundbaustein für eine erfolgreiche Übergabe in der Qualität der Beziehungen. Je besser die Beziehungen der Beteiligten untereinander sind, desto besser gelingt der Generationswechsel. Es bedarf eines guten Beziehungsmanagements, damit Konflikte sich entweder nicht so stark entwickeln oder konstruktiv gelöst werden können. Beziehungsmanagement meint zunächst den Aufbau und die Pflege der Beziehungen zwischen den Beteiligten, d. h. der Übergebenden, der nachfolgenden Generation, der weiteren Eigentümer und des Managements (falls getrennt). Dabei gestaltet vor allem die Bindung und die Interaktion untereinander die Qualität der Beziehung.

Der Begriff Management in diesem Zusammenhang verdeutlicht, dass Beziehungen nichts unveränderlich Gegebenes sind, sondern dass man sie gestalten kann und für einen erfolgreichen Übergabeprozess sogar gestalten muss. Gerade wenn Spannungen in bzw. zwischen den Inhaberfamilien herrschen, gehen sich die Beteiligten oft aus dem Weg und brechen die Kommunikation ab. Wie die vielen Fragen zur Übergabestrategie zeigen, ist dies beim Generationswechsel keine Option. Hier müssen gemeinsame Entscheidungen getroffen werden.

Der erste Schritt im Beziehungsmanagement ist, dass man sich selbst bewusst macht, wo man steht, was man sich für Ziele gesetzt hat und in welchen Beziehungen man sich mit wem befindet. Abhängig von der jeweiligen Situation sollte man für sich selbst die Position immer wieder bestimmen. Steht etwa ein Unternehmer vor der Übergabe, muss er zunächst seine Position, seine persönlichen Wünsche und Ziele sowie die Notwendigkeiten für die Fortführung des Unternehmens klären, u. a. mit folgenden Fragen:

- **Erfolgskriterien für die Übergabe:** Weiß ich, was ich mir für das Unternehmen und seine Zukunft wünsche? Was könnte mich daran hindern, die Übergabe strukturiert umzusetzen, was würde mir helfen? Wann ist die Übergabe für mich erfolgreich? Wann ist sie erfolgreich abgeschlossen und was sollte auf keinen Fall passieren? Welche Rolle kann ich als Übergebender spielen, um die Übergabe erfolgreich umzusetzen?
- **Weitere Beteiligte:** Wen will und muss ich alles miteinbeziehen? Kenne ich die Ziele und Ideen der anderen Eigentümer bzw. Familienmitglieder zur Übergabe? Wie gut sind die Beziehungen zur nächsten Generation? Gibt es einen offenen und konstruktiven Umgang? Mit wem verstehe ich mich am besten? Wo sind die tragfähigsten Beziehungen und welche sind vorbelastet oder konfliktbeladen?
- **Eigene Befindlichkeit:** Was macht es mir schwer, das Thema anzugehen? Wo liegen meine größten Ängste und Befürchtungen? Was soll anders laufen als bei der Übergabe in der vorherigen Generation oder anderen mir bekannten Übergaben? Habe ich eine attraktive Perspektive für die Zeit danach? Was tue ich, um diesen neuen Lebensabschnitt so zu gestalten, dass ich ihn genießen kann? Worüber bekomme ich Anerkennung? Was macht meinen Platz im Leben aus?

Erst wenn man für sich selbst Klarheit geschaffen hat, kann man seine Beziehung zum Gegenüber auch bewusst gestalten.

Der zweite Schritt des Beziehungsmanagements besteht darin, die Beziehungen untereinander möglichst konstruktiv und langfristig tragfähig zu gestalten. Dabei stehen im Folgenden die drei Bereiche des Beziehungsmanagements im Mittelpunkt, die gemeinhin die größten „Fallstricke" bei der Übergabe in Familienunternehmen darstellen. Dies umfasst zum einen die Erkenntnis von Rollen und Erwartungen:

1. Rollen: Transparenz über die unterschiedlichen Rollen in den verschiedenen Bereichen Familie, Unternehmen und Eigentum herstellen und daraus resultierende mögliche Konfliktfelder frühzeitig erkennen.
2. Erwartungen und Emotionen: Transparenz über die unterschiedlichen Erwartungen und die damit verbundenen Emotionen schaffen, indem sie benannt werden und sie danach richtig kanalisieren.
3. Der dritte Bereich ist ein durchgehender Prozess.
4. Kommunikation: die Kommunikation zwischen den Beteiligten sinnvoll gestalten und steuern.

3.4.1   Rolleninterferenzen erkennen – die besondere Herausforderung in Familienunternehmen

Die drei Bereiche Familie, Unternehmen und Eigentum folgen unterschiedlichen Werten und halten für die beteiligten Menschen unterschiedliche Rollen bereit. Zwischen diesen Rollen können innerhalb einer Person Interferenzen entstehen.

Zu einem erfolgreichen Beziehungsmanagement gehört, sich immer Klarheit über die jeweilige eigene Rolle und diejenige des Gegenübers zu verschaffen. Diese Rollen können sich von Situation zu Situation ändern und müssen daher immer wieder neu definiert werden. Bewegt man sich im Kreise der Familie zu Hause, ist man eher Vater, Mutter, Tochter oder Sohn. Oder bewegt man sich im Unternehmen und arbeitet dort als Geschäftsführer oder Mitarbeiter oder agiert man gerade in der Gesellschafterversammlung als Mehr- oder Minderheitsgesellschafter? Vielleicht ist auch der Vater zu Hause und denkt trotzdem als Geschäftsführer? Oder man sitzt als Familienmitglied in der Gesellschafterversammlung und reagiert deswegen gar nicht wie ein Gesellschafter?

So vertraut etwa ein Sohn seinen Eltern blind und fordert deshalb nicht die detaillierte Zahlenanalyse des Unternehmens an, die er als Gesellschafter benötigen würde, um eine valide Aussage zur wirtschaftlichen Situation des Unternehmens und seiner Zukunftsfähigkeit treffen zu können (Abb. 3.3).

So herrscht innerhalb der Familie das Prinzip, dass die Eltern sich für ihre Kinder verantwortlich fühlen und sie vor schwierigen Situationen und Konflikten schützen wollen. Wenn eine Mutter dieses Prinzip zum Beispiel als Vorgesetzte bei ihrer Tochter

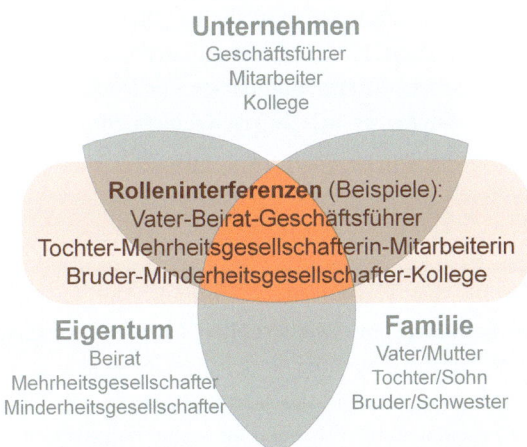

Abb. 3.3 Rolleninterferenzen in Familienunternehmen

als Mitarbeiterin verfolgt, hält sie ihre schützende Hand über ihre Tochter und lässt sie nicht in die direkte Auseinandersetzung mit einem ungehaltenen Kunden oder einer unzufriedenen Mitarbeiterin gehen. Damit hat die Mutter die Tochter zwar vor einer „unangenehmen" Auseinandersetzung geschützt, ihr gleichzeitig aber auch die Chance genommen, sich der Situation zu stellen, ihre eigenen Erfahrungen zu machen und daran wachsen zu können, auch in den Augen der Mitarbeiterin oder des Kunden. Die Tochter ihrerseits fühlt sich eingeschränkt und bevormundet, eventuell interpretiert sie das Verhalten der Mutter als mangelndes Vertrauen in ihre Fähigkeiten als Mitarbeiterin. Meistens laufen solche Prozesse nicht bewusst ab. Die Konflikte entstehen, weil die Rollen unbewusst vermischt werden. Es ist also nicht immer einfach, die vielen unterschiedlichen Rollen, die man innerhalb eines Familienunternehmens und einer Unternehmerfamilie ausfüllen kann, sauber zu differenzieren.

Deswegen sollten sich die Beteiligten immer wieder vor Augen führen: Was ist mir in welcher Rolle wichtig und wie bringe ich das in Einklang? Was will ich in dieser Rolle erreichen und was sollte auf keinen Fall passieren? Als Vater möchte man vielleicht, dass alle Kinder gleichbehandelt werden und im Unternehmen das Gleiche zu sagen haben. In der Rolle des Geschäftsführers sieht der Vater das möglicherweise ganz anders. Dort hält er die Nachfolge durch genau einen Geschäftsführer für sinnvoll. Die Rollenkonflikte entstehen also durch unterschiedliche, einander widersprechende Ziele, die jeder in seinen unterschiedlichen Rollen hat.

Ein Zielkonflikt ist noch nicht dadurch gelöst, dass man die Rolleninterferenzen erkennt und benennt. Die bewusst gemachte Rolleninterferenz erleichtert es aber den Beteiligten, das Problem besser zu greifen und darüber zu sprechen zu können. In vielen Fällen wird sich der Betroffene entscheiden müssen, welche Rolle für ihn Vorrang hat. Diese Entscheidung kann er nur treffen, wenn er den Zielkonflikt zwischen seinen Rollen erkannt hat.

Mit den verschiedenen Rollen sind auch bestimmte Erwartungen verbunden. Bleiben diese Erwartungen unausgesprochen, können sie Konflikte auslösen. Denn die Nichterfüllung von Erwartungen führt zu Enttäuschungen und Verletzungen. Was auf der sachlichen Ebene nicht klar ist, rutscht automatisch zur Bewertung auf die persönliche Ebene. Werden im Übergabeprozess beispielsweise nicht die vereinbarten (erwarteten) Verantwortlichkeiten eingehalten, so kann diese Grenzüberschreitung als persönlicher Affront gewertet werden.

Beispiel

Der Nachfolger ist für den Vertrieb verantwortlich. Der Übergebende erteilt aber den Key Account Managern zum wiederholten Male Anweisungen und trifft Entscheidungen darüber, welche Angebote an den Kunden geschickt werden. Der Nachfolger wird sich fragen, wieso macht der Übergebende das. Schnell vermutet er, dass der Übergebende vielleicht kein Vertrauen in seine Fähigkeiten hat und deswegen alles selbst steuert und entscheidet. Diese Bewertung der Hintergründe trifft den Nachfolger umso mehr, wenn der Übergebende sein Vater oder seine Mutter ist. Er geht dann von einer geringen Wertschätzung der Eltern gegenüber ihm, ihrem Kind, aus. Sprich: die Liebe und Zuneigung wird infrage gestellt.

Genau hier findet die Vermischung zwischen den zwei Bereichen Familie und Unternehmen, den beiden Systemlogiken statt. Dieses Dilemma kann nur gelöst werden, wenn man diese Vermischung reflektiert und benennt und wenn man die Erwartungen klar kommuniziert. Im Beispielsfall bedeutet das: Der Nachfolger erklärt, dass die Grenzen der Verantwortlichkeiten nicht überschritten werden sollen, weil er dies sonst als Abwertung seiner Fähigkeiten empfindet.

3.4.2 Emotionen kanalisieren

Die Übergabe ist also kein rein rational gesteuerter Vorgang, sondern eine emotionsgeladene Zeitspanne für alle Beteiligten. Sie findet nämlich auf zwei Ebenen statt: einer rationalen und einer emotionalen.

Die Verteilung kann man sich wie bei einem Eisberg vorstellen. Die Spitze des Eisbergs, die oberhalb der Wasserlinie sichtbar ist, entspricht der rationalen Ebene. Hier liegen strategische, juristische, steuerliche, finanzielle und ökonomische Themen und Fragestellungen der Übergabe. Sie können klar benannt und meistens auch auf Basis von Checklisten oder sonstigen Dokumenten abgearbeitet werden. Doch Sachfragen, wie die nach Steuersparmodellen, Satzungsänderungen, Finanzierungsformen etc. sind nur nachhaltig zu beantworten, wenn die Beziehungen und die emotionalen Themen unter den Beteiligten geklärt sind und als Basis für die Vereinbarungen auch tragen.

Speziell innerhalb der Familie liegt der weitaus größere Bereich, nämlich der emotionale, wie bei einem Eisberg unterhalb der Wasseroberfläche. Dieser ist nur schwer und unklar zu erkennen und wird daher bei der Übergabe oft nicht so entschlossen und strukturiert angegangen. Nichtsdestotrotz ist er Basis und Voraussetzung für die darauf stehende „rationale" Spitze des Eisbergs.

Dies gilt vor allem dann, wenn Familienmitglieder involviert sind und sich im betrieblichen Kontext auf die familiären Werte, Bewertungsmuster und Kommunikationsformen beziehen und nicht auf die rationalen, ökonomischen des Unternehmens. Wird im Übergabeprozess und damit im betrieblichen Kontext gegen familiäre Werte, Normen und Erwartungen verstoßen, so löst dies starke Emotionen bei den beteiligten Familienmitgliedern aus. Denn es geht um die Existenz der Familie und des Unternehmens. Es geht um den eigenen Platz, die Identität und die Anerkennung innerhalb der Familie.

Unter der Wasserlinie sammeln sich daher persönliche Ängste, Bedürfnisse, Verletzungen, Wünsche und Erwartungen. Manchmal über Generationen hinweg, denn der nächste Generationswechsel beschwört immer auch die Erinnerung an den vorhergehenden herauf. Was gut oder schlecht gelaufen ist, was an Gefühlen der Missgunst, des „übergangen-worden-seins" oder aber an Zutrauen in die Fähigkeiten der folgenden Generation zurückgeblieben ist, beeinflusst die nächste Übergabe mit.

Ein Generationswechsel ist also eine hoch emotionale Angelegenheit. Deshalb ist es wichtig, Emotionen zu kanalisieren, also so zu steuern, dass nicht zielgerichtete und verletzende Auseinandersetzungen vermieden werden können. Dies kann geschehen, indem man versucht den Übergabeprozess etwas zu entschleunigen und zu versachlichen.

3.4.2.1 Entschleunigen

Um Emotionen, wie Gefühle, Wünsche und Befürchtungen bewusst und zielgerichtet steuern zu können, bedarf es ausreichend Zeit. Entschleunigen heißt hier, vorschnelle Reaktionen zu vermeiden sowohl als auch Zeitdruck. Zeitdruck entsteht, wenn man nicht genügend Raum lässt, um alle Themen in Ruhe besprechen, verhandeln und zu einem Konsens führen zu können. Notwendig ist also zuallererst eine gute und rechtzeitige Planung der gewünschten Übergabe, die proaktiv von beiden Seiten geleistet wird, sowohl von den Übergebenden als auch von den Übernehmenden. Je früher man mit dem Austausch über den Generationswechsel beginnt, desto mehr Gestaltungsmöglichkeiten hat man, weil die Zeitfenster für bestimmte Entscheidungen (z. B. eine Ausbildung anzufangen, eine Altersvorsorge aufzubauen, usw.) noch offenstehen.

Außerdem vermeidet man Konflikte, die entstehen, weil man zum richtigen Zeitpunkt nicht ausreichend über die Erwartungen des anderen Bescheid wusste. Der Übergabeprozess sollte daher mit ausreichend vielen Gesprächen über die gegenseitigen Erwartungen begonnen und begleitet werden. Auch das braucht Zeit. Zu den Erwartungen, die die Beteiligten untereinander klären sollten, gehören beispielsweise:

- **Beziehung und Unternehmen:** In welcher Beziehung stehen wir zueinander? Wie offen sind wir miteinander? Wie gut können wir in welchen Positionen zusammenarbeiten? Haben wir damit schon Erfahrung? Wie sind der Führungsstil und die Erwartung an den jeweiligen Führungsstil? Wie groß ist die Bereitschaft zurückzustecken zum Wohl der Firma und der nächsten Generation, auch wenn alles anders gemacht wird?
- **Ideale Übergabe:** Was darf bei der Übergabe auf keinen Fall passieren? Wie sieht der Idealfall einer Übergabe aus? Wenn die Übergabe so abgeschlossen ist, dass sie für Dich erfolgreich ist, wie sieht die Situation aus und wie fühlst Du Dich dann? Was kann ich dazu tun? Was können andere dazu tun?
- **Umgang mit Störungen:** Wie gehen wir mit gegenseitigem Feedback um? Welcher Persönlichkeitstyp ist jeder einzelne? Ergänzen sich die Persönlichkeiten oder verstärken sie sich? Wie wollen wir damit umgehen, wenn jemanden etwas stört? Klären wir das untereinander oder nehmen wir uns eine dritte Person mit dazu, die uns aus unseren eingeschwungenen Kommunikationsmustern herausholen kann?
- **Fragen speziell an den Übernehmenden:** Welche Bereiche im Unternehmen entsprechen meinen Fähigkeiten und Interessen? Was können wir tun, um meine Akzeptanz bei den Mitarbeitern zu gewährleisten? Was brauchst Du, um während der Übergabe ein gutes Gefühl zu haben?
- **Fragen speziell an den Übergebenden:** Welche Bereiche im und um das Unternehmen sind Deine Herzstücke und warum? Welche Bereiche kannst Du am ehesten abgeben? Was darf ich anders machen und was sollte bleiben? Was brauchst Du, damit Du während der Übergabe ein gutes Gefühl hast? Worauf freust Du Dich nach der erfolgten Übergabe am meisten? Wie viel Kontakt brauchst Du dann zum

Unternehmen? Wie liefen die Übergaben in den vorherigen Generationen? Was war daran wiederholenswert und was nicht? Was muss passieren, damit Du das Gefühl hast, dass ich jetzt auch alleine das Steuer in die Hand nehmen kann?

All diese Fragen sind nicht in kurzer Zeit und einfach zu diskutieren. Sie brauchen einen entsprechenden Vorlauf und müssen immer wieder angesprochen werden, damit alle sicher sein können, dass sie genau das verstehen, was der andere auch damit verbindet. Nur so erfährt man immer die aktuellen gegenseitigen Erwartungen. Damit ist die Gefahr, dass es zu Konflikten kommt, weil man die Erwartungen des anderen nicht trifft oder Angst hat, sie nicht zu treffen, wesentlich geringer. Das Vertrauen in einen stabilen Prozess der Übergabe und die gegenseitige Beziehung wird damit gestärkt und fördert den Erfolg.

3.4.2.2 Versachlichen

Emotionen machen den Übergabeprozess von Familienunternehmen noch komplizierter als er ohnehin schon ist. Denn Emotionen kommen besonders dann hoch, wenn es um die Vermischung von Rollen und Verantwortlichkeiten geht. Themen etwa, die sich auf die Beurteilung der Leistung im Unternehmen oder den Umgang mit Mitarbeitern beziehen, können Vorgesetzte mit ihren Mitarbeitern an Hand von Fakten relativ sachlich besprechen. Teilt dagegen der Senior dem Sohn oder der Tochter mit, dass er mit deren Leistung nicht zufrieden ist oder kritisiert deren Umgang mit den Mitarbeitern, so hören die Nachfolger meistens nicht nur die sachlichen Einwände. Sie verbinden damit auch die Bewertung des Vaters oder der Mutter, als Sohn oder Tochter den Ansprüchen der Eltern nicht genügt zu haben.

Es findet dann eine meist unbewusste Transferbewertung statt: Kinder haben in ihrem Leben oft das Ziel, es den Eltern recht machen zu wollen und den Vorstellungen der Eltern zu entsprechen, weil sie dadurch Anerkennung bekommen, eventuell auch Zuneigung und Liebe. Stellen Eltern die Leistung der Kinder infrage, wird möglicherweise auch die Angst aktiviert, es könnte im schlimmsten Fall zu Ablehnung und zu Liebesentzug gegenüber den Kindern kommen, also die Angst vor einer ursprünglich existenzbedrohenden Situation. Sachliche Kritik kann so unterbewusst zu existenzieller Kritik umgewertet werden, und intuitiv ist die Reaktion auf diese „Kritik" hochemotional.

Wie kann es gelingen, solche Transferbewertungen und daraus resultierende Reaktionen zu vermeiden? Das gelingt durch ständige Reflexion und Beobachtung der Situationen von einer übergeordneten Ebene aus. Die Beteiligten machen sich dabei bewusst, dass sie in unterschiedlichen Rollen handeln, als Familienmitglieder oder Mitarbeiter oder Gesellschafter. Sie fragen sich in jeder Situation:

- Aus welcher Rolle heraus spricht derjenige gerade mit mir? Als Vorgesetzter/Kollege oder als Vater/Mutter/Geschwister? Wie kommt es bei mir an? Reagiere ich in meiner familiären Rolle als Tochter/Sohn oder als Mitarbeiter oder Kollege?

- Welche Ziele hat mein Gegenüber? Worum geht es eigentlich: Wollen wir gemeinsam das Unternehmen erfolgreich in die Zukunft führen oder geht es um einen Macht-kampf, weil jeder nur seine eigenen Vorstellungen gelten lässt?

Zur Versachlichung trägt auch bei, auf spontane „Bauchreaktionen" zu verzichten. Das erfordert von allen Beteiligten große Disziplin. Statt jede spontane Emotion sofort in eine verbale oder nonverbale Aktion umzusetzen, sollte man versuchen, sich aus der aktuellen Situation herauszunehmen und auf die Rolle des Beobachters zurückzuziehen. Damit kann eine erste, sehr emotionale und damit eventuell verletzende und destruktive Reaktion vermieden werden. Das entstandene Gefühl sollte man erst einmal analysieren:

- Was hat mich so emotional werden lassen, was genau verletzt mich? Fühle ich mich übergangen, nicht ernstgenommen oder nicht ausreichend wertgeschätzt?
- Wie kann ich das konstruktiv lösen und dem Gegenüber erläutern, was mich so emp-finden lässt?

Schon im Vorfeld kann man emotionale „Minenfelder" vermeiden, wenn man Treffen und Gespräche angemessen plant und überdenkt:

- In welcher Funktion oder in welcher Rolle führe ich das Gespräch und worauf sollte ich aufpassen? Was will ich mit diesem Gespräch erreichen? Wo könnten mögliche Rollenkonflikte auftauchen?
- Kann ich im Vorfeld schon etwas verändern oder tun, damit es nicht zum Konflikt kommt? Ist die Besetzung richtig? Sollte es bei diesem Thema eher ein Gespräch unter vier Augen sein?

3.4.3 Kommunikation gestalten

Für das Beziehungsmanagement im Übergabeprozess ist nicht nur Klarheit über die unterschiedlichen Rollen(-interferenzen) und Erwartungen auf der einen Seite und Emotionssteuerung auf der anderen Seite nötig. Ganz entscheidend trägt dazu auch die Art und Weise bei, wie die Beteiligten miteinander sprechen, wie sie das zum Aus-druck bringen, worüber sie Klarheit gewonnen haben. Dabei gilt es auf mindestens zwei Punkte zu achten:

- die unterschiedlichen Kommunikationsmuster in den jeweils unterschiedlichen Bereichen Unternehmen, Familie und Eigentümer
- die unterschiedlichen Aspekte der Kommunikation.

Beziehungen basieren auf Partnern, die sich gleichermaßen in der Beziehung enga-gieren, die sich die Zeit nehmen sich auszutauschen, mit Interesse am Gegenüber und

Wertschätzung für dessen Persönlichkeit und Eigenschaften. Deswegen ist es so wichtig, die unterschiedlichen Kommunikationsmuster und -aspekte zu beachten, die in Unternehmen und Familie systemimmanent sind.

3.4.3.1 Kommunikationsmuster in Familie und Unternehmen

Die Art des Umgangs in einem Unternehmen unterscheidet sich klar von der innerhalb einer Familie. Die Kommunikation im Unternehmen dient der Gewinnung und dem Austausch von sachlich bedeutsamen Informationen. Der Zweck der Kommunikation ist inhaltlicher Natur, der Umgang dadurch sachlich und ergebnisorientiert. Die Gefühle der Beteiligten sind nicht vorrangig.

In Familien hingegen geht es vor allem um die Pflege und die Qualität der sozialen Beziehung. Dabei stehen Wünsche, Gefühle und persönliche Erwartungen im Mittelpunkt des Umgangs. Zentral sind die Personen selbst, nicht die Sache. „Die Kontaktpflege innerhalb der Familie ist daher, als emotional motiviert und von der persönlichen Ebene getragen, zu bezeichnen" (Fabis 2009).

Diese unterschiedlichen Kommunikationsformen treffen also in Familienunternehmen aufeinander und bergen bei der Übergabe besonderes Konfliktpotenzial immer dann, wenn es zu einer unbewussten Vermischung kommt.

Beispiel 1

Im familiären Umfeld bittet die Tochter ihre Eltern um finanzielle Unterstützung, um für sich privat ein Haus zu bauen. Im Unternehmenskontext sitzen Vater und Tochter dann in der Gesellschaftersitzung. Alle Gesellschafter diskutieren, ob die Gewinne des Jahres ausgeschüttet oder thesauriert werden sollen. Vater und Tochter plädieren für die Ausschüttung, da sie das Geld für den privaten Hausbau brauchen. Die anderen Gesellschafter wollen aber thesaurieren, weil das Unternehmen das Kapital zur Finanzierung einer neuen Werkshalle benötigt. Der Vater weiß, das Geld sollte eigentlich ins Unternehmen investiert werden, er will aber seine Tochter nicht enttäuschen und argumentiert so, dass er seiner Tochter privat unter die Arme greifen will.

Diese Art der Kommunikation ist für die anderen Gesellschafter befremdlich, weil zwei Zielsetzungen und Kommunikationsmuster vermischt werden. Sie sprechen über die unternehmerische Notwendigkeit die Zukunft des Unternehmens zu sichern. Der Vater spricht aber über die private Zukunft der Tochter.

Beispiel 2

Die Unternehmerfamilie sitzt sonntags zu Hause beim Essen und die Mutter (im Unternehmen Geschäftsführerin) befragt den Sohn (im Unternehmen Controller), wann er denn nun endlich die lang versprochenen Quartalsanalysen vorlegen wird. Der Sohn erwidert, wieso denn eigentlich die Übertragung der Geschäftsanteile auf ihn noch nicht vollzogen sei. Die Tochter, die am Tisch sitzt und keine Rolle im

Unternehmen hat, ergreift inhaltlich Partei für ihren Bruder, da er ja ihr Bruder ist und sie sich zu ihm loyal verhalten will. Im Zuge dessen gerät sie ebenfalls in Konflikt mit der Mutter.

In beiden Beispielen vermischen sich mit den Rollen auch die Kommunikationsmuster. Um solche Interferenzen und die Kommunikation besser steuern zu können, muss man sich zuerst vergegenwärtigen, um welche Art von Beziehung es sich gerade handelt. Geht es wie in Beispiel 2 um die Mutter-Sohn-Beziehung im familiären Kontext oder die Beziehung zwischen Vorgesetzter und Mitarbeiter im betrieblichen Kontext? Entsprechend sollten sich auch der Inhalt und die Art der Kommunikation unterscheiden.

Fragen, die man sich möglichst schon im Vorfeld von Gesprächen stellen sollte, sind:

- In welcher Situation und in welchem Kontext befinde ich mich bei dem Gespräch? In welcher Beziehung stehe ich zu meinem Gegenüber? Aus welcher Rolle heraus beabsichtige ich welche Themen zu besprechen? Was ist mein Ziel bei diesem Gespräch?
- In welcher Situation befindet sich mein Gegenüber? Welche Ängste hat und welche Ziele er?

Eine weitere Möglichkeit der Kommunikationssteuerung besteht darin, dass alle Beteiligten Kommunikationsregeln festlegen. So könnte man zum Beispiel vereinbaren, dass Themen, die das Unternehmen betreffen, bei privaten Familienzusammenkünften nicht angesprochen werden. Dafür gibt es eigens einberufene Gesellschafter- oder Geschäftsführersitzungen oder regelmäßige Treffen (Jour Fixe). Diese werden auch räumlich dem betrieblichen Kontext zugeordnet, indem sie in der Firma im Besprechungsraum oder Büro stattfinden. Hier können geschäftliche, auch kritische Themen sachlich besprochen und gegebenenfalls protokolliert werden. Ebenso eignen sich sogenannte Familientage, um für die Familie wichtige Fragen zu erörtern und eine Familienstrategie zu entwickeln.

Wenn die Gespräche trotz Reflexion und Regeln stocken, kann es sinnvoll sein, externe Dritte für eine neutrale und objektive Perspektive einzuschalten. Denn oftmals sind die Beteiligten zu gefangen in den familieninternen Mustern und Verhaltensweisen, um sachlich und zielorientiert den Übergabeprozess zu gestalten.

3.4.3.2 Aspekte der Kommunikation

Paul Watzlawick unterscheidet zwei Aspekte der zwischenmenschlichen Kommunikation: „Jede Kommunikation hat einen Inhalts- und einen Beziehungsaspekt." (Watzlawick 1969) Friedmann Schulz von Thun geht sogar von vier Aspekten der Kommunikation aus, dem Sach-, dem Beziehungs-, dem Selbstoffenbarungs- und dem Appellaspekt (Thun 2010).

Im Folgenden soll vor allem auf den Beziehungs- und den Sachaspekt im Kontext von Rolleninterferenzen eingegangen werden. Sachaspekt meint den Informationsgehalt einer Nachricht: Worüber informiere ich? Der Beziehungsaspekt beinhaltet die Fragen: Was halte ich von Dir und wie stehen wir zueinander?

Wie bei den Kommunikationsmustern führt auch bei den Aspekten der Kommunikation die Vermischung oftmals zu Problemen.

Beispiel

In einer Gesellschaftersitzung diskutieren die Eltern in der Rolle als Unternehmensinhaber mit ihren Kindern als Mitgesellschafter über strategische Themen. Dabei achten die Eltern gar nicht auf die Argumente ihrer Kinder, sondern attestieren ihnen gleich, dass sie keine Ahnung hätten und ihre Meinung falsch sei. Unter Umständen sollten sich die Eltern fragen, ob sie vielleicht Konflikte aus dem familiären Bereich in die Sitzung übertragen. Fühlen sie sich zurückgesetzt, weil sie bei den Kindern nicht zu Weihnachten eingeladen waren? Geht es also gar nicht um die Sache, sondern um die Beziehung, d. h. sprechen sie als „gekränkte" Eltern?

Um solch destruktive Kommunikation aufzulösen, lohnt es sich, die beiden Aspekte genau zu trennen.

- **Sachaspekt:** Worüber möchte ich Informationen haben oder sachlich sprechen? Dazu wäre es im Beispiel notwendig, die Ideen und Informationen zur Unternehmensstrategie aller Gesellschafter einzuholen. Als Mitgesellschafter haben die Kinder die gleichen Rechte und Pflichten ihre strategischen Themen einzubringen.
- **Beziehungsaspekt:** Die Beziehungsthemen sollten im familiären Bereich bleiben. Dort – und nicht auf der Gesellschafterversammlung – sollten die Eltern ihre Enttäuschung artikulieren und die Eltern-Kinder-Beziehung klären.

Wenn sich also die Beteiligten bewusst machen, was unter dem Sach- und dem Beziehungsaspekt kommuniziert wird und in ihren Unterhaltungen und Reaktionen darauf achten, dann haben sie damit ein weiteres Mittel an der Hand, mit dem sie die Kommunikation in konstruktive Bahnen steuern können. Für die Situation der Übergabe bedeutet es, die Beteiligten sollten sich im Vorfeld von Besprechungen im Klaren sein, welches Sachthema sie gerade in welcher Rolle mit wem besprechen wollen und somit familiäre und emotionale Themen nur mit Bedacht und zum richtigen Zeitpunkt ansprechen.

3.4.3.3 Metakommunikation

Metakommunikation ist Kommunikation über die Kommunikation und damit ein weiteres nützliches Steuerungsinstrument. Bei verfahrenen und sehr emotionalen Gesprächen begibt man sich auf eine Beobachterposition, analysiert das Gespräch und bespricht es. Die Auseinandersetzung über die Art, wie die Beteiligten in dem Gespräch miteinander umgehen, erfordert allerdings Mut zur Offenheit. Um zu erfahren, was sich gerade in und zwischen den Beteiligten abspielt, eignen sich folgende Fragen:

- Wie habe ich mich während des Gesprächs gefühlt? Was waren die Auslöser für diese Gefühle?
- War ich mir im Klaren, was mein Anliegen war? Habe ich es klar vermitteln können? Haben die anderen Beteiligten auch dasselbe Verständnis davon?
- Was hat mich gegebenenfalls daran gehindert, so klar zu sein? Was müsste ich noch ändern?
- Was würden die anderen Beteiligten auf diese Fragen wohl antworten?

Die Chance liegt darin, die neunzig Prozent des Eisbergs, die unter der Wasseroberfläche liegen, die unklaren Spannungen, zu benennen und herauszufinden, was wirklich die „Störung" ist. Nur so erfährt man den Ursprung der destruktiven Gespräche und kann sie in konstruktiven Austausch umwandeln.

3.5   Der Generationswechsel als Change-Management Aufgabe

Der Generationswechsel in Familienunternehmen ist unschwer als komplexer Change-Management Prozess zu erkennen, den man nicht sich selbst überlassen sollte. Während rechtliche, juristische und zum Teil auch strategische Aspekte der Nachfolgeregelung den übergebenden Unternehmern meist bewusst sind, nehmen sie den Generationswechsel noch zu wenig als Veränderungsprozess wahr, bei dem das Management der Beziehungen entscheidend für den Erfolg ist. Den Generationswechsel zu steuern, die Familie und das Vermögen zu erhalten, fällt zuallererst in ihren Verantwortungsbereich. Wenn sie diesen Prozess als Change-Management Prozess (an) erkennen, fällt es ihnen vielleicht auch leichter, ihn rechtzeitig in Angriff zu nehmen. Denn Veränderungsprozesse zu steuern ist eine typische Unternehmeraufgabe.

Der Übergebende ist jedoch nur einer unter vielen in diesem Prozess. Die ganze Familie, die nachfolgende Generation und die Eigentümer sind gefragt. Die Familie, das Eigentum und das Unternehmen zu erhalten, liegen in ihrem ureigenen Interesse. Sie tragen dafür ebenfalls Verantwortung und können den Prozess anstoßen. Wer das familieneigene Unternehmen übernehmen möchte, muss nicht darauf warten, bis er dazu gedrängt wird. Er kann selber danach fragen, unter welchen Voraussetzungen er für die Nachfolge infrage kommt. Auch Gesellschafter des Unternehmens haben das gute Recht, den Unternehmer nach seiner Übergabeplanung zu fragen und das Projekt Generationswechsel zu veranlassen.

Wer sich im Übergabeprozess seiner eigenen Position und Erwartungen bewusst ist, die eigene Rolle in jeder Situation bedenkt, die Kommunikationsmuster und Gesprächsabläufe reflektiert und all dies auch von seinem Gegenüber erfahren möchte, der hat viel für ein gutes Beziehungsmanagement getan und damit die Grundlage für gemeinsame strategische Entscheidungen zur Übergabe gelegt.

Literatur

Fabis FG (2009) Konflikte in Familienunternehmen, Instrumente zur Vermeidung und Lösung, Schriften zu Familienunternehmen, vol 3. Wittener Institut für Familienunternehmen, Lohmar

IfM Bonn (2018) Kay R, Suprinovic O, Schlömer-Laufen N, Rauch A (2018) Unternehmens-nachfolgen in Deutschland 2018 bis 2022, Daten und Fakten Nr. 18. https://www.ifm-bonn.org//uploads/tx_ifmstudies/Daten_und_Fakten_18.pdf. Zugegriffen: 2. Jan 2019

Rüsen T, Schlippe A von (2014) Familienstrategie, Das Jonglieren der Erwartungen von Firma, Familie und Gesellschaftern. http://www.wifu.de/forschung/themen/familienstrategie. Zugegriffen: 26. Jan. 2015

Schween K, Koeberle-Schmid A, Bartels P, Hack A (2011) Die Familienverfassung – Zukunfts-sicherung für Familienunternehmen. Bonn, INTES Akademie für Familienunternehmen, S 9

Simon F (2009) Organisationen und Familien als soziale Systeme unterschiedlichen Typs. In: von Schlippe A, Rüsen T, Roth T (Hrsg) Beiträge zur Theorie des Familienunternehmens. Wittener Institut für Familienunternehmen, Köln, S 17

Thun F (2010) Störungen und Klärungen (Miteinander Reden 1). Rowohlt, Reinbek

Watzlawick P (1969) Menschliche Kommunikation. Huber, Bern

Wimmer R (2009) Organisationen und Familien als soziale Systeme unterschiedlichen Typs. In: von Schlippe A, Rüsen T, Roth T (Hrsg) Beiträge zur Theorie des Familienunternehmens. Eul, Köln, S 12

Wie gestalte ich den Ausstieg und den Einstieg?

4

Wirtschaftspsychologische Aspekte der Unternehmensnachfolge

Alexander Haubrock

4.1 Einleitung

Nach Schätzungen des Instituts für Mittelstandsforschung wurden in Deutschland in den Jahren 2014 bis 2018 rund 135.000 Unternehmen übergeben. Von diesen Übergaben sind rund 2 Mio. Beschäftigte betroffen (Kay und Suprinovič 2013). Trotz der großen Anzahl an Unternehmensübergaben gibt es keinen Standard für eine Unternehmensübergabe. Jede Übergabe ist eine individuelle Herausforderung und muss individuell gelöst werden. Dies nicht nur, weil jedes Unternehmen seine eigene Struktur und seine eigene Gegebenheit hat, sondern auch weil jeder Unternehmer sein Unternehmen individuell geprägt und eigene Vorstellungen bei der Nachfolgeregelung hat. Umgekehrt haben auch mögliche Nachfolger individuelle Vorstellungen, die mit denen des Unternehmers zusammengebracht werden müssen.

Unternehmensübergabe bzw. Unternehmensnachfolge sind dabei meist mit zahlreichen Problemen und Herausforderungen verbunden. Diese lassen sich grob in die Felder steuerliche und finanzielle Aspekte, rechtliche Aspekte, strategische Aspekte und psychologische Aspekte einteilen. Während in der Planung der Übergabe die steuerlichen/finanziellen und rechtlichen Aspekte in der Regel bedacht und behandelt werden, kommen die strategischen und psychologischen Aspekte häufig zu kurz.

In diesem Kapitel sollen daher vor allem (wirtschafts-)psychologische Aspekte der Unternehmensübergabe näher beleuchtet werden. Im Einzelnen wird es dabei um die Motivation von Übergebendem und Nachfolger, psychologische Hemmnisse auf beiden Seiten, die Auswahl, Vorbereitung und Einarbeitung des Nachfolgers sowie den eigentlichen Wechsel in der Unternehmensführung gehen.

A. Haubrock (✉)
Fachhochschule Bielefeld, Bielefeld, Deutschland
E-Mail: alexander.haubrock@fh-bielefeld.de

© Springer Fachmedien Wiesbaden GmbH, ein Teil von Springer Nature 2019
A. Nagl (Hrsg.), *Wie regele ich meine Nachfolge?*,
https://doi.org/10.1007/978-3-658-25845-0_4

Doch zunächst sei die Frage erlaubt: Was macht eine Unternehmensübergabe eigentlich so besonders?

4.2   Die besondere Situation der Unternehmensübergabe

Eigentlich sollte es doch gar nichts Besonderes sein. Da wechselt die Führung des Unternehmens von einer Person, manchmal auch von einem Paar, auf eine andere Person oder ein anderes Paar. Ein solcher „Managementwechsel" kommt weltweit wahrscheinlich mehrmals täglich vor und geht – abgesehen vielleicht von Diskussionen und möglichen Gerichtsverfahren über Abfindungszahlungen – in der Regel unspektakulär vonstatten. Dennoch scheint es so zu sein, dass eine Unternehmensübergabe wesentlich mehr und in der Regel schwieriger als ein Austausch des Top-Managements ist. Bei näherer Betrachtung ist dies auch vollkommen verständlich. Um eine Analogie zu bemühen: Während ein Wechsel im Management mit dem Regierungswechsel nach einer Wahl zu vergleichen ist, ist eine Unternehmensübergabe die Übergabe der Königskrone an den Thronfolger. Dieser Vergleich soll keineswegs zum Ausdruck bringen, dass Manager demokratisch gewählt werden und Inhaber wie Könige über ihre Unternehmen herrschen, aber die Situation des Regierungswechsels bzw. der Thronfolge hat durchaus Parallelen zur Unternehmensübergabe.

Einem Manager egal welcher Hierarchieebene sollte immer klar sein, dass seine Arbeit im Unternehmen zeitlich befristet ist. Diese Befristung kann sehr lange dauern, sie ist aber immer gegeben und präsent. Des Weiteren ist der Manager direkt davon abhängig, dass Dritte seine Tätigkeit billigen. Nicht zuletzt ist der typische Manager in der Regel nicht oder nur sehr eingeschränkt an dem Unternehmen, in dem er angestellt ist, beteiligt. Dies schmälert sicher nicht das Engagement der meisten Manager, reduziert aber die persönliche Bindung im Vergleich zu einem Inhaber.

Ein Inhaber erlebt in Bezug auf sein Unternehmen und seine Rolle etwas völlig anderes als ein Manager. Bei Fortbestand des Unternehmens entscheidet allein der Inhaber, wie lange er in seiner Tätigkeit verbleibt. Die einzige Ausnahme von dieser selbst gewählten Entscheidung, die allerdings doch so häufig vorkommt, dass es vielleicht keine ist, ist der Tod des Unternehmers. Diese Möglichkeit den Austritt aus dem Unternehmen weitestgehend selbst zu bestimmen, ist einerseits ein großes Privileg, andererseits natürlich auch eine gewisse Last, da sich immer die Frage stellt, wann der richtige Zeitpunkt des Ausscheidens ist. Darüber hinaus sind die persönliche Verbundenheit und Verwobenheit mit dem Unternehmen bei Inhabern in aller Regel deutlich höher als bei Managern.

Das Unternehmen ist die wesentliche oder einzige Existenzgrundlage und vor allem definiert sich der Inhaber in seiner Rolle eben als der Inhaber des Unternehmens, d. h. es handelt sich um „sein Unternehmen" und es ist seine zentrale Aufgabe, mit diesem wertschöpfend umzugehen. Erfolge des Unternehmens sind dadurch auch persönliche Erfolge des Inhabers und Misserfolge persönliche Niederlagen. Das Unternehmen und das Dasein als Unternehmer nehmen eine zentrale Stellung im Leben des Inhabers ein. Anders als ein Manager kann er auch kaum das Unternehmen wechseln.

Dies bedeutet auch, dass die Übergabe des Unternehmens an eine andere Person einen starken persönlichen Einschnitt bedeuten kann. Ohne Unternehmen ist der Unternehmer keiner mehr und was ist er dann? Senior oder Unternehmer im Ruhestand: Es stellt sich aber die weitere Frage, ob dies attraktive Rollen für einen Inhaber sind. Der Unternehmer ist seinem Unternehmen also aus guten Gründen auch sehr stark emotional verbunden. Hinzu kommt, dass der Übergang vom aktiven Arbeitsleben in den Ruhestand vielen Menschen schwerfällt. Inhaber sind aber, wie bereits mehrmals betont, in der besonderen Position, den Zeitpunkt des Ruhestands weitgehend selbst zu bestimmen. Die Beendigung des „normalen" Arbeitslebens ist ein Ende, das in aller Regel nicht wieder umkehrbar ist.

In jedem Fall ist der Ruhestand also auch mit einem Verlust verbunden – nämlich dem der Arbeit. Hinzu kommt, dass die Aufgabe von Arbeit symbolisch auch den Eintritt in den Lebensabend bedeutet, und nach dem Lebensabend kommt mit großer Wahrscheinlichkeit nicht der Lebensmorgen. Es wäre vielleicht zu viel gesagt, dass die Aufgabe von Arbeit bzw. der Eintritt in den Ruhestand auch die Auseinandersetzung mit dem eigenen Tod bedeutet, aber der Gedanke mag zumindest aufkommen und für viele Menschen in dieser Situation auch erschreckend sein. Hinzu kommt, dass in unserer Gesellschaft Arbeit einen hohen Wert besitzt und hohe gesellschaftliche Anerkennung genießt. Jemand, der nicht mehr arbeitet, genießt nicht unbedingt die gleiche gesellschaftliche Aberkennung, oder es mag ihm zumindest so vorkommen. Vielleicht erlebt man es aus diesem Grund relativ häufig, dass viele Unternehmer eine langsame oder weiche Trennung vom Unternehmen wählen, indem sie z. B. beratend tätig bleiben oder bestimmte Arbeitsbereiche im Unternehmen behalten.

Die Trennung vom Unternehmen ist also praktisch in jedem Fall eine ambivalente. Sicher trifft man einerseits Unternehmer, die sich auf den verdienten Ruhestand freuen, andererseits ist es wohl hochgradig selten, dass ein Unternehmer sich freut, das Leben im Unternehmen endlich hinter sich gebracht zu haben. Diese Ambivalenz kann in vielen Fällen dazu führen, dass der Zeitpunkt der Übergabe nach hinten geschoben wird. In Bezug auf die Nachfolge kommt dann noch ein Punkt hinzu, der selbstverständlich klingt, aber zur Besonderheit der Situation beiträgt. Abgesehen davon, dass der Unternehmer den Zeitpunkt seines Austritts selbst bestimmen kann, ist ihm in der Regel auch die Auswahl und Vorbereitung des Nachfolgers vorbehalten. Dies klingt wie gesagt vollkommen selbstverständlich, macht die Situation aber nicht unbedingt einfacher. Auch hier kann die Ambivalenz dazu führen, dass der Inhaber den Prozess der Auswahl und Einarbeitung verzögert oder gar selbst behindert.

Insgesamt wird also deutlich, dass eine Unternehmensübergabe ein besonderes Ereignis ist. Dies auch vollkommen zu Recht. Das hohe Maß an emotionaler Beteiligung vonseiten des Unternehmers und sicher auch vonseiten des Nachfolgers macht den Übergabeprozess zu einer sehr besonderen Angelegenheit. Die Teilaspekte wie Motivation des Inhabers und des Nachfolgers, Auswahl, Einarbeitung etc. sollen daher im Folgenden näher beleuchtet werden.

4.3   Motivationale Faktoren der Unternehmensübergabe

4.3.1   Grundgedanken zur Motivation

Der Begriff Motivation hat längst Eingang in unsere Alltagssprache gefunden. Wenn sich jemand anstrengt, um ein bestimmtes Ziel zu erreichen, sprechen wir davon, dass sie oder er hoch motiviert sei. Unter Motivation kann grundsätzlich ein Handlungsantrieb verstanden werden. Ausgelöst durch rein physiologische Bedürfnisse wie Hunger oder Durst, aber auch durch „erdachte" Bedürfnisse wie Bestätigung oder Anerkennung, beginnen wir in einer Richtung zu handeln, die uns unserer Meinung nach der Bedürfnis-befriedigung näherbringt.

Diese Handlungen können kurzfristig, z. B. „Ich habe Hunger und hole mir etwas aus dem Kühlschrank." und mittel- bzw. langfristig angelegt und zusätzlich verkettet sein, z. B. „Ich übergebe mein Unternehmen an meinem 60. Geburtstag an meinen Sohn, weil ich annehme, dass dieser das Unternehmen in meinem Sinne weiterführt und ich zu diesem Zeitpunkt noch jung genug bin, um mein Leben zu genießen."

Im Zusammenhang mit Unternehmensübergaben und Nachfolgeregelungen ist zum einen die motivationale Lage des Inhabers interessant. Hier gilt es auf der einen Seite zu klären aus und mit welchen Motiven die Übergabe angestrebt wird und ob es auch möglicherweise Motive gibt, die eine Übergabe behindern. Auf der anderen Seite sind die Motive des Nachfolgers wichtig. Auch der Nachfolger handelt bei der Unternehmens-übergabe aus bestimmten Gründen. Zum einen ist hier zu überlegen, ob diese Gründe ausreichend „tragfähig" sind, und zum anderen müssen die Motive des Inhabers und des Nachfolgers weitgehend zueinander passen, damit die Übergabe harmonisch verlaufen kann.

Bevor auf diese Motive von Inhaber und Nachfolger näher eingegangen wird, sollen an dieser Stelle zwei Motivationstheorien vorgestellt werden, die später bei der näheren Beleuchtung des Themas hilfreich sein werden.

4.3.2   Ausgewählte Motivationstheorien

Es existieren zahlreiche Motivationstheorien, die sich zum Teil speziell mit der Arbeits-motivation beschäftigen, z. B. Herzberg (Herzberg 1966), oder die wie die bekannte Motivationstheorie von Maslow (Maslow 1970), die grundsätzliche Phänomene der Motivation erklären soll. Alle Motivationstheorien erklären bestimmte Ausschnitte, und es gibt keine Motivationstheorie, die für sich in Anspruch nimmt, sowohl jeden speziellen Fall als auch die Motivation insgesamt zu erklären. Im Folgenden wird anhand von zwei Motivationstheorien gezeigt, welche Erkenntnisse sich aus diesen Theorien für die Motivation in der Unternehmensübergabe ableiten lassen.

4.3.2.1 Die Image-Theorie von Beach & Mitchell

Beach und Mitchell (1987) haben eine Motivationstheorie entworfen, in der die sogenannten Images eine zentrale Rolle spielen. Images sind kognitive Schemata, d. h. komplexere Gedankengebilde, die sich aus einzelnen Gedanken zusammensetzen. So können wir z. B. mit einigem Nachdenken unsere zentralen Werte und moralischen Grundsätze beschreiben oder wir können eine Vorstellung davon entwerfen, wie Einkaufen in einem Supermarkt vor sich geht. Dies sind beides zwar sehr unterschiedliche Dinge – beide bestehen aber aus einer komplexen Verknüpfung von Gedanken und Eindrücken. Dies sind Images.

Images sind dabei nicht physikalisch existent, d. h. es gibt in unserem Gehirn aller Wahrscheinlichkeit nach kein moralisches Zentrum oder ähnliches. Images werden vielmehr bei Bedarf „zusammengesucht" und „zusammengebaut". Im Rahmen ihrer Theorie unterscheiden Beach & Mitchell die folgenden Images:

Das „*Value-Image*": Hier sind die persönlichen Werte und moralischen Grundsätze eines Individuums abgebildet.

Das „*Trajectory Image*": Hier finden sich die wesentlichen Ziele und die Zielkriterien: „Woran erkenne ich, dass ich das Ziel erreicht habe?", enthalten.

Das „*Strategic Image*": Es enthält die Handlungspläne und Verhaltenstaktiken, über die ein Mensch verfügt, sowie Annahmen über die Konsequenzen bestimmter Verhaltensweisen.

Damit es nun zu einer Handlung kommt, müssen nach dieser Theorie drei Bedingungen erfüllt sein:

1. Der Anreiz (das was erreicht werden kann) und die möglichen Handlungen, die ausgeführt werden müssen, um den Anreiz erhalten zu können, müssen zu den Werten und Grundeinstellungen des Individuums passen.
2. Der Anreiz muss mit den Zielen des Individuums kompatibel sein. Das Individuum muss über entsprechende Handlungspläne und Verhaltenstaktiken verfügen, um die Anreize wahrzunehmen, und glauben, dass die eigenen Handlungsmöglichkeiten zum Erfolg führen.
3. Eine Handlung ist also nicht allein davon abhängig, ob sich eine Möglichkeit bietet, sondern die Handlung und die Dinge, die mit ihr erreicht werden können, müssen zu den Einstellungen und Zielen des Handelnden passen, und der Handelnde muss glauben, dass er über die entsprechenden Verhaltensmöglichkeiten verfügt. Tritt an irgendeiner Stelle eine Schwierigkeit ein, wird die Handlung unterbleiben oder die begonnene Handlung eingestellt werden. Wie sich diese Theorie auf den Sachverhalt der Unternehmensnachfolge anwenden lässt, darauf wird in den folgenden Kapiteln dann eingegangen.

4.3.2.2 Die Flow-Theorie von Csikszentmihalyi

Die „Flow-Theorie" oder „Theorie des optimalen Erlebens" von Csikszentmihalyi (Czik-zentmihalyi 2000) befasst sich mit der Qualität des subjektiven Erlebens, das eine Tätig-keit zu einer aus sich selbst herauswirkenden Belohnung macht.

Unter „Flow" wird dabei von Csikszentmihalyi eine Verschmelzung von Hand-lung und Bewusstsein verstanden, indem sich die Aufmerksamkeit auf ein bestimmtes Stimulusfeld reduziert, wodurch die Selbstwahrnehmung sinkt (die Ansprüche der Aktivität erfordern die vollständige Konzentration und vermindern dadurch den stören-den Einfluss von alltäglichen Sorgen und Belastungen) und ein Erleben von Kontrolle über Handlungen und Umwelt erreicht wird.

Nach Csikszentmihalyi kann ein derartiges Erleben nur durch eine Passung zwi-schen Fähigkeit und Anforderung erreicht werden. Dies geschieht, wenn die subjek-tiv wahrgenommene Leistungsfähigkeit und die Anforderungsstruktur der Aufgabe als im Gleichgewicht empfunden werden. Nach Csikszentmihalyi ist das der schmale Erlebensbereich zwischen Angst und Langeweile, da Angst dann auftritt, wenn die Anforderungen der Aufgabe als Überschreitung der eigenen Fähigkeiten empfunden werden. Ist die Aufgabe dagegen eher unterfordernd, tritt Langeweile auf. Ein Flow-Er-leben tritt nur dann ein, wenn Herausforderung, d. h. der Anforderungsgrad der Aufgabe, und Fähigkeit auf einem subjektiv hohen Niveau liegen. Die folgende Abbildung zeigt diesen Zusammenhang.

Im Sinne der Flow-Theorie bereitet es „Freude", wenn eine Tätigkeit zwar eine Herausforderung darstellt, aber dennoch subjektiv erreicht werden kann. Eine Freude, die weder Geld, Macht oder Ansehen hervorbringen kann, wenn sie aus Selbstzweck angestrebt wird, wenn es bei der Anreicherung von z. B. Geld also nur um das Geld geht und nicht um den Prozess, das Geld erfolgreich durch zu bewältigende Heraus-forderungen zu bekommen. Anders ausgedrückt: „Der Weg ist das Ziel." Damit rückt die Befriedigung von Bedürfnissen wie Hunger und Durst in den Hintergrund (Abb. 4.1).

Als Beispiele und auch als Grundlage empirischer Untersuchungen zur Stützung sei-ner Theorie führt Csikszentmihalyi Extremsportler und Schachspieler an. Denken wir also z. B. an einen Hobby-Läufer. Warum laufen Menschen, stehen noch vor der eigent-lich benötigten Zeit nicht um 6:30 Uhr am Morgen, sondern bereits eine Stunde früher auf, nur um „noch ein paar Kilometer vor der Arbeit zu laufen"? Was motiviert sie dazu? Die Befriedigung grundlegender Bedürfnisse kann hier kaum eine Rolle spielen.

Fragt man einen Läufer, so wird er mit großer Wahrscheinlichkeit antworten, dass er sich dadurch besser fühlt, aktiviert ist für den Tag. Fragt man dagegen, was er beim Lau-fen empfindet, wird er vielleicht antworten, dass er gar nichts empfindet, aber „gegen sich selbst läuft". Er erreicht beim Laufen einen Zustand höchster Konzentration, in dem er sich selbst vergisst, aber er hat selbstverständlich ein erreichbares Ziel, nämlich noch ein bisschen schneller oder leichter als gestern zu laufen. Er läuft gegen seinen größten Gegner: „den inneren Schweinehund". Und er weiß, dass er gewinnen kann, er kennt die Regeln, und er hat – nach einem kurzen Blick auf seine Pulsuhr – eine direkte Rück-meldung, wie erfolgreich er dieses Mal war.

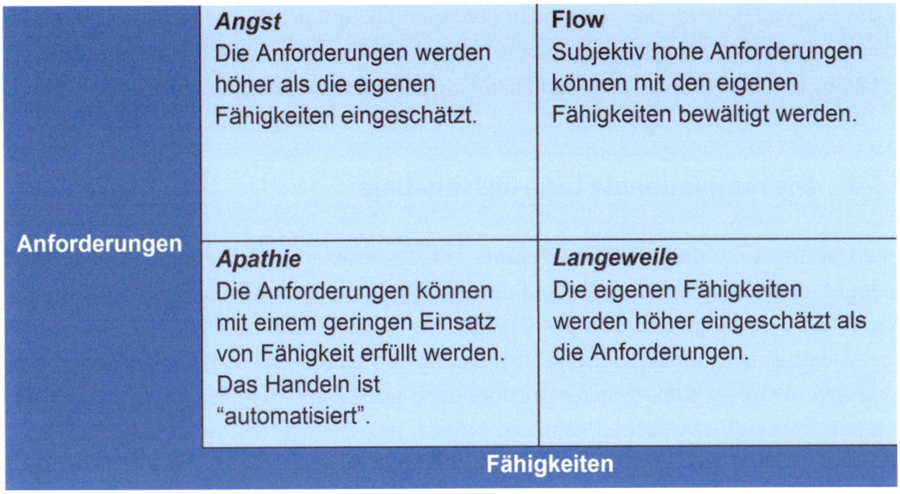

Anforderungen	*Angst* Die Anforderungen werden höher als die eigenen Fähigkeiten eingeschätzt.	*Flow* Subjektiv hohe Anforderungen können mit den eigenen Fähigkeiten bewältigt werden.
	Apathie Die Anforderungen können mit einem geringen Einsatz von Fähigkeit erfüllt werden. Das Handeln ist "automatisiert".	*Langeweile* Die eigenen Fähigkeiten werden höher eingeschätzt als die Anforderungen.
	Fähigkeiten	

Abb. 4.1 Flow-Erleben

Im Sinne von Herzberg hat der Läufer damit einen „persönlichen Erfolg". Dieser allein ist ausreichend, um ihn wie beschrieben zu motivieren, morgen wieder und diesmal vielleicht noch ein bisschen schneller oder länger zu laufen. Nun kann auf Grundlage physiologischer Prozesse natürlich erwidert werden, dass die Ausschüttung von körpereigenen Endorphinen selbstverständlich ein „Hochgefühl" hervorruft, das immer wieder erlebt werden will. Wie erklärt sich dann aber ein vergleichbares Verhalten z. B. bei Künstlern, die beim Malen eines Bildes ähnliches erfahren, ohne dass sie die physische Anstrengung eines Marathons erleben?

Csikszentmihalyi befasst sich also nicht mit der Befriedigung von grundlegenden Bedürfnissen, sondern vielmehr mit den darüber hinausgehenden Erfahrungen. Mithilfe dieser Theorie lässt sich sehr gut erklären, warum Menschen arbeiten, wenn die Befriedigung grundlegender Bedürfnisse gesichert ist und warum häufig gerade diese Menschen nach bestmöglichen Ergebnissen streben. Sie tun dies, weil sie bei der Arbeit „Flow" erleben, eine Art Rausch oder die letztendliche Form der Selbstverwirklichung, eine Bestätigung der eigenen Person, in der diese mit all ihren Sorgen und Zweifeln in Vergessenheit gerät. Dieser Rausch hat nichts mit „High-Sein" zu tun, es ist das wahrscheinlich bekannte „Aufgehen in einer Tätigkeit".

Dieser Zustand ist natürlich hochgradig angenehm und wenn Menschen ihn erleben, werden sie bestrebt sein, sich häufiger in diesen Zustand zu versetzen. Ist Arbeit dann der oder ein möglicher Weg ins „Flow", wird die Arbeit grundsätzlich als angenehm und für das persönliche Leben wertvoll wahrgenommen. Ein Verzicht auf Arbeit ist dann denkbar, wenn die Unterbrechung wie im Urlaub zeitlich befristet ist. Ein dauerhafter Verzicht auf Arbeit wäre schwer vorstellbar, da dies – so es denn keine anderen Möglichkeiten gibt – auch ein dauerhafter Verzicht auf das Flow-Erleben wäre.

Im Folgenden wird die Anwendung der beiden dargestellten Theorien auf das Phänomen der Unternehmensübergabe beschrieben. Dabei werden zunächst die motivationale
Lage des Inhabers und dann die motivationale Lage des Nachfolgers betrachtet.

4.3.3   Die motivationale Lage des Inhabers

Überträgt man die dargestellten Theorien auf das Problem der Unternehmensübergabe,
bedeutet dies bezogen auf die Person des Inhabers folgendes: Grundsätzlich muss es für
den Inhaber etwas geben, was die Übergabe und den damit verbundenen Ausstieg aus
dem Unternehmen interessant und erstrebenswert macht. Dies wird in der Regel nicht
Geld sein. Zwar ist klar, dass der Inhaber auch nach dem Ausscheiden aus dem Unternehmen finanziell abgesichert sein und bleiben muss, doch Geld wird selten der origi-
näre Antrieb sein, um aus dem Unternehmen auszuscheiden. Häufig werden vom Inhaber
oder auch von seinem Umfeld sehr pauschal Dinge wie „mehr Freizeit“, „man könnte ja
mehr reisen“ oder ähnliches genannt. Eine solche wenig konkrete Vorstellung reicht in
der Regel nicht aus, um echte Motivation zu erzeugen. Bei der Unternehmensnachfolge
befindet sich der Unternehmer in der eigentlich unangenehmen Lage, dass er durch
den Austritt aus dem Unternehmen oder durch den Wegfall seiner Funktion als Unter-
nehmensleiter wesentliche Dinge aufgibt. Hierzu kann er nur motiviert sein, wenn er
dafür Dinge bekommt, die für ihn erstrebenswert sind und die seinen persönlichen Zielen
entsprechen.

Es wird klar, dass es sich hierbei eigentlich nur im weitesten Sinne um ideelle Dinge
handeln kann. Was dies genau ist, ist eine sehr persönliche und individuelle Auswahl.
Entscheidend ist, dass sich der Inhaber zunächst einmal selbst mit der Frage beschäftigt,
welche Dinge er für sich erlangen kann und will. Grundsätzlich müssen dies Dinge sein,
die eine ähnliche persönliche Befriedigung versprechen wie die bisherige Arbeit. Es ist
davon auszugehen, dass viele Unternehmer in ihrer Arbeit die beschriebenen „Flow“-Er-
lebnisse haben. Damit Verzicht auf Arbeit nicht auch Verzicht auf „Flow“ wird, braucht
es Aktivitäten, die dies ermöglichen. Das Gesagte mag den Anschein erwecken, ein
Unternehmer könne gar nicht aufhören zu arbeiten, sondern müsse auch nach dem Ausstieg aus dem Unternehmen immer noch ein termingefülltes und arbeitsintensives Leben
führen. Dies ist nicht der Fall. Es braucht nur eine persönlich befriedigende Aktivität
bzw. Aktivitäten. Wenn diese Aktivitäten darin bestehen, lange Spaziergänge zu machen,
Bücher zu lesen und klassische Musik zu hören, ist dies vollkommen in Ordnung.

Es geht darum, persönlich befriedigende Aktivitäten zu finden oder stärker als bisher auszuleben. In der Praxis wählen Inhaber zuweilen eine Art Zwischenweg, indem
sie auch nach der Übergabe eine Funktion im Unternehmen behalten. Grundsätzlich
spricht natürlich nichts gegen dieses Vorgehen, es muss nur allen Beteiligten und vor
allem dem Inhaber klar sein, dass auch dieses Vorgehen eine andere Rolle im Unternehmen bedeutet. Diese Rolle muss, damit der Prozess der Übergabe nicht behindert
wird, zwischen Unternehmer und Nachfolger geklärt werden. Es ist durchaus möglich

und denkbar, dass ein Inhaber aus einer anderen Funktion oder Position im Unternehmen eine ähnliche Befriedigung zieht wie aus der bisherigen Arbeit. Dies ist jedoch nicht selbstverständlich. Eine gegenseitige Klärung ist hier dringend notwendig, damit zum einen der Inhaber überlegen kann, ob ihn eine solche Rolle befriedigt und zum anderen der Nachfolger entscheiden muss, ob er mit dieser Rolle des Inhabers arbeiten kann.

Der erste Schritt einer motivationalen Klärung ist also die Frage nach den Zielen jenseits des Daseins als voll verantwortlicher Unternehmer. Erst wenn diese Frage befriedigend geklärt ist, wird und kann der Inhaber tatsächlich weitere Schritte unternehmen. Zusammenfassend gilt es also im ersten Schritt für einen Inhaber, der sich mit der Frage der Unternehmensübergabe auseinandersetzt, die folgenden Fragen zu klären:

- Warum überhaupt aufhören?
- Was „gewinne" ich, wenn ich aufhöre?
- Was werde ich mit der Zeit anfangen, die ich dann habe?
- Wie stelle ich mir mein Leben vor, wenn ich das Unternehmen nicht mehr führe?
- Will ich nach der Übergabe eine aktive Rolle im Unternehmen spielen? Welche?

Die Klärung dieser Fragen wird in der Praxis einige Zeit in Anspruch nehmen. Dies ist auch angemessen, da der Schritt, das Unternehmen zu übergeben, ein persönlich einmaliges Ereignis ist, das sich in der Regel nicht wiederholen lässt, und nur – wenn überhaupt – unter großen Anstrengungen rückgängig zu machen ist.

Mit den oben dargestellten Motivationstheorien gesprochen muss in dieser Klärungsphase ermittelt werden, welche Anreize die Handlung der Unternehmensübergabe mit sich bringt, und es muss geprüft werden, ob diese Anreize mit den persönlichen Zielen kompatibel sind. Gleichzeitig muss geklärt werden, welche anderen Aktivitäten die Befriedigung durch Arbeit ersetzen, wie also ein „Flow"- Erleben erhalten bleiben kann.

Erst wenn die bisher angesprochenen Punkte für den Unternehmer klar sind, wird er motiviert sein, sich „ernsthaft" mit dem Gedanken der Nachfolgeregelung zu befassen. Die nächste motivationale Frage hat unmittelbar mit dem Nachfolger zu tun. Unter der Voraussetzung, dass der Unternehmer selbst motiviert ist, sein Unternehmen zu übergeben, braucht es nun den geeigneten Nachfolger und einen Übergabeprozess, d. h. der Unternehmer muss eine Vorstellung davon entwickeln, wie er den Nachfolger finden wird und wie dieser erfolgreich in das Unternehmen eingeführt wird.

Dabei stellt sich auch bald die Frage nach den Erwartungen an den Nachfolger. Der Unternehmer wird nur motiviert sein, das Unternehmen an eine andere Person zu übergeben, wenn diese bestimmten Erwartungen erfüllt bzw. er der Person zutraut, diese Erwartungen zu erfüllen. Aufgrund der starken persönlichen Bindung an das Unternehmen wird der Unternehmer bestimmte Vorstellungen davon haben, wie sein Nachfolger mit dem Unternehmen umgehen soll, was vollkommen berechtigt ist, aber in der Praxis zu Konflikten führen kann. Dies zum einen, wenn die Vorstellungen des Unternehmers nicht geklärt werden und sich die Parteien in der Übergabe darauf verlassen, dass es sich schon irgendwie finden wird. Zum anderen sind Erwartungen an die

Unternehmensführung des Nachfolgers dann konflikthaltig, wenn der Erwartungsrahmen ein enger ist. Auch der Nachfolger wird unternehmerische Freiheit brauchen und fordern. Sind ihm hier zu enge Grenzen gesetzt, wird es zwangsläufig zu Konflikten kommen. Wichtig ist es also, die Erwartungen des Unternehmers an die Unternehmensführung nach der Übergabe frühzeitig zu klären. In diese Klärung sollte dringend einfließen, ob der Unternehmer nach der Übergabe noch eine aktive Rolle im Unternehmen wünscht und wie diese Rolle aussehen soll. Beiden Parteien sollte so klar wie möglich sein, worauf sie sich bei der Unternehmensübergabe einlassen. Die erforderliche Klarheit kann nur durch die Klärung der gegenseitigen Erwartungen erfolgen. Dafür müssen diese Erwartungen im ersten Schritt den Beteiligten selbst klar und dann im zweiten Schritt ausgetauscht werden. Hierbei gibt es sicher einen gewissen „Verhandlungsspielraum". Dritte, z. B. auf diese Problematik spezialisierte Berater, können den Klärungsprozess hier sinnvoll unterstützen.

Bis zu diesem Punkt ging es um die Motivation und die motivationale Lage des Inhabers. Erst wenn grundsätzliche Punkte der Motivation geklärt sind, wird eine Handlung erfolgen, also z. B. die, einen Nachfolger zu suchen. Auf solche Handlungen wird später in diesem Kapitel eingegangen. Zunächst aber soll die motivationale Lage der anderen Partei, nämlich die des Nachfolgers, erörtert werden.

4.3.4 Die motivationale Lage des Nachfolgers

Auch der Nachfolger wird seine Rolle nur entsprechend ausfüllen können, wenn die notwendige Motivation vorhanden ist. Gemeinhin sollte man glauben, dies dürfe doch bei Nachfolgern kein großes Problem sein, denn schließlich würden sie doch die Nachfolge freiwillig und somit aus eigener Motivation antreten. Das stimmt sicher auch in vielen aber nicht in allen Fällen und es stimmt nur dann, wenn der Nachfolger tatsächlich eine Entscheidung treffen konnte.

In Unternehmerfamilien findet sich häufig, dass der Nachfolger bereits per Geburt feststeht. Der Begriff „Stammhalter" spiegelt dies ein wenig wider. Der Nachfolger wird dann sozusagen von Kindesbeinen an für die Nachfolge „sozialisiert" (Siefer 1996) und ist eigentlich nicht mehr in der Lage, eine echte Entscheidung zu treffen.

Echte Motivation braucht aber die Freiheit der Entscheidung. Insofern ist auch dem Nachfolger dringend eine Motivationsklärung anzuraten. Auch er trifft eine Entscheidung, die größte Auswirkungen auf sein Leben haben wird und die sich nur unter Mühen rückgängig machen lässt. Anders als die Entscheidung für eine Arbeitsstelle ist die Entscheidung für eine Unternehmensübernahme, eine Entscheidung für eine „Art zu leben".

Auch hier finden die oben dargestellten Motivationstheorien Anwendung. Der Nachfolger wird nur dann motiviert sein, wenn die Anreize, die sich aus der Nachfolge ergeben, wirklich mit seinen persönlichen Grundvorstellungen und seinen Zielen vereinbar sind, und wenn er sich persönlich darüber hinaus auch in der Lage sieht, die Rolle des Unternehmers adäquat auszufüllen. Dies klärt noch nicht, ob der Nachfolger auch tatsächlich der Aufgabe gewachsen ist, aber es klärt die wichtige Frage, ob er ihr gewachsen sein will.

Der Nachfolger muss sich also die folgenden Fragen beantworten:

- Warum überhaupt dieses Unternehmen übernehmen?
- Was „gewinne" ich, wenn ich das Unternehmen übernehme?
- Wie stelle ich mir mein Leben vor, wenn ich eigenverantwortlich diesen Betrieb führe?
- Welche Fähigkeiten bringe ich dafür mit?
- Welche Fähigkeiten muss ich dafür noch erweitern?

Genau wie beim Unternehmer lassen sich diese Fragen i. d. R. nicht aus dem Stand beantworten, sondern benötigen Zeit und Reife. Eventuell braucht der mögliche Nachfolger auch eine Art Testphase in den grundsätzlichen Aufgaben, um entscheiden zu können.

Zusammenfassend sind die folgenden Punkte in Bezug auf die Motivation in der Unternehmensübergabe zu klären (Abb. 4.2):

Motivationale Klärungen des Inhabers	Gemeinsame Klärungen	Motivationale Klärungen des Nachfolgers
Warum überhaupt aufhören?	In welchem „Geist" soll das Unternehmen weitergeführt werden?	Warum überhaupt dieses Unternehmen übernehmen?
Was „gewinne"ich, wenn ich aufhöre?	Wie soll das Unternehmen zukünftig ausgerichtet sein?	Was „gewinne" ich, wenn das Unternehmen übernehme?
Was werde ich mit der Zeit anfangen, die ich dann habe?	Was soll auf alle Fälle erhalten bleiben?	Wie stelle ich mir mein Leben vor, wenn ich eigenverantwortlich dieses Unternehmen führe?
Wie stelle ich mir mein Leben vor, wenn ich das Unternehmen nicht mehr führe?	Was darf verändert werden?	Welche Fähigkeiten bringe ich dafür mit?
Will ich nach der Übergabe eine aktive Rolle im Unternehmen spielen? Welche?	Welche Rolle soll der bisherige Inhaber ausfüllen?	Welche Fähigkeiten muss ich dafür noch erweitern?

Abb. 4.2 Klärungsansätze bei der Unternehmensübergabe

4.4   Die Auswahl des Nachfolgers

4.4.1   Grundgedanken zur Auswahl

Auswahl ist grundsätzlich ein Prozess der Passung, d. h. es geht nicht darum, einen abstrakt Besten zu finden, sondern den, der am besten zur Aufgabe und zum Unternehmen passt. Im Folgenden wird speziell auf die Auswahl von Nachfolgern eingegangen.[1]

Ein Nachfolger übernimmt nach seinem Eintritt in das Unternehmen sofort oder schrittweise die Aufgaben des Inhabers. Es ist klar, dass der Nachfolger bestimmte Voraussetzungen mitbringen muss, um den Anforderungen der Aufgabe gerecht zu werden. Diese Anforderungen lassen sich grob in die folgenden Kompetenzbereiche gliedern:

Fachliche Kompetenzen
Es ist relativ klar, dass auch in einer herausgehobenen Führungsposition fachliche Kompetenzen benötigt werden. Fachliche Kompetenzen bedeuten, dass der Nachfolger grundsätzlich etwas von den fachlichen Inhalten der Tätigkeiten im Unternehmen verstehen muss. Es gilt nur zu klären, wie umfangreich und tief diese Kenntnisse sein müssen. Je stärker der Nachfolger in echte operative Tätigkeiten eingebunden ist, desto wichtiger sind gute bis sehr gute fachliche Kenntnisse. Liegen die Aufgaben aber eher im Bereich der Unternehmensführung, ist es nicht zwingend erforderlich, dass der Nachfolger über bessere fachliche Kenntnisse verfügt als alle Mitarbeiter. Ob der Nachfolger also eine klassische Ausbildung in der angestrebten Branche benötigt, ist vom Aufgabenprofil abhängig.

Betriebswirtschaftliche Kompetenzen
Unabhängig von der Unternehmensgröße sind heute in der Unternehmensführung grundlegende betriebswirtschaftliche Kenntnisse unabdingbar. Die Kenntnisse können durch Studium, Ausbildung oder durch praktische Erfahrung erworben werden. Im konkreten Fall ist wiederum zu prüfen, welchen Umfang diese Kenntnisse haben sollten und ob spezielle betriebswirtschaftliche Teilkenntnisse erforderlich sind.

Personalführungskompetenzen
In den meisten Unternehmen wird der Inhaber eine mehr oder weniger große Anzahl von Mitarbeitern zu führen haben. Gewisse Kompetenzen in diesem Bereich sind daher ebenfalls erforderlich. Personalführungskompetenzen, also die grundsätzliche Fähigkeit, mit Mitarbeitern umzugehen, Ziele zu setzen, angemessene Forderungen zu stellen und diese

---

[1]Für grundlegende Informationen zur Mitarbeiterauswahl: Haubrock und Öhlschlegel-Haubrock (2018).

auch durchsetzen zu können und Ähnliches, sind Kompetenzen und Kenntnisse, die sich nicht nur rein theoretisch erwerben lassen. Der Nachfolger braucht also praktische Erfahrung als Führungskraft.

Persönliche Kompetenzen

Persönliche Kompetenzen, auch unter dem Begriff „soft-skills" bekannt, sind ein breites Kompetenzfeld, dass unterschiedliche persönliche Eigenschaften wie z. B. Stresstoleranz, Teamfähigkeit oder Kommunikationsfähigkeit umfassen kann. Auch für dieses Kompetenzfeld gilt, wie für die anderen, dass im individuellen Fall entschieden werden muss, welche persönlichen Kompetenzen im jeweiligen Unternehmen für ein spezifisches Aufgabenprofil benötigt werden.

In der Unternehmensnachfolge lassen sich bezüglich der Auswahl des Nachfolgers zwei grundsätzliche Ausgangspunkte unterscheiden. Zum einen kann es sein, dass der mögliche Nachfolger bereits lange feststeht, also z. B. wie häufig üblich eines der Kinder des Inhabers das Unternehmen fortführen soll oder zu dem Zeitpunkt, an dem sich ein Inhaber mit Fragen der Nachfolger befasst, noch kein Nachfolger „in Sicht ist", dieser also gefunden werden muss. Der große Unterschied zwischen den beiden Ausgangspunkten ist, dass im ersten Fall ein Nachfolger auf ein bestimmtes Profil hin entwickelt werden muss. In diesem Fall findet keine wirkliche Auswahl statt. Die Auswahl bedingt sich höchstens dadurch, dass es im Laufe der Entwicklung geschehen kann, dass der designierte Nachfolger doch nicht die entsprechenden Fähigkeiten entwickeln oder sich selbst anders orientieren (vgl. hierzu die Ausführungen zum Thema Motivation in diesem Kapitel). Ein Auswahlprozess im eigentlichen Sinne wird aber nicht durchgeführt. Dies wäre auch in den meisten Fällen schlicht nicht möglich, da die ersten Entscheidungen über eine mögliche Nachfolge häufig getroffen werden, wenn die designierten Nachfolger noch relativ jung sind. Es ist diagnostisch praktisch unmöglich zu prognostizieren, ob z. B. ein jetzt 15-Jähriger einmal ein erfolgreicher Unternehmer wird. In diesem Fall liegen Auswahl und Entwicklung also zusammen und werden ausführlicher weiter unten behandelt.

4.4.2 Die Auswahl eines „fertigen" Nachfolgers

Hier wird nun zunächst der zweite Fall besprochen, also die Situation, dass ein Nachfolger gesucht wird, der bereits über die notwendigen Fähigkeiten und Kenntnisse verfügen soll. Dies muss nicht bedeuten, dass der Nachfolger das Unternehmen auch aus dem Stand übernimmt. Je nach Planung sind von einer sofortigen vollständigen Übergabe bis zu einer mehrjährigen gemeinsamen Arbeit alle Varianten denkbar. Der Nachfolger bringt aber bei dieser Ausgangslage bereits die wesentlichen Fähigkeiten und Kenntnisse für die Übernahme mit. Er muss selbstverständlich eingearbeitet und vielleicht in speziellen Bereichen entwickelt werden, eine grundsätzliche Entwicklung findet aber nicht mehr statt.

Dies ist eine Ausgangslage, wie sie in der klassischen Personalauswahl üblich ist. Die Auswahl eines Nachfolgers ist hier vom Vorgehen nicht wesentlich anders als die Auswahl einer Führungskraft. Da es sich aber um eine sehr besondere und herausgehobene Aufgabe handelt, wird man bestrebt sein, in diesem Fall besonders gründlich und genau auszuwählen.

Es ist sehr empfehlenswert, die Auswahl mit der Erstellung eines differenzierten Anforderungsprofils zu beginnen. Je genauer beschrieben ist, was der mögliche Nachfolger mitbringen soll, desto leichter wird die eigentliche Auswahl. Das Anforderungsprofil kann sich an oben dargestelltem Kompetenzbereich orientieren. Im Weiteren können die Anforderungen dann in so genannte „Hard-Facts" und „Soft-Facts" – wie im folgenden Beispiel dargestellt -untergliedert werden. „Hard-Facts" sind Voraussetzungen, die sich vergleichsweise einfach durch Unterlagen, Zeugnisse oder Ähnliches prüfen lassen. „Soft-Facts" sind Bereiche, die nicht unmittelbar zugänglich sind, sondern im Laufe eines Auswahlfahrens erhoben werden müssen.

Dieses Profil kann selbstverständlich in jedem Unternehmen anders aussehen und ist in der Praxis auch deutlich umfangreicher. Im nächsten Schritt wird in der Regel noch eine Gewichtung der einzelnen Punkte vorgenommen, da es selten der Fall ist, dass ein Kandidat das Profil zu 100 % trifft. Durch die Gewichtung der einzelnen Punkte wird festgelegt, welche Dinge ein Bewerber in jedem Fall mitbringen muss und welche als Zusatz interessant sind.

Im Profil sollte berücksichtigt werden, welche zukünftigen Strategien und Absichten das Unternehmen voraussichtlich verfolgen wird. Der Nachfolger soll nicht nur in der Lage sein, das Unternehmen einfach weiterzuführen, sondern soll idealerweise Kenntnisse und Erfahrungen mitbringen, die dem Unternehmen neue Impulse geben und Geschäftsfelder erweitern oder neu eröffnen können. Dies setzt voraus, dass vonseiten des Inhabers eine strategische Klärung und Planung für das Unternehmen durchgeführt wurde. Auf Basis des erstellten Profils werden dann die Suche und Auswahl geplant.

Beispiel
Beispiel für ein Anforderungsprofil: Nachfolger in einem mittelständischen metallverarbeitenden Unternehmen (Abb. 4.3).

Nachdem die grundsätzlichen Anforderungen geklärt sind, stellt sich für einen Inhaber, der einen Nachfolger sucht, die Frage, wer die Suche und Auswahl durchführen soll bzw. wie diese genau gestaltet werden soll. Für den Fall, dass der Inhaber selbst über differenzierte Kenntnisse in der Personalauswahl verfügt, könnte er den weiteren Prozess komplett selbst durchführen. Denkbar wäre auch, dass Mitarbeiter des eigenen Unternehmens diese Auswahl durchführen, wenn sie über entsprechende Kenntnisse verfügen. In der Praxis wird man aber von dieser Variante häufig aus Gründen der Diskretion Abstand nehmen. Verfügt der Inhaber also nicht über die notwendigen Kenntnisse, ist es i. d. R. sinnvoll, die Suche und Auswahl durch darauf spezialisierte Beratungsunternehmen gestalten zu lassen. Welche Dienstleistungen diese Beratungen genau übernehmen, ist im

Hard-Facts	Soft-Facts

z. B.:
 – 35 bis 40 Jahre alt
 	
 – Abgeschlossenes Studium der Betriebswirtschaft mit Schwerpunkt Unternehmensführung
 	
 – 5 Jahre Berufserfahrung in der Metallindustrie
 	
 – Verhandlungssicheres Englisch, idealerweise eine weitere europäische Fremdsprache
 	
 – Verfügbar innerhalb des Jahres x
 	
 – Grundlegende Kenntnisse in:
 	
   – Projektmanagement
 	
   – Zielplanung
 	
   – Fundierte Kenntnisse in:
 	
   – Arbeit mit SAP oder einem vergleichbaren Steuerungssystem
	z. B.:
	 – Durchhaltevermögen
	
	 – Einsatzbereitschaft
	
	 – Frustrationstoleranz
	
	 – Kooperativer und verbindlicher Führungsstil
	
	 – Strategisches Verständnis
	
	 – Selbstsicherheit
	
	 – Stresstoleranz

Abb. 4.3 Beispiel für ein Anforderungsprofil

Einzelfall zu klären. Ein übliches Vorgehen hierzu ist, dass das Beratungsunternehmen gemeinsam mit dem Inhaber ein differenziertes Anforderungsprofil erstellt, dann Suche und Auswahl durchführt und dem Inhaber eine Reihe von geeigneten Kandidaten zur endgültigen Auswahl vorschlägt.

Eine weitere Möglichkeit, Kontakt zu interessierten Nachfolgern zu bekommen, sind die von vielen Kammern angebotenen „Nachfolgebörsen". Hierbei handelt es sich entweder um Veranstaltungen und/oder um Datenbanken, die Interessenten offenstehen. Damit werden allerdings lediglich Kontakte geschaffen. Dies ist überaus wertvoll, entbindet den Inhaber aber nicht von der Aufgabe der Auswahl, die auch hier getroffen werden muss.

Techniken und Methoden der Personalauswahl führen meist zu einer sinnvollen Reduzierung möglichen Kandidaten. Die letztendliche Auswahl und Entscheidung ist aber vom Inhaber selbst zu treffen. Es ist klar und selbstverständlich, dass diese Auswahl nicht nur rein rational verlaufen kann. Persönliche Sympathie wird eine Rolle spielen. Der Inhaber sollte sich bei dieser Auswahl allerdings über einige Dinge im Klaren sein. Sympathie wird zu einem Großteil durch wahrgenommene Ähnlichkeit erzeugt. Menschen, die uns ähnlich sind, sind uns tendenziell auch sympathisch. Bei der Auswahl eines Nachfolgers ist es sicher auch gut und hilfreich, wenn dieser dem bisherigen Inhaber ähnlich ist, allerdings – und hier ist die mögliche Gefahr – sollte er keine Kopie des Inhabers sein. Zum einen gilt, wie die Alltagsweisheit es ausdrückt, dass eine Kopie nie so gut ist wie das Original. Zum anderen ist eine Kopie meist nicht in der Lage, dem Unternehmen neue Impulse zu geben. Ähnlichkeit zwischen Inhaber und Nachfolger ist also hilfreich, eine Kopie hinderlich. Die Punkte, in denen möglichst Ähnlichkeit bestehen sollte, sind:

Der grundsätzliche Führungsstil
Für den späteren Wechsel in der Führung vom Inhaber zum Nachfolger ist es hilfreich, wenn beide einen ähnlichen Führungsstil haben. Der Führungsstil des Inhabers ist seit Jahren etabliert. Das Unternehmen und die Mitarbeiter sind auf diesen Stil eingestellt. Selbstverständlich darf und soll der Nachfolger auch in diesem Punkt eigene und neue Ideen haben, ein grundsätzlich ähnlicher Führungsstil macht den Wechsel reibungsloser.

Die grundsätzliche strategische Auffassung
Damit der Wechsel in der Unternehmensleitung überhaupt möglich wird, müssen sich Inhaber und Nachfolger in diesem Punkt ähnlich sein oder ähnlich werden. Wie weiter oben angesprochen wird der Inhaber Vorstellungen davon haben, was mit dem Unternehmen nach seinem Austritt geschehen soll. Die grundsätzliche Auffassung über die strategische Ausrichtung des Unternehmens für die Zukunft muss daher zwischen Inhaber und Nachfolger abgestimmt sein. Dies setzt aber voraus, dass beide eine weitgehende Übereinstimmung hinsichtlich der Branchenentwicklung, der Marktentwicklung, der Kundenentwicklung u. ä. Bereiche haben. Die gemeinsame strategische Richtung kann diskutiert werden, die ähnliche Einschätzung der vorher genannten Größen ist hierfür Voraussetzung.

Die grundsätzliche Risikobereitschaft
Unternehmer gehen bei jeder Entscheidung Risiken ein. Sie unterscheiden sich allerdings im Grad der Risikobereitschaft. Von sehr vorsichtig bis sehr riskant sind hier alle Varianten denkbar. Dabei gibt es auch keinen pauschal erfolgreichen Grad der Risikobereitschaft. Inhaber und Nachfolger sollten sich aber auch in diesem Punkt ähnlich sein. Wiederum hat sich das Unternehmen auf einen bestimmten Grad der Risikobereitschaft in der Unternehmensführung eingestellt und auch der Inhaber wird in Bezug auf seinen Nachfolger eine ähnlich gelagerte Risikobereitschaft erwarten (Abb. 4.4).

Der Inhaber sollte im Laufe seiner Entscheidungsphase prüfen, ob die genannten Ähnlichkeiten ausreichend vorhanden sind. Ob in den genannten Punkten Ähnlichkeit besteht, kann zum einen durch gemeinsame intensive Gespräche zwischen Inhaber und Nachfolger und zum anderen durch gemeinsame praktische Arbeit ermittelt werden. Bei Gesprächen ist es z. B. möglich, dass der mögliche Nachfolger gebeten wird, seine Einschätzung der Markt- und Branchensituation zu formulieren. Ähnlichkeiten

Abb. 4.4 Das Ähnlichkeitsdreieck

in Führungsstil und Risikobereitschaft können ermittelt werden, indem dem möglichen Nachfolger reale Situationen aus dem Unternehmen geschildert werden und er
dann gebeten wird zu erläutern, wie er sich in dieser Situation verhalten würde. Solche
„gedanklichen Simulationen" geben häufig sehr gut Aufschluss über Einstellungen und
mögliche Handlungsweisen. Wichtig ist es, dass der im Gespräch Fragende – in diesem
Fall also der Inhaber – in seinen Fragestellungen neutral und nicht-suggestiv bleibt. Es
geht um die Meinung des anderen – in diesem Fall des möglichen Nachfolgers. Dessen Meinung kann nur adäquat ermittelt werden, wenn sich der Fragende entsprechend
zurücknimmt und den anderen nicht im Gespräch lenkt.

Ideal ist es, wenn vor der letztendlichen Entscheidung für den Nachfolger eine
gemeinsame praktische Arbeit möglich ist, der Inhaber also die Möglichkeit hat, seinen
designierten Nachfolger in der Praxis einschätzen zu können. Ob dies faktisch möglich ist, hängt sicher davon ab, was ein möglicher Nachfolger bei einem Eintritt in das
Unternehmen aufgeben muss. Hat der Nachfolger z. B. eine gesicherte Position in einem
anderen Unternehmen, ist schwerlich von ihm zu verlangen, dass er diese probehalber
aufgibt. In diesem Fall ist zu überlegen, ob eine praktische Arbeit in Teilzeit, z. B. in
einem umgrenzten Projekt, möglich ist. Hierzu finden sich Informationen im folgenden
Kapitel. In jedem Fall ist dieser „Praxistest" für beide Parteien hilfreich, denn es ergibt
sich nicht nur ein noch deutlicheres Bild vom möglichen Nachfolger, sondern umgekehrt
lernt auch der Nachfolger durch eine praktische Arbeit das Unternehmen und den
Inhaber deutlich besser kennen.

Diese dadurch gewonnenen Erkenntnisse sind auch für die Entscheidung des Nachfolgers wichtig. Zusammenfassend gilt also für die Auswahl eines weitgehend „fertigen"
Nachfolgers, dass es sich hierbei um einen systematischen Prozess handelt, welcher der
klassischen Personalauswahl durchaus ähnlich ist. Vom Beginn der Suche bis zur letztendlichen Entscheidung ist ein relevanter Zeitraum einzuplanen, der in der Praxis bei
mindestens einem Jahr und darüber liegen dürfte. Um den Prozess effektiv gestalten zu
können, muss der Inhaber zum einen eine strategische Klärung vollziehen und zum anderen seine Ansprüche an einen möglichen Nachfolger so genau wie möglich formulieren.

4.4.3   Die Auswahl und Vorbereitung eines „unfertigen" Nachfolgers

Wie bereits mehrfach kurz erwähnt finden viele Unternehmensübergaben innerhalb der
Familie statt. In diesem Fall findet die Auswahl des Nachfolgers nicht nach dem bisher
besprochenen Muster statt. Es ist klar, dass innerhalb einer Familie keine strukturierten
Auswahlverfahren durchgeführt werden. In aller Regel kristallisiert sich der mögliche
Nachfolger „irgendwie" heraus. Der große Vorteil dieser Ausgangslage ist, dass die Entwicklung des Nachfolgers genau geplant werden kann. Beim verständlichen Wunsch,
das Unternehmen innerhalb der Familie zu halten, sollte aber doch geklärt werden, dass
der Nachfolger aus der Familie wirklich über das Interesse und über die Fähigkeiten zur
Unternehmensnachfolge verfügt.

Grundsätzlich orientiert sich auch die Entwicklung des Nachfolgers aus der eigenen
Familie an im vorherigen Kapitel beschriebenen Kompetenzbereichen: fachliche Kompetenzen, betriebswirtschaftliche Kompetenzen, Personalführungskompetenzen und
persönliche Kompetenzen. Auch in diesem Fall empfiehlt es sich, ein Anforderungsprofil
zu erstellen, welches sich direkt an den genannten Kompetenzbereichen orientieren kann
(Abb. 4.5).

Fachliche Kompetenzen	Betriebswirtschaft-liche Kompetenzen	Personalführungs-kompetenzen	Persönliche Kompetenzen
z. B. Metallverarbeitung CNC-Steuerung Werkzeugbau	z. B. Kaufmännische Kenntnisse Grundkenntnisse in - Marketing - Steuern - Handelsrecht	z. B. Personalführung Personalauswahl Kommunikation in der Führung	z. B. Stresstoleranz Teamfähigkeit

Abb. 4.5 Anforderungsprofil

Beispiel

In diesem Fall ist das Anforderungsprofil allerdings etwas dynamischer, d. h. es wird im Laufe der Zeit und der Entwicklung des Nachfolgers angepasst und verändert (Abb. 4.6).

Beispiel

Während zu Beginn der Erstellung vielleicht nur die notwendige Ausbildung spezifiziert wird, können im Laufe der Entwicklung spezifische Teilaspekte hinzukommen, die besondere Ausbildungsschwerpunkte oder die Erweiterung bestimmter persönlicher Eigenschaften betreffen. Durch die ständige Aktualisierung des Entwicklungsplans kann zum einen auf die sich herausbildenden Stärken und Neigungen des Nachfolgers und zum anderen auf aktuelle Geschehnisse im Unternehmen oder der Branche eingegangen werden. So kann es sich bspw. herausstellen, dass in einer bestimmten Branche neue spezifische IT-Kenntnisse erforderlich sind. Dies sollte im Entwicklungsplan niedergelegt werden.

Es ist wichtig, dass der Nachfolger aus der Familie Praxiserfahrungen außerhalb des Familienunternehmens sammelt. Dies ist aus zwei Gründen notwendig: Zum einen kann der Nachfolger sonst mangels Erfahrung kaum neue Impulse in das Unternehmen bringen und zum anderen ist die Praxiserfahrung häufig entscheidend für die Akzeptanz und das „Standing" des Nachfolgers im Unternehmen.

Der Nachfolger aus der Familie hat in der Regel bereits eine definierte Rolle: Er ist das Kind, hat möglicherweise in der Werkshalle mit Mitarbeitern verstecken gespielt, wurde von den Angestellten im Büro gehätschelt usw. Dieser Rolle muss der Nachfolger entwachsen und dies in den eigenen Augen und den Augen seiner Umwelt. Das geschieht keinesfalls dadurch, dass der Nachfolger ein Büro im Unternehmen bekommt und den Mitarbeitern, die ihn seit 20 Jahren kennen, auf einmal mitteilt, man sei aber heute wieder „per Sie". Sicher ist Symbolik wichtig und interessant, aber das Entwachsen aus der Kinderrolle in die Inhaberrolle ist ein persönlicher Reifungsprozess, in dem vor allem dem Nachfolger die Zeit außerhalb des Familienunternehmens häufig guttut. Diese Zeit sollte möglichst über erweiterte Praktika in befreundeten Unternehmen hinausgehen. Ideal ist es, wenn der Nachfolger im Laufe seiner Entwicklung tatsächlich in anderen Unternehmen tätig ist und lernt, sich auch in einem anderen Umfeld, in dem er nicht den Familienbonus hat, zu beweisen.

Auch für diese Entwicklungsplanung muss im Unternehmen eine strategische Klärung betrieben werden. Der Nachfolger soll das Unternehmen ja nicht nur genauso weiterführen, sondern in der Lage sein dieses weiter zu entwickeln und es vor allem den sich verändernden Gegebenheiten des Marktes und der Branche anzupassen. Es gilt also zu klären, wie das Unternehmen zukünftig ausgerichtet und aufgestellt sein will. Auf diese Zukunft hin muss der Nachfolger entwickelt werden.

Fachliche Kompetenzen	Wo und wie zu erwerben?	Wann zu erwerben?	Bemerkungen
z. B.	z. B.	z. B.	
Metallverarbeitung	6-monatiges Berufspraktikum bei Unternehmen XY	5 Jahre vor der Übergabe	
Werkzeugbau	siehe Berufspraktikum oben	5 Jahre vor der Übergabe	
CNC-Steuerung	Fachlehrgang IHK XY	5 Jahre vor der Übergabe	

Betriebswirtschaftliche Kompetenzen	Wo und wie zu erwerben?	Wann zu erwerben?	Bemerkungen
z. B.	z. B.	z. B.	
kaufmännische Kenntnisse	Studium der BWL/ Schwerpunkt kleine und mittlere Unternehmen an der Hochschule XY	4 Jahre vor der Übergabe	zu ergänzen durch Praktika und Berufserfahrung
Grundkenntnisse in - Marketing - Steuern - Handelsrecht	siehe Studium oben	4 Jahre vor der Übergabe	zu ergänzen durch Praktika und Berufserfahrung

Personalführungs-Kompetenzen	Wo und wie zu erwerben?	Wann zu erwerben?	Bemerkungen
z. B.	z. B.	z. B.	
Personalführung	noch zu planen	noch zu planen	Kenntnisse nach Studium prüfen
Personalauswahl	noch zu planen	noch zu planen	Kenntnisse nach Studium prüfen
Kommunikation in der Führung	noch zu planen	noch zu planen	Kenntnisse nach Studium prüfen

Persönliche Kompetenzen	Wo und wie zu erwerben?	Wann zu erwerben?	Bemerkungen
z. B.	z. B.	z. B.	
Stresstoleranz	Grundseminar Persönliche Kompetenz bei XY, evtl. Einzelcoaching	1 Jahr vor der Übergabe	
Teamfähigkeit	noch zu planen	noch zu planen	Kenntnisse nach Studium prüfen

Abb. 4.6 Entwicklungsplanung Nachfolger

4.4.4 Einen Bären jagen

Aus vielen Stämmen und Naturvölkern ist überliefert, dass die jüngere Generation Prüfungen ablegen oder Proben bestehen musste, um in die Welt der Erwachsenen aufgenommen zu werden. Diese Prüfungen oder Proben hatten Themen zum Inhalt, die für die Gemeinschaft wichtig waren. Bei jagenden Völkern konnte es also in der Tat darum gehen, selbstständig einen Bären zu jagen und durch diese Tat das „Erwachsen geworden sein" zu bekunden. Rituale dieser Art hatten und haben – außer der Tatsache, dass jemand bestimmte Fähigkeiten unter Beweis stellt – symbolisch einen sehr aussagekräftigen Wert. Sie sind in der dieses Ritual praktizierenden Gesellschaft eindeutig anerkannt und akzeptiert.

Wenn es also Zeichen des Erwachsenwerdens ist, selbst einen Bären zu fangen und jemand tut dies, hat er für diese Gesellschaft eindeutig und unzweifelhaft seinen Status bewiesen. Wenn das Ritual wirklich akzeptiert ist, wird es nicht passieren, dass jemand etwa sagt: „Na ja, du hast vielleicht den Bären gefangen, aber zum Erwachsenwerden gehört viel, viel mehr". Nein, wenn der Bär gefangen ist, ist die Sache klar. Sie ist vor allem klar für alle Beteiligten. Nicht nur die „Alten", sondern auch der Nachwuchs selbst weiß, dass er erwachsen ist, wenn er die Prüfung bestanden hat.

Was hat das alles mit Unternehmensnachfolge zu tun? Selbst bei einem gut ausgewählten und gut vorbereiteten Nachfolger bleibt die bange Frage: Wann ist er wirklich soweit? Objektiv ist diese Frage wahrscheinlich gar nicht zu beantworten. Was heißt denn überhaupt „soweit"? Trifft jemand dann nur noch richtige Entscheidungen – wohl kaum. Erfährt er eine sichtbare oder sonst wahrnehmbare Veränderung, wenn er „soweit" ist – leider nicht. Es ist in der Praxis der Fall, dass der Inhaber und vielleicht auch der Nachfolger sich lange mit der Frage beschäftigen, ob nun die notwendige „Reife" für die Unternehmensübergabe erreicht ist. Dummerweise gibt es hier kein allgemein akzeptiertes Ritual, und es sei auch jedem Nachfolger hier ausdrücklich davon abgeraten, nun zu glauben, man müsse einfach nur einen Bären fangen.

Aber etwas Ähnliches wäre durchaus hilfreich. Da es kein Ritual für die Reife in der Unternehmensnachfolge gibt, kann für jeden Fall ein individuelles geschaffen werden. Es geht darum, eine Aufgabe zu finden, bei der sowohl Inhaber und Nachfolger vorher glauben, dass die erfolgreiche Bewältigung dieser Aufgabe die geforderte Reife unter Beweis stellt.

Dies klingt jetzt vielleicht komplizierter als es ist, deshalb zwei praktische Beispiele: In vielen Übergaben ist der erfolgreiche Abschluss einer bestimmten Ausbildung, sei es ein Meistertitel, ein Studium oder eine sonstige Ausbildung, der Beweis für die notwendige Reife. In anderen Fällen kann es auch das erfolgreiche Bearbeiten eines größeren Projektes im Unternehmen sein. So war bspw. in einem großen mittelständischen Unternehmen der Inhaber davon überzeugt, dass wenn sein Sohn dieses Unternehmen zur ISO 9000 Zertifizierung führen würde, der Sohn auch qualifiziert sei, das Unternehmen insgesamt zu leiten. Dieser Glaube wurde auch von beiden geteilt, und nach der erfolgreichen Zertifizierung erfolgte eine reibungslose Unternehmensübergabe. Natürlich lässt sich nun diskutieren, ob eine solche Zertifizierung die geeignete „Probe" ist, aber das ist nicht der Punkt. Der Punkt ist, dass sowohl Inhaber als auch Nachfolger an die Beweiskraft der Aufgabe glauben müssen.

An die Auswahl und/oder Planung der Entwicklung des Nachfolgers sollte sich daher die Überlegung anschließen, wie der Nachfolger seine Fähigkeiten „beweist". Er kann dies tun – wie angeführt – durch bestimmte erfolgreiche Entwicklungsschritte oder auch

durch erfolgreich abgeschlossene Projekte. Es muss sich hierbei auch nicht um eine Aufgabe handeln, sondern mehrere können beliebig verknüpft sein. Es bleibt der wesentliche
Punkt, dass dies Aufgaben sein müssen, nach deren erfolgreicher Bewältigung für beide
Seiten Reife hinreichend bewiesen ist. Nur dann schaffen diese Aufgaben auch die notwendige Gewissheit und Eindeutigkeit.

4.5 Die Einführung des Nachfolgers und die eigentliche Übergabe

4.5.1 Grundgedanken

Eine erfolgreiche Unternehmensübergabe endet nicht mit der Auswahl eines geeigneten
Nachfolgers. In der Praxis ist die schwierigste Phase häufig der eigentliche Akt der
Übergabe bzw. die Zeit, die dieser Übergabe unmittelbar vorausgeht. Das liegt daran,
dass nun die Planung beendet ist und echte Handlung erfolgen muss. Diese Handlung
bedeutet aber auch, dass die Übergabe nun konkret wird. Es wurden bereits mögliche
Hemmnisse und Befürchtungen aufseiten des Inhabers angesprochen. Je konkreter und
näher der Moment der Übergabe rückt, desto stärker können solche Hemmnisse natürlich
ins Bewusstsein treten. Auch das grundsätzliche Umgehen mit diesen Hemmnissen ist im
vorherigen Kapitel bereits besprochen worden. Im Folgenden werden nun Vorschläge zur
Einführung des Nachfolgers und für die eigentliche Übergabe gemacht.

Unabhängig von einer konkreten Unternehmensübergabe ist es jedem Unternehmen
zu empfehlen, eine „Notfallplanung" durchzuführen. Der Unternehmer sollte dafür Sorge
tragen, dass bei einem schweren Unfall oder gar plötzlichem Tod die Weiterführung
des Unternehmens – sofern dies irgendwie möglich ist – gesichert ist. Hiermit ist nicht
gemeint, dass der Unternehmer Lebensversicherungen oder Ähnliches abschließen soll,
um die wirtschaftliche Existenz seiner Familie zu sichern. Dies wird in der Praxis meist
ohnehin geschehen. Eine Notfallplanung legt vielmehr dar, wie die Geschäfte des Unternehmens weitergeführt werden können, wenn der Unternehmer hierzu plötzlich nicht
mehr in der Lage ist. Im Wesentlichen geht es um die Sicherung des Tagesgeschäfts. Der
Unternehmer sollte also Sorge tragen, dass im Notfall für einen Dritten Zugang zu allen
relevanten Daten und Informationen besteht, die zur Aufrechterhaltung des Tagesgeschäfts
notwendig sind. Dies wird in größeren Unternehmen leichter sein als in kleineren. Je größer das Unternehmen, desto „unternehmerunabhängiger" funktioniert das Tagesgeschäft.
Der Notfallplan legt also dar, welche Daten und Informationen für das Tagesgeschäft notwendig sind und wie ausgewählte Dritte an diese Daten gelangen können.

4.5.2 Die Einführung des Nachfolgers

Mit der Einführung des Nachfolgers ist der Arbeitsbeginn im Unternehmen als in absehbarer Zeit neuer Inhaber gemeint. Es geht also nicht mehr um ein kennenlernen, ein

Praktikum oder Ähnliches, sondern um die eigentliche Tätigkeit. Es gibt unterschied-
lichste Modelle, diese Einführung zu gestalten. Sie lässt sich aber auf zwei grundsätzliche Vorgehensweisen verdichten. Eine Möglichkeit ist, dass die eigentliche Übergabe
und das Ausscheiden des Inhabers fast unmittelbar mit dem Eintritt des Nachfolgers in
das Unternehmen erfolgen, d. h. außer wenigen Wochen der Einarbeitung gibt es keine
weitere gemeinsame Zeit von Nachfolger und Inhaber im Unternehmen. Die andere
Möglichkeit ist, dass Inhaber und Nachfolger eine längere Zeit, z. B. mehrere Monate
bis hin zu mehreren Jahren, gemeinsam im Unternehmen arbeiten und die Übergabe entweder schrittweise oder am Ende der gemeinsamen Arbeit erfolgt.

Neben der Einführung in das Unternehmen ist die Einführung gegenüber Dritten
besonders zu beachten. Der ausscheidende Unternehmer hat im Laufe seiner Tätigkeit zahlreiche für das Unternehmen wertvolle Kontakte und Beziehungen zu Kunden, Lieferanten,
Banken, Beratern etc. aufgebaut. Selbstverständlich ist es dem Nachfolger unbenommen,
im Laufe seiner eigenen Tätigkeit ebenfalls solche Kontakte und Beziehungen aufzubauen und auch Kontakte des ausscheidenden Unternehmers zu beenden bzw. nicht fortzuführen. In der Startphase des Nachfolgers wird dieser aber auf die bestehenden Kontakte
angewiesen sein. Er ist auch darauf angewiesen, dass ihm Dritte in ähnlicher Weise vertrauen wie dem bisherigen Inhaber. Speziell im Mittelstand sind Kontakte noch viel stärker
personenbezogen als in Konzernen. Lieferanten, Banken, Berater u. a. haben den Unternehmer als Person kennen und (ein-) schätzen gelernt. Sie wissen, woran sie sind und wissen, worauf sie sich verlassen können. Dies aber ist wie bereits erwähnt i. d. R. bezogen auf
die Person des Unternehmers und nicht auf ein abstraktes Unternehmen.

Für Dritte ist der Unternehmer in der Regel das Unternehmen. Diese Rolle muss
nun der Nachfolger übernehmen. Hierfür benötigt er die „Fürsprache" und die Einführung durch den bisherigen Inhaber. Dieser muss dafür sorgen, dass die externen
Partner Gelegenheit bekommen, den Nachfolger kennen und diesen (ein-)schätzen zu
lernen. Ähnlich wie bei den Mitarbeitern wird hier ein wenig Zeit benötigt werden, bis
der Nachfolger als neuer Ansprechpartner akzeptiert ist. Wichtig für diese Akzeptanz
ist dabei, dass der bisherige Inhaber keinen Zweifel an seinem Ausscheiden und an
der Übernahme durch den Nachfolger aufkommen lässt. Dabei ist nicht gemeint, dass
der bisherige Inhaber unmittelbar und sofort aus dem Unternehmen ausscheiden soll,
sondern die Entscheidung „aufzuhören" und die Entscheidung für den Nachfolger müssen auch gegenüber Dritten verbindlich und eindeutig kommuniziert werden. Geschieht
dies nicht hinreichend werden sowohl Mitarbeiter wie externe Partner ihre bisherige
Bindung an den Inhaber aufrechterhalten und sich nicht oder nur wenig bemühen, einen
„möglichen" Nachfolger wirklich ernst zu nehmen.

4.5.3 Die unmittelbare Übergabe

Die unmittelbare Übergabe würde bedeuten, dass der Eintritt des Nachfolgers praktisch unmittelbar das Ausscheiden des bisherigen Inhabers nach sich zieht. In der

Übergabepraxis ist das ein eher seltener Fall, der aber bei aller Abruptheit bei entsprechender Vorbereitung auch einige Vorteile hat. Der größte Vorteil dieses Vorgehens ist sicher seine Eindeutigkeit. Durch den direkten Wechsel gibt es keine Kompetenzüberschneidungen, Unsicherheiten aufseiten der Mitarbeiter und Partner des Unternehmens etc. Letztlich ist dieses Vorgehen sehr ähnlich dem Vorgehen bei sonstigen Mitarbeiterwechseln. Wechselt z. B. der Vertriebsleiter eines Unternehmens wird niemand erwarten oder auch wollen, dass für eine längere Zeit der alte und neue Vertriebsleiter gemeinsam im Unternehmen arbeiten. Maximal wird es eine relativ kurze gemeinsame Einarbeitungsphase geben. Dies hat zum einen Kostengründe, zum anderen aber auch die oben erwähnte Eindeutigkeit.

Für die Unternehmensübergabe kommt hinzu, dass die Ambivalenz, die jeder Inhaber bei der Übergabe erlebt, zwar nicht an sich gemildert wird, der Inhaber aber nicht verführt wird, sein Ausscheiden hinauszuzögern oder gar zu verhindern. Damit dieses Vorgehen gelingt, muss es allerdings sehr gut vorbereitet und geplant sein. Die „unmittelbare Übergabe" braucht einen längeren und detaillierten Zeitplan. Auch bei dieser Form der Übergabe muss der Nachfolger entsprechend vorbereitet und ausgebildet sein. Er muss das Unternehmen und seine Prozesse vorher ausführlich und gut kennen gelernt haben und wirklich bereit sein, die Rolle und Funktion des Inhabers zu übernehmen. Die oben erwähnten externen Partner und der Nachfolger müssen ausreichend Gelegenheit gehabt haben, Kontakte aufzubauen. Dies bedarf deshalb einer detaillierten Planung, da es in der eigentlichen Übergabe ja nicht nur bedeutet, dass sich der bisherige Inhaber zurückzieht, sondern auch der Nachfolger muss unmittelbar in der Lage sein, die neue Rolle auszufüllen. Es bleibt wenig Raum für ein Herantasten und es gibt auch für den Nachfolger in diesem Modell nur sehr eingeschränkte Rückzugsmöglichkeiten.

Wie erwähnt ist diese Art der Übergabe selten. Sie ist aufwendig in der Planung, aber hat den Vorteil der Geschwindigkeit und Eindeutigkeit. Wenn Planung und Vorbereitung hier gut funktioniert haben, gibt es kaum „Reibungsverluste" in der Übergabe.

Zuweilen kommt diese Form der Übergabe durch äußere Umstände, d. h. durch unerwarteten Tod oder plötzliche schwere Krankheit des Inhabers zustande. In diesem Fall fehlt jedoch in der Regel die geplante Einführung und Vorbereitung des Nachfolgers. Es ist daher anzuraten, dass Inhaber sich unabhängig von der Frage einer Unternehmensübergabe mit der Frage befassen, wie ein Fortbestehen des Unternehmens grundsätzlich gesichert werden kann, wenn der Inhaber plötzlich nicht mehr in der Lage ist, die Geschäfte selbst fortzuführen.

4.5.4   Die Staffelübergabe

Bei dieser Übergabeform arbeiten Inhaber und Nachfolger eine Zeit lang gemeinsam, wobei idealerweise der Nachfolger schrittweise immer mehr Aufgaben bzw. Kompetenzen vom bisherigen Inhaber übernimmt. Bildlich gesprochen ist dies eine Staffelübergabe in Zeitlupe. Auch beim richtigen Staffellauf laufen zwei Läufer in der Übergabephase gemeinsam, wobei zum einen das Staffelholz übergeben wird, zum anderen aber auch der neue Läufer Tempo aufbaut, während der übergebende Läufer nach der Übergabe selbstverständlich das Tempo reduziert. In der Leichtathletik muss diese Übergabe innerhalb einer bestimmten Zone geschehen. Sinnbildlich sollte dies bei der Übergabe genauso sein.

Innerhalb einer definierten (Zeit-)Zone wird etwas übergeben, wobei der Übergebende (Arbeits-)Tempo verlangsamt und der Übernehmende (Arbeits-)Tempo aufnimmt. Im Gegensatz zur Leichtathletik werden Unternehmer zwar nicht disqualifiziert, wenn sie sich nicht an die Grenzen der Zone halten, aber auch hier macht eine Zone natürlich Sinn. Verfolgen wir aber noch einen Augenblick den Vergleich mit dem Staffellauf in der Leichtathletik. Hier sind nämlich nicht nur die Übergabezone und der Wechsel festgelegt, sondern auch genau und detailliert, wie dieser Wechsel zu erfolgen hat. Staffelläufer trainieren bis ins Kleinste, wer z. B. wann, wie und wo seine Hand halten muss, damit das Staffelholz entsprechend reibungslos übergeben werden kann. Der gesamte Prozess der Übergabe ist festgelegt und beide Athleten sind bereit, sich an die Vorgaben peinlichst genau zu halten. Dies wäre auch die ideale Vorgehensweise bei dieser Form der Unternehmensübergabe.

In der Unternehmensübergabe nach diesem Modell kommt allerdings noch ein Gedanke hinzu, der nicht mehr in das Bild des klassischen Staffellaufs passt. Neben Aufgaben, die übergeben werden, darf es selbstverständlich Aufgaben geben, die gemeinsam wahrgenommen werden. Idealerweise wechselt aber auch bei diesen Aufgaben schrittweise die Führung. Während z. B. im Anfang der Übergabe Gespräche mit Lieferanten gemeinsam geführt werden, ist es vollkommen in Ordnung, dass der Inhaber hier die Gesprächsführung übernimmt. Ist die Übergabe bereits weiter fortgeschritten, sollte die Gesprächsführung auf den Nachfolger übergehen. Die Rollen in solchen Situationen verändern sich also schrittweise. Dem Inhaber fällt immer mehr die Rolle eines Trainers oder Coach zu, der nicht in das operative Geschehen eingreift, aber sein Möglichstes tut, um den Nachfolger vorzubereiten und zu trainieren. Es ist dabei ausdrücklich nicht die Aufgabe des Inhabers, den Nachfolger vor allen möglichen Fehlern zu bewahren. Selbstverständlich soll und muss der Inhaber auch in der Rolle als Coach eingreifen, wenn dramatische Fehler drohen. Grundsätzlich muss aber der Nachfolger selbst in der Lage sein, eigene Erfahrungen, zu denen eigene Erfolge und eigene Fehler gehören, zu machen.

Damit die Staffelübergabe erfolgreich verläuft, muss sie also gut geplant werden. Es ist hilfreich, einen verbindlichen Zeitplan zu erstellen, der vorsieht, wer wann welche Aufgaben zu übernehmen hat. Eventuell kann das Übertragen von Aufgaben auf den Nachfolger mit „Bewährungen" kombiniert werden. In diesem Fall wäre zu vereinbaren, dass der Nachfolger innerhalb eines definierten Zeitraums Ziele erreichen muss, bevor er weitere Aufgaben übertragen bekommt. Bei dieser Variante ist aber wieder eine genaue Absprache zwischen Nachfolger und Inhaber erforderlich. In der Planung sind beide gleichberechtigt. Das Übertragen von Aufgaben und Verantwortungen ist keine Gnade und vor allem keine Willkür des Inhabers, sondern folgt einem gemeinsam aufgestellten Plan. Es empfiehlt sich, einen solchen Plan „rückwärts" aufzustellen. Der Plan endet mit der endgültigen Unternehmensübergabe an den Nachfolger. Die Zeit von dieser Übergabe wird im Plan in Zeitabschnitte gegliedert. Ein Zeitabschnitt bedeutet, dass neue Aufgaben oder Zuständigkeiten an den Nachfolger übertragen werden. Zeitabschnitte sollten in der Regel nicht kleiner als zwei Monate und nicht größer als ein Jahr sein. In den Zeitabschnitten wird geregelt, wer für welche Aufgaben allein verantwortlich ist, welche Aufgaben gemeinsam erledigt werden und wer bei den gemeinsamen Aufgaben die Führungsrolle hat (Abb. 4.7).

Zeitabschnitt 1: Erstes Halbjahr		
Aufgaben des Inhabers	Aufgaben des Nachfolgers	Gemeinsame Aufgaben (Wer ist verantwortlich?)
z. B. Einkauf inkl. aller Lieferantengespräche Kontakt zu den Schlüsselkunden Personalentscheidungen	z. B. Entwicklung neuer Produkte Interne Logistik	z. B. Gespräche mit Banken (Hauptverantwortlich Inhaber) Leitung der wöchentlichen Führungsbesprechung (Hauptverantwortlich Inhaber)
Zeitabschnitt 2: Zweites Halbjahr		
Aufgaben des Inhabers	Aufgaben des Nachfolgers	Gemeinsame Aufgaben (Wer ist verantwortlich?)
z. B. Einkauf inkl. aller Lieferantengespräche Kontakt zu den Schlüsselkunden Personalentscheidungen auf der Führungsebene	z. B. Entwicklung neuer Produkte Interne Logistik Personalentscheidungen bis zur Führungsebene	z. B. Gespräche mit Banken (Hauptverantwortlich Inhaber) Leitung der wöchentlichen Führungsbesprechung (Hauptverantwortlich Nachfolger)
Zeitabschnitt 3:Erste Hälfte darauffolgendes Jahr		
Aufgaben des Inhabers	Aufgaben des Nachfolgers	Gemeinsame Aufgaben (Wer ist verantwortlich?)
z. B. Einkauf inkl. aller Lieferantengespräche	z. B. Entwicklung neuer Produkte Interne Logistik Personalentscheidungen	z. B. Gespräche mit Banken (Hauptverantwortlich Nachfolger) Leitung der wöchentlichen Führungsbesprechung (Hauptverantwortlich Nachfolger) Kontakt zu den Schlüsselkunden (Hauptverantwortlich Inhaber)

Abb. 4.7 Beispiel einer Staffelübergabe

Lebensalter des Unternehmers	Aufgaben in der Nachfolgeplanung

45 bis 50 Jahre	**Notfallplanung**
	(spätestens in dem Alter, sollte bereits früher erfolgen)
	- Konkretere Überlegungen zur Person des Nachfolgers:
	  Familienmitglied oder extern?
	- Stehen geeignete Personen bereit?
	- Sind diese Personen grundsätzlich bereit, die Nachfolger
	  zu übernehmen?

50 bis 55 Jahre	**bei Nachfolgern aus der Familie** *- Nachfolger verbindlich festlegen* *- Entwicklung des Nachfolgers planen und beginnen* **bei externen Nachfolgern** *Konkrete Überlegungen zur Suche (Wo und wie soll ein* *Nachfolger gefunden werden?)* *Mögliche erste Kontakte zu externen Nachfolgern Erste* *Überlegungen zur persönlichen Lebensge- staltung nach der* *Übergabe*
55 bis 60 Jahre	**bei Nachfolgern aus der Familie** *- Entwicklung des Nachfolgers verfeinern und abschließen* *- Kontakt zwischen Unternehmen und Nachfolger intensivieren* *- Praxistests vorbereiten und durchführen* **bei externen Nachfolgern** *- Auswahlüberlegungen und Suche konkretisieren* *- Praxistests vorbereiten und durchführen* *- Auswahl abschließen* *- Überlegungen zur persönlichen Lebensgestaltung nach der* *Übergabe konkretisieren und ggf. erste Schritte einleiten*

60 bis 65 Jahre	**bei Nachfolgern aus der Familie**
	- Einführung in das Unternehmen vorbereiten und durchführen
	- Übergabe nach innen und außen kommunizieren
	- Übergabemodalitäten (direkte
	  Übergabe/Staffelübergabe/Zeitplan) festlegen
	- Übergabe vollziehen
	
	bei externen Nachfolgern
	- Einführung in das Unternehmen vorbereiten und durchführen
	- Übergabe nach innen und außen kommunizieren
	- Übergabemodalitäten (direkte Übergabe/Staffel-
	  übergabe/Zeitplan) festlegen
	- Übergabe vollziehen
	- Überlegungen zur persönlichen Lebensgestaltung nach der
	  Übergabe abschließen und in die Tat umsetzen
	- Übergabezeitpunkt festlegen Unternehmen
	  übergeben

Abb. 4.8 Übergabe-Zeitstrahl

> **Beispiel**
>
> Wie lange dieser Plan faktisch dauert, ist selbstverständlich vom konkreten Übergabe-
> zeitpunkt abhängig. Liegt dieser nah am Eintritt des Nachfolgers, müssen Übergaben
> schneller erfolgen und Zeitabschnitte kürzer gewählt werden. Ist dagegen mehr Zeit
> vorhanden, kann der Wechsel langsamer erfolgen. Aus diesem Grund die Überlegung
> rückwärts zu planen, d. h. zunächst festzulegen, wann das Ausscheiden des Inhabers
> erfolgt, um die Dauer des Prozesses klären zu können.

4.5.5   Zusammenfassung: Der Übergabe-Zeitstrahl

In diesem abschließenden Kapitel werden die wesentlichen Punkte noch einmal kurz
zusammengefasst und in einem Zeitstrahl dargestellt. Basis des Zeitstrahls ist das
„Unternehmerleben", d. h. es wird hilfsweise davon ausgegangen, dass ein Inhaber wie
ein „normaler" Arbeitnehmer mit 65 Jahren aus dem Unternehmen ausscheidet. Bei
einem anderen Austrittsalter muss der Zeitstrahl entsprechend angepasst werden. Es soll
hier nicht allgemein behauptet werden, ein Unternehmer müsse zwingend mit 65 Jahren
aus dem Unternehmen ausscheiden, es geht nur darum, realistische Zeiträume aufzuzeigen (Abb. 4.8).

Literatur

Beach L, Mitchell T (1987) Image theory, principles, goals and plans in decision making. Acta
    Psychol 66:201–220
Czikzentmihalyi M (2000) Das Flow-Erlebnis. Klett Cotta, Stuttgart
Haubrock A, Öhlschlegel-Haubrock S (2018) Personalmanagement. Kohlhammer, Stuttgart
Herzberg F (1966) Work and nature of man. Ty Crowell Co, London
Kay R, Suprinovič O (2013) Unternehmensnachfolgen in Deutschland 2014 bis 2018. In: Institut
    für Mittelstandsforschung Bonn (Hrsg) Daten und Fakten Nr 11. IfM, Bonn
Maslow A (1970) Motivation and personality. Cotler Books, New York
Siefer T (1996) Du kommst später mal in die Firma. Psychosoziale Dynamik von Familienunter-
    nehmen. Carl-Auer-Systeme, Heidelberg

Wie gestalte ich die Beiratsarbeit?

Der Beirat im mittelständischen Unternehmen

Dietrich Dörner

5.1 Einleitung

Gute Unternehmensführung und -überwachung sowie Transparenz (Corporate Governance) ist auch für Familien- bzw. mittelständische Unternehmen ein Bestandteil nachhaltiger Unternehmenssicherung. Hierzu kann ein Beirat gute Dienste leisten. Externe Beratung und Kontrolle hilft dem Eigentümerunternehmer ebenso wie dem nicht im Management vertretenen Gesellschafter. Unterschiedliche Interessenlagen können ausgeglichen werden. Zur Lösung anstehender Nachfolgeprobleme ist ein mit unabhängigen Unternehmerpersönlichkeiten besetzter Beirat prädestiniert.

Der Deutsche Corporate Governance Kodex (in der Fassung vom 15. Mai 2012) gibt Empfehlungen und Anregungen für gute Unternehmensführung und -überwachung börsennotierter Kapitalgesellschaften. Er ist für mittelständische Unternehmen deshalb nur in Teilbereichen anwendbar (Dörner und Wader 2003) Eine Anlehnung an den Kodex kann empfohlen werden, wenn er an die individuellen Verhältnisse, die im Mittelstand sehr vielschichtig sind, angepasst wird.

Auf Initiative von „INTES – Zukunftssicherung für Familienunternehmen" und „Die Familienunternehmer – ASU" hat eine Kommission unter Leitung von Peter May hierzu den Governance Kodex für Familienunternehmen (in der Fassung vom 19. Juni 2010) entwickelt (Kodex für Familienunternehmen 2018). Unter Ziffer 3 gibt dieser Empfehlungen zur Einrichtung eines Aufsichtsgremiums in Familienunternehmen und unter Ziffer 7 zählt er Maßnahmen zum Erhalt des Unternehmens im Familienbesitz auf. Der freiwillige Beirat als Bestandteil guter Corporate Governance zur Beratung und Kontrolle mittelständischer Unternehmen wird im Folgenden näher beleuchtet.

D. Dörner (✉)
Wirtschaftsprüfer/Steuerberater, Ravensburg, Deutschland
E-Mail: dietrich.doerner@ddwp.de

© Springer Fachmedien Wiesbaden GmbH, ein Teil von Springer Nature 2019
A. Nagl (Hrsg.), *Wie regele ich meine Nachfolge?*,
https://doi.org/10.1007/978-3-658-25845-0_5

5.2   Rechtliche Gestaltung

Der Beirat ist im Gegensatz zum Aufsichtsrat gesetzlich nicht vorgeschrieben und deshalb auch nicht gesetzlich definiert. Sein Spektrum reicht vom schlichten Berater
über den Kontrolleur bis hin zum Entscheider eines Unternehmens (Hennerkes 2004,
S. 266 ff.). Die Grenzen seiner Macht liegen dort, wo Gesetz oder Gesellschaftsvertrag anderen Unternehmensorganen obligatorische Funktionen zuweisen. Der Beirat ist
also eine fakultative Einrichtung. Abhängig von der rechtlichen Ausgestaltung ist zwischen einem schuldrechtlich oder einem organschaftlich tätigen Beirat zu unterscheiden
(Hinterhuber und Minrath 1991, S. 1204 ff.).

5.2.1   Der schuldrechtliche Beirat

Hier wird der Beirat aufgrund eines schuldrechtlichen Dienstvertrags beratend tätig. Auftraggeber können der Einzelunternehmer, die Geschäftsführung einer Personengesellschaft oder einer GmbH sowie der Vorstand einer AG sein.

5.2.2   Der organschaftliche Beirat

Wird der Beirat im Interesse der Gesellschaft tätig, ist er in der Regel im Gesellschaftsvertrag verankert. Neben der Beratung obliegt ihm vor allem die Überwachung der
Geschäftsführung und vielfach eine bestimmte Entscheidungsbefugnis. Insoweit ist er
ein Organ der Gesellschaft. Beim Einzelunternehmen kann es deshalb keinen organschaftlichen, sondern lediglich einen beratenden Beirat geben.

    Ist in einer Kapitalgesellschaft ein gesetzlicher Aufsichtsrat zu bilden (bei der
AG nach §§ 95 und 96 AktG, bei der GmbH mit mehr als 500 Arbeitnehmern nach
§ 1 Abs. 1 Nr. 3 DrittelbG bzw. für beide bei mehr als 2000 Arbeitnehmern nach den
Vorschriften des MitbestG ein paritätisch besetzter Aufsichtsrat), so können dessen
Rechte nicht durch einen fakultativen Beirat eingeschränkt werden.

5.2.2.1 Der Beirat als Organ einer GmbH

In der GmbH regeln die Gesellschafter bzw. regelt der Alleingesellschafter die
Angelegenheiten der Gesellschafter selbst (§ 45 GmbHG). Darunter fallen auch die
Regelungen zur Prüfung und Überwachung der Geschäftsführung (§ 46 Nr. 6 GmbHG).
Soweit kein obligatorischer Aufsichtsrat zu bestellen ist, wird im Gesellschaftsvertrag
häufig ein fakultativer Aufsichtsrat oder ein Beirat installiert. Ein Beirat kann auch neben
einem Aufsichtsrat, dann in aller Regel als beratendes Gremium, eingesetzt werden.

    Im Gegensatz zur AG haben die Gesellschafter der GmbH ein Weisungsrecht
gegenüber der Geschäftsführung (§ 37 Abs. 1 i. V. mit § 45 GmbHG) (Assmann und
Sethe 2000), S. 251–281). Dies gilt jedoch nicht im Außenverhältnis. Dieses interne

Weisungsrecht kann und wird nicht selten einem fakultativen Aufsichtsrat (§ 52 GmbHG) oder einem Beirat – auch Gesellschafterausschuss, Familienrat oder Ähnliches genannt – übertragen. Ist laut Gesellschaftsvertrag ein fakultativer Aufsichtsrat zu bestellen, so sind die aktienrechtlichen Vorschriften entsprechend anzuwenden, soweit im Gesellschaftsvertrag nichts anderes bestimmt ist (§ 52 Abs. 1 GmbHG). Bei der Einsetzung eines Beirats hat die Gesellschafterversammlung weitgehende Gestaltungsfreiheit. Fraglich ist jedoch, wie weit die Gesellschafterversammlung eigene Rechte an den Beirat übertragen und wie weit ein Weisungs- bzw. Entscheidungsrecht des Beirats gegenüber der Geschäftsführung gehen kann.

Die fundamentalen Rechte der Gesellschafter können dem Beirat nicht übertragen werden. Zu diesen Grundlagengeschäften gehören Satzungs- und Strukturänderungen, Änderungen im Gesellschafterkreis, Auflösung der Gesellschaft, Verschmelzung, Umwandlung, Entlastung der Organmitglieder, Wahl eines obligatorischen Aufsichtsrats, Beschluss über die Feststellung des Jahresabschlusses und über die Gewinnverwendung (§ 42a GmbHG), Auskunfts- und Einsichtsrecht (§ 51a GmbHG), Bestellung und Abberufung der Beiratsmitglieder. Besteht der Beirat satzungsgemäß nur aus Gesellschaftern in Form eines Gesellschafterausschusses (bei einer Vielzahl von Gesellschaftern z. B. durch Erbgänge sinnvoll), kann die Kompetenz des Beirats weitergehen als bei einem Beirat, dem nur außenstehende Dritte angehören. Ersteres mag für die Feststellung des Jahresabschlusses und die Gewinnverwendung gelten.[1] Unstrittig dürfte sein, dass der kontrollierende Beirat von der Gesellschafterversammlung die Kompetenz für die Überwachung der Geschäftsführung, die Auswahl, Wahl und Beauftragung des Abschlussprüfers (§ 318 HGB) erhält (Bea und Scheurer 1995, S. 1290). Insofern hat der Abschlussprüfer seine Rede- und Berichtspflicht gegenüber dem Beirat zu erfüllen. Der Prüfungsbericht kann wohl wegen des Informationsrechts (§ 51a GmbHG) den Gesellschaftern nicht vorenthalten werden. Strittig ist, ob dem Beirat die Bestellung und deren Widerruf von Geschäftsführern überlassen werden kann. Sofern der Beirat als kontrollierendes Organ oder gar als Gesellschafterausschuss von den Gesellschaftern installiert wurde, wird ihm die Bestellungskompetenz übertragen werden können (Thümmel 1995, S. 2461 ff.). Diese Personalkompetenz gilt auch für die Festlegung der Konditionen im Anstellungsvertrag.

Die Gesellschafter können das ihnen zustehende Weisungsrecht gegenüber der Geschäftsführung auf einen organschaftlichen Beirat delegieren. Hierzu zählen vor allem die Zustimmung zu grundlegenden Rechtsgeschäften und Maßnahmen. Der Geschäftsführung zwingend vorbehaltene Befugnisse wie die Vertretung der Gesellschaft oder die Stellung des Insolvenzantrags sind nicht übertragbar.

---

[1]Nach Schulze-Osterloh, J., in: Baumbach und Hueck, GmbH-Gesetz, 17. Aufl. 2000, § 42a, S. 891, kann im Gesellschaftsvertrag die Zuständigkeit zur Feststellung des Jahresabschlusses der Gesellschafterversammlung generell entzogen werden und einem Gesellschafterorgan eigener Art, z. B. einem Beirat, zugewiesen werden.

Aus Vorstehendem ergibt sich, dass es aus gesellschafts- aber auch aus haftungsrecht-
lichen Gründen geboten ist, die Rechte und Pflichten eines kontrollierenden Beirats in
der Satzung oder in der Geschäftsordnung, die dann von der Gesellschafterversammlung
zu beschließen ist, möglichst genau zu umschreiben. Je umfassender die Kompetenzen eines Beirats sind, umso wichtiger ist es, die Bestellungs-, Abberufungs- und Aus-
gestaltungsbeschlüsse der Gesellschafter von einer qualifizierten Mehrheit abhängig zu
machen. In diesem Zusammenhang muss auch die Frage geklärt werden, was geschieht,
wenn der Beirat nicht funktions- oder beschlussfähig ist. Um die Handlungsfähigkeit der
Gesellschaft zu gewährleisten, ist es notwendig, dass der Gesellschafterversammlung
eine sogenannte Rückfallkompetenz zusteht, sei es generell oder bei bestimmten Voraussetzungen wie notwendige Geschäftsführerbestellung bzw. -entlassung, bei der Feststellung des Jahresabschlusses oder bei bedeutenden strategischen Entscheidungen
(Sina 1999, S. 72–74). Ein derartiges Rückholrecht sollte einer satzungsändernden
(Dreiviertel-)Mehrheit der Gesellschafter bedürfen, mit der der Beirat selbst abberufen
werden kann (Wiedemann 2000, S. 814 ff.).

5.2.2.2 Der Beirat als Organ einer Personengesellschaft

Bei Personengesellschaften (nicht bei einer Ein-Mann-GmbH & Co. KG, diese entspricht diesbezüglich der Einzelunternehmung) wird häufig ein überwachender Beirat eingesetzt. Insbesondere im Falle zahlreicher Kommanditisten, die unterschiedliche
Interessen haben (Familienmitglieder, Altersunterschiede, Stämme, Geschäftsführungs-
funktion), bietet sich ein solcher an. Die Zulässigkeit ergibt sich aus der gesellschaftsver-
traglichen Gestaltungsfreiheit.

Bei Personengesellschaften gilt der Grundsatz der Verbandssouveränität und der
Selbstorganschaft. Grundsätzlich steht dem persönlich haftenden Gesellschafter die
Geschäftsführung und Vertretung zu. Bei der KG ist die Geschäftsführung dispositiv
geregelt. Kommanditisten können im Gesellschaftsvertrag zur Geschäftsführung
berechtigt werden. Auch wird es als zulässig angesehen, Beiräte, die ganz oder teilweise
mit gesellschaftsfremden Mitgliedern besetzt sind mit geschäftsführenden Aufgaben
zu betrauen (Haack 1993, S. 1607 ff.). Allerdings muss sichergestellt sein, dass grundlegende Kompetenzen bei den Personengesellschaftern verbleiben. Zulässig ist also ein
Beirat, der die Geschäftsführung kontrolliert und bestimmte Rechtsgeschäfte und Maßnahmen seiner Zustimmung unterwirft.

Bedeutsam ist nun die Frage, ob der Beirat einer GmbH & Co. KG beim Vollhafter
(GmbH) oder bei der KG angesiedelt wird. Soll der Beirat die Personalkompetenz
erhalten, muss er insoweit bei der GmbH eingerichtet werden, da einem KG-Beirat die
Geschäftsführerbestellung bei der GmbH nicht übertragen werden kann (Haack 1993,
S. 1610). Erhält ein GmbH-Beirat auch die überwachende Kompetenz, sind seine Vergütungen nach § 10 Nr. 4 KStG steuerlich nur zur Hälfte abziehbar. Insoweit müsste der
kontrollierende Beirat bei der KG installiert werden.

5.3   Ausgestaltung des Beirats

Um eine effektive Beiratsarbeit sicherzustellen, sind geeignete Strukturen zu schaffen (Lehmann-Tolkmitt 2008, S. 352–361).

5.3.1   Der Gesellschaftsvertrag

Der organschaftliche (kontrollierende und entscheidende) Beirat muss durch Gesellschafterbeschluss bzw. im Gesellschaftsvertrag verankert werden (Bea et al. 1996, S. 1193 ff. Hier sind festzulegen:

- Zusammensetzung
- Mehrheitserfordernisse bei der Wahl der Beiratsmitglieder
- Dauer der Amtszeit
- wesentliche Rechte und Pflichten
- Beschlussfassung des Beirats
- Vergütung
- innere Ordnung
- Rückfallkompetenz und Widerspruchsrecht der Gesellschafter

Die Zahl der Beiratsmitglieder hängt von der Aufgabenstellung ab. Die Mindestgröße beträgt drei Personen. Eine ungerade Zahl ist sinnvoll, um eine Pattsituation zu vermeiden, es sei denn, dem Beiratsvorsitzenden wird für diesen Fall eine Zweitstimme gewährt. Zu warnen ist vor einem zu umfangreichen Gremium, da sonst die Effizienz beeinträchtigt wird.

Bei einer Vielzahl von Gesellschaftern werden zweckmäßigerweise einem Gesellschafterausschuss kontrollierende und/oder entscheidende Aufgaben übertragen. Häufig wird dieser Ausschuss auch aus Vertretern der einzelnen Gesellschafterstämme zusammengesetzt. Ansonsten ist es sinnvoll, gesellschaftsfremde Persönlichkeiten in den Beirat zu berufen, die sorgsam nach ihrer fachlichen und menschlichen Qualifikation, ihrer Erfahrung sowie ihrer Managementkompetenz auszusuchen sind. Je nach Aufgabenstellung kann es sich dabei um Generalisten oder um Spezialisten handeln. Ein Erfahrungsmix ist sinnvoll, ebenso Branchenkenntnisse (Produkt- und Marktkenntnisse) und Auslandserfahrung.

Bei gesellschaftsfremden Beiräten ist auf Unabhängigkeit zu achten. Deshalb sind Vertreter der Hausbank, der Lieferanten und Kunden in der Regel nicht zu empfehlen. Dies gilt auch für Personen, die im Unternehmen als Prüfer oder Berater tätig sind. Ausnahmen hiervon sind Beiräte mit Spezialaufgaben (z. B. Kundenbeirat, Forschung und Entwicklung oder Akquisition und Knüpfung eines Beziehungsgeflechts). Im Übrigen kann als Regel gelten: Je mehr Gesellschafter in der Geschäftsführung tätig sind, umso weniger sollten Gesellschafter im Beirat tätig sein, wenn dieser eine kontrollierende und/oder entscheidende Funktion hat.

Im Gesellschaftsvertrag ist festzulegen, mit welcher Mehrheit die Beiratsmitglieder gewählt und abberufen werden. Da der Beirat das Vertrauen der Gesellschafter haben muss, ist bei der Wahl eine qualifizierte Mehrheit (z. B. ¾ oder ¾) erforderlich. Auch für die Abberufung ist die Hürde hoch anzusetzen, damit der Beirat sich auch bei widerstreitenden Interessen zwischen den Gesellschaftern durchsetzen kann.

In Familiengesellschaften bedürfen die Beiratsmitglieder eines besonderen Vertrauensverhältnisses zur Familie. Im Vordergrund stehen hier neben den strategischen Unternehmenszielen die Nachfolgeprobleme. Der Generationswechsel ist zeitlich und persönlich vom Beirat zu begleiten. Häufig tritt der Senior mit dem Ausscheiden aus der Geschäftsführung in den Beirat ein und übernimmt dort den Vorsitz. Die Erfahrung lehrt, dass solche Konstellationen zeitlich begrenzt sein sollten. Dies wirft generell die Frage nach der Wahlperiode und dem Alter der Beiratsmitglieder auf. Die Dauer einer Amtszeit sollte vier bis fünf Jahre nicht überschreiten, eine Wiederwahl ist zulässig. Die Festlegung einer Altersgrenze ist sinnvoll. Der Beirat sollte sich nicht nur aus pensionierten Persönlichkeiten zusammensetzen. Aktive Unternehmer sind erwünscht, obwohl diesen häufig die nötige Zeit fehlt, um die Beiratsaufgaben ausreichend erfüllen zu können.

Zu regeln ist auch, mit welcher Mehrheit die Beschlüsse des Beirats gefasst werden. Üblich ist die einfache Stimmenmehrheit. Der Vorsitzende sollte bei Stimmengleichheit entscheiden. Bei fundamentalen Entscheidungen (z. B. die Bestellung und Entlassung eines Geschäftsführers, Großinvestitionen und Ähnliches) ist eine qualifizierte Mehrheit ratsam.

5.3.2   Die innere Ordnung des Beirats

Die innere Ordnung des Beirats wird zweckmäßigerweise in einer Geschäftsordnung (Beiratsordnung) festgelegt. Diese kann sich der Beirat selbst geben. Vielfach bedarf sie auch der Zustimmung der Gesellschafterversammlung. Zu regeln sind unter anderem:

- Wahl des Vorsitzenden und seines Stellvertreters
- Art der Einberufung der Beiratssitzungen
- Häufigkeit der Sitzungen
- Tagesordnung und notwendige Unterlagen samt einzuhaltender Fristen
- Modus der Abstimmung
- Protokollierung der Beschlüsse
- Prozedere bei Eilentscheidungen

Muster eines Beiratsstatuts, einer Geschäftsordnung, eines Satzungsprotokolls u. ä. finden sich bei Achenbach und bei Ruter und Thümmel (Achenbach und Gottschalck 2012; Ruter und Thümmel 2009, S. 149 ff.).

5.4   Rechte des Beirats

Um seine Aufgaben ordnungsgemäß zu erfüllen, ist der organschaftliche Beirat von der Geschäftsführung ausreichend fachlich und rechtzeitig zu informieren. Die hierzu notwendigen Daten und Fakten werden in der Regel vom Controlling zur Verfügung gestellt. Diese sind unter anderem:

- Strategische und operative Planung mit Soll-Ist-Abweichungsanalyse
- Umsatz- und Erfolgsplanung
- Finanz- und Investitionsplanung
- Jahresabschluss
- Lagebericht samt Risiko- und Prognosebericht
- Marktanalyse
- Entwicklungs- und Forschungsbericht
- Personal- bzw. Sozialbericht
- Umweltbericht
- Vergütungsbericht

Von besonderer Bedeutung sind unverzügliche Informationen bei bedeutenden Abweichungen von den Planungen sowie bei Vorkommnissen, die auf die Vermögens-, Finanz- und Ertragslage erheblichen Einfluss haben können.

5.4.1   Einwirkungs- und Entscheidungsrechte

Der organschaftliche Beirat kann unterschiedlich weitgehende Kompetenzen haben. Sie gehen teils zulasten der Gesellschafter, teils zulasten der Geschäftsführung. Bei ersterer handelt es sich unter anderem um:

- Überwachung der Geschäftsführung
- Bestellung des Abschlussprüfers
- Feststellung des Jahresabschlusses und Genehmigung des Lageberichts samt Ergebnisverwendung
- Bestellung der Geschäftsführer
- Einwirkung auf die Geschäftspolitik und die strategische Ausrichtung des Unternehmens
- Unternehmensnachfolge bei Einzelunternehmen bzw. Familienunternehmen

Geschäftsführungsmaßnahmen bzw. -entscheidungen unterliegen häufig der Zustimmungsvoraussetzung des Beirats, unter anderem Genehmigung der

- strategischen Unternehmensplanung (Kormann 2008, S. 295–359)
- operativen Unternehmensplanung
- Investitionen
- Akquisitionen
- Finanzierung
- Personalentscheidungen (z. B. Prokura)

Eine zu starke Einschränkung der Geschäftsführung ist tunlichst zu vermeiden, da die notwendige Kreativität und Risikobereitschaft gefährdet wird. Auch die Bereitschaft unternehmerische Führungsaufgaben zu übernehmen, wird geschmälert. Gute Manager werden erst gar nicht antreten. Auch besteht die Gefahr, dass die Geschäftsführung dem Beirat Entscheidungen zur Genehmigung vorlegt, um sich zu exkulpieren, was andererseits die Verantwortung des Beirats und damit dessen Haftungsrisiko erhöht.

5.4.2 Die Vergütung des Beirats

Die Höhe der Beiratsvergütung hängt von der Art der Aufgaben, ihrer Bedeutung für das Unternehmen und von der zeitlichen Inanspruchnahme der einzelnen Beiratsmitglieder ab. Für ein ausschließlich beratendes Gremium wird im Beratervertrag ein nach Zeitaufwand zu bemessendes Honorar vereinbart, das sich nach den Vergütungssätzen externer Unternehmensberater richtet.

Ein organschaftlicher Beirat, der Kontroll- und evtl. Entscheidungsbefugnisse hat, wird heute ähnlich einem gesetzlichen Aufsichtsrat honoriert, wobei in Familienunternehmen immer noch Pauschalvergütungen vorherrschen. Die Höhe der Vergütung steigt mit zunehmender Verantwortung. Für angemessen werden 10.000 bis 30.000 € im Jahr pro Beiratsmitglied gehalten. Da der Vorsitzende in der Regel erhebliche Mehrarbeit durch die Vor- und Nachbereitung der Sitzungen, für Repräsentation und Sonderaufgaben hat, beträgt seine Vergütung zwischen dem Doppelten und dem Dreifachen. Sein Stellvertreter bezieht in der Regel das 1,5-fache der Normalvergütung. Eine Kontrollrechnung für die Höhe der Vergütung lässt sich leicht anhand des notwendigen Zeitaufwands durchführen. Bei jährlich vier Sitzungen ergibt sich folgender „normaler" Zeitaufwand:

4 Sitzungen zu 8 h	32 h
4 Vorbereitungen der Sitzungen zu 4 h	16 h
8-mal Durchsicht der monatlichen Berichte zu 1,5 h	12 h
	60 h

Diese Stundenzahl multipliziert mit dem Stundensatz eines externen Senior-Beraters ergibt eine Hilfsgröße für die Festlegung der Vergütung pro einfaches Beiratsmitglied. Sonderleistungen (z. B. in Krisensituationen) oder gar die Teilnahme an Ausschüssen (wie Personalausschuss, Prüfungsausschuss oder Investitionsausschuss) sind damit nicht abgedeckt; sie müssen gesondert durch Zuschläge berücksichtigt werden.

Mit einzelnen Beiratsmitgliedern kann für Sonderaufgaben ein Beratervertrag abgeschlossen werden, der allerdings keine Leistungen enthalten darf, die seinem Aufgabengebiet als Beirat unterfallen. Wie bereits oben erwähnt ist dabei auch die Frage der Unabhängigkeit (Selbstprüfungsverbot) zu würdigen.

In jüngster Zeit wurde diskutiert, ob organschaftliche Beiräte neben den fixen Vergütungen und Spesen auch erfolgsorientierte Bezüge erhalten sollen. Problematisch ist eine gewinnabhängige Vergütung, wenn die Bemessungsgrundlage durch den Beirat selbst beeinflussbar ist. Dies ist z. B. der Fall, wenn der Jahresabschluss vom Beirat festzustellen ist und der Jahresüberschuss Basis für die Erfolgsvergütung des Beirats ist. Dasselbe gilt bei Vergütungen im Falle positiver Planabweichung, wenn der Beirat die Unternehmensplanung zu genehmigen hat.

Andererseits sind insbesondere Familienunternehmen an Nachhaltigkeitsüberlegungen interessiert, sodass es durchaus Sinn macht, die nachhaltige Steigerung des Unternehmenswerts zu berücksichtigen.[2] Dies gilt vor allem dann, wenn der Beirat nicht nur Kontrollorgan ist, sondern auch Einfluss auf die Unternehmensstrategie nimmt. Maßstab könnte dann der Wertbeitrag (Überschuss nach Verzinsung des Fremd- *und* Eigenkapitals, z. B. Return on Capital Employed – ROCE) sein. Allerdings wird eine gewinnabhängige Vergütung auch in diesem Zusammenhang kritisch gesehen. So ist in Verlust- und Krisenzeiten die Arbeit des Beirats verstärkt zeitaufwendig und verantwortungsvoll.

5.5 Aufgaben des Beirats

Die Funktionen des Beirats lassen sich in drei große Bereiche einteilen, deren Tätigkeiten sich allerdings häufig überschneiden (Buth und Hermanns 1996, S. 598 ff.; Jansen und Pohlmann 2001, S. 117–140).

5.5.1 Der beratende Beirat

Die Komplexität des heutigen Wirtschaftslebens bewegt den mittelständischen Eigentümerunternehmer, die Gesellschafter und/oder die Geschäftsführung, einen Berater-Beirat zu installieren, um sich die im eigenen Haus fehlenden Kompetenzen zu beschaffen. Häufig stehen Stabstellen nicht zur Verfügung. Unternehmensberater, Wirtschaftsprüfer, Rechtsberater und Steuerberater werden zur Lösung von Spezialproblemen und

---

[2]So auch der Deutsche Corporate Governance Kodex in der Fassung vom 15. Mai 2012 unter Ziffer 5.4.6, der eine Ausrichtung an der nachhaltigen Unternehmensentwicklung empfiehlt.

zur Ausarbeitung von im Beirat angeregten unternehmerischen Weichenstellungen beauftragt. Der beratende Beirat dient dem Unternehmen als Sparringspartner bei anstehenden strategischen Entscheidungen. Er zwingt den Unternehmer/Gesellschafter, die beabsichtigten Maßnahmen vor dem Gremium zu begründen, die Vor- und Nachteile sowie die finanziellen Auswirkungen aufzuzeigen und sich den kritischen Fragen der Beiratsmitglieder zu stellen. Dies führt zur Selbstkontrolle der Entscheidungsträger. Deshalb sind Kompetenz und Erfahrung für die Auswahl der Beiratsmitglieder von entscheidender Bedeutung. Unabhängigkeit, tätige unternehmerische Eigenverantwortung und analytisches Denken sind gefragt.

Das Beratungsspektrum kann alle Unternehmensbereiche umfassen: Produkte, Technologie, Produktion, Vertrieb, Finanzierung, Rechnungswesen, Personal.

Ein besonderer Schwerpunkt des Beratungsbeirats im mittelständischen Unternehmen sind Personalfragen, sei es die Besetzung und Vergütung von Führungspositionen oder die Nachfolgeproblematik. In Familienunternehmen ist die Unternehmenssicherung für die nachfolgenden Generationen wohl die vornehmste Aufgabe eines Beirats. Sie kann nicht früh genug angepackt werden. Ausbildung und Auswahl der nächsten Führungsgeneration sind in bestimmten Phasen Daueraufgaben, die vor allem vom Beiratsvorsitzenden zu bewältigen sind. Sie bedingen einerseits ein hohes Maß an gegenseitigem Vertrauen und andererseits eine distanzierte Objektivität aufseiten des Beirats. Dazu gehört auch der Mut, nicht geeignete Nachkommen von der Unternehmensführung abzuhalten.

Bei der Übergabe der Verantwortung vom Senior auf den Junior hat der Beirat eine ausgleichende Funktion auszuüben. Er hat sicherzustellen, dass die Kompetenzen auf den Sohn oder die Tochter zügig übertragen werden und dass der Senior die Rechte und Pflichten auf den/die Nachfolger für alle Mitarbeiter sichtbar abgibt. In der Übergangsphase ist es gelegentlich sinnvoll, dass der Senior für eine im Voraus bestimmte Zeit in den Beirat eintritt. Von der Übernahme des Vorsitzes ist in der Regel abzuraten. Der Senior als Beirat kann dann Repräsentations- und Sonderaufgaben übernehmen. Die Vertretung des Unternehmens in berufsständischen Gremien sollte er dem Junior überlassen. Die oben erwähnte Altersgrenze für die Beiratsmitglieder ist in diesem Zusammenhang von besonderer Bedeutung.

Im Zusammenhang mit der Nachfolgeproblematik wird gelegentlich ein Beiratsmitglied – meist der Vorsitzende – gleichzeitig zum Testamentsvollstrecker bestimmt, der u. a. die Aufgabe hat, die finanziellen Probleme des Erbgangs zu betreuen und die Lasten für das Unternehmen in Grenzen zu halten (Wiedemann und Kögel 2008, S. 81–91 und S. 220–222). Sind die Erben (noch) nicht zur Unternehmensführung geeignet, hat er für ein geeignetes (Übergangs-)Management zu sorgen und die Interessen der Erben zu vertreten. Dazu gehört auch gegebenenfalls der Verkauf oder die Liquidation des Unternehmens.

Um den Fortbestand des Unternehmens zu sichern, entschließen sich Eigentümerunternehmer vermehrt, ihr „Lebenswerk" in eine Stiftung (gemeinnützig oder als Familienstiftung) einzubringen. In solchen Fällen wird der dann nötige Stiftungsbeirat aus dem bisherigen Beratungsbeirat rekrutiert.

5.5.2   Der kontrollierende Beirat

Personengesellschaften mit mehreren Gesellschaftern (Familienmitgliedern, Fremdkommanditisten, Beteiligungsgesellschaften) richten häufig einen Beirat ein, um die unterschiedlichen Interessen der Beteiligten sicherzustellen. Dies gilt vor allem, wenn sie nicht in der Geschäftsführung vertreten sind oder diese durch fremde Dritte erfolgt. Equity-Gesellschaften bestehen geradezu auf der Errichtung eines Kontrollbeirats. Er kann aus Mitgesellschaftern (z. B. Vertreter eines Gesellschafterstammes) oder aus Außenstehenden zusammengesetzt sein. Empfehlenswert ist, mindestens den Beiratsvorsitzenden mit einem unabhängigen Dritten zu besetzen.

Die Aufgaben eines Kontrollbeirats entsprechen weitgehend denen eines gesetzlichen Aufsichtsrats. Er hat die Geschäftsführung bei der Leitung des Unternehmens zu überwachen. Er ist in Entscheidungen von grundlegender Bedeutung einzubinden (Deutscher Corporate Governance Kodex Abschn. 5.1.1. in der Fassung vom 15.05.2012). Der Kontrollbeirat übernimmt somit die Kontrollrechte der Gesellschafterversammlung als kompetentes Gremium und gibt an diese Empfehlungen zur Umsetzung (z. B. Genehmigung des Jahresabschlusses, Gewinnverteilung, Finanzierungsmaßnahmen usw.). Größere Beiräte können hierzu einen Prüfungsausschuss (Audit Committee) bilden.

Eine wirksame Kontrolle beginnt bei der Unternehmensstrategie, gefolgt von der Unternehmensplanung und dem Soll-Ist-Vergleich (Abweichungsanalyse) (Bea und Scheurer 1995, S. 1293 ff.). Zu prüfen ist der Jahresabschluss und gegebenenfalls der Lagebericht der Geschäftsführung. Hierzu wird eine Zusammenarbeit mit dem Wirtschaftsprüfer notwendig sein, soweit eine externe Abschlussprüfung gesetzlich oder freiwillig erfolgt. Mittelständische Unternehmen implementieren vermehrt Risikomanagementsysteme. Deren Umsetzung und deren Erkenntnisse zu überwachen und zu nutzen, ist für den kontrollierenden Beirat sehr hilfreich.

5.5.3   Der entscheidende Beirat

Dem Kontrollbeirat werden in der Regel auch Entscheidungsbefugnisse eingeräumt. Je größer der Gesellschafterkreis, umso sinnvoller ist ein Entscheidungsgremium in Form des Beirats. Insbesondere wenn er mit außenstehenden Personen bestückt ist, ist es ihm eher möglich, divergierende Interessen zwischen Gesellschaftern und Geschäftsführung unter einen Hut zu bringen. In Familiengesellschaften gibt es häufig Streit bei der Festlegung der Gewinnverwendung: Ausschüttung versus Thesaurierung. Insoweit ist es sinnvoll, dem Beirat die Feststellung des Jahresabschlusses und die Dividendenpolitik zu übertragen.

Zu warnen ist vor einem zu weitgehenden Zustimmungserfordernis zu Geschäftsführungsmaßnahmen durch den Beirat. Dies muss sich auf wesentliche Entscheidungen und Maßnahmen beschränken. Eine Einmischung in das Tagesgeschäft ist für beide

Seiten unzumutbar. Die Abgrenzung der Verantwortung ist ebenso zu bedenken wie die Haftungsproblematik (Dörner 2005, S. 819 ff.).

Eine weitere Entscheidungskompetenz steht dem Beirat häufig bei Personalfragen zu. Insbesondere bei der Bestellung von Geschäftsführern werden ihm oder einem Personalausschuss die Auswahl und die Festlegung der Konditionen übertragen. Fällt die Geschäftsführung kurzfristig aus, kann dem Beirat bzw. seinem Vorsitzenden interimistisch von den Gesellschaftern die Notgeschäftsführung anvertraut werden. Für die Vertretung der Gesellschaft bedarf er einer Sondervollmacht.

Eine besonders heikle und für das Unternehmen einer mittelständischen Familiengesellschaft oder gar eines Einzelunternehmers bestandssichernde Aufgabe ist die Entscheidung über die Berufung eines Nachfolgers, sofern der Mehrheitsgesellschafter oder der Einzelunternehmer dazu nicht mehr in der Lage ist. Hierzu bedarf es eines hohen Maßes an Menschenkenntnis und unternehmerischer Weitsicht.

In Krisensituationen wird von den Gläubigerbanken häufig ein Beirat verlangt, dem die Gesellschafter weitgehende Entscheidungsbefugnisse einräumen müssen. Für einen derartigen Beirat ist die Interessenabwägung zwischen Unternehmenseigner und Geschäftsführung um den Fremdkapitalgeber erweitert, was eine besondere Herausforderung darstellt.

5.6   Haftung des Beirats

Ein nur beratender (schuldrechtlicher) Beirat haftet aufgrund seines Dienstvertrages bei Pflichtverletzung gegenüber dem Auftraggeber (§ 280 Abs. 1 BGB). Ein organschaftlicher Beirat haftet der Gesellschaft gegenüber darüber hinaus nach den Haftungsvorschriften analog eines gesetzlichen Aufsichtsrats (§§ 116, 93 AktG bzw. §§ 52, 43 GmbHG). Danach hat der Beirat die Sorgfalt eines ordentlichen und gewissenhaften Geschäftsleiters anzuwenden. Er ist vor allem zur Verschwiegenheit über erhaltene Berichte und vertrauliche Beratungen verpflichtet. Beiratsmitglieder, die ihre Pflicht verletzen, sind der Gesellschaft zum Ersatz des daraus entstehenden Schadens als Gesamtschuldner verpflichtet, wobei sie die Beweislast trifft (Innenhaftung). Eine Außenhaftung wird für einen fakultativen Beirat regelmäßig nicht infrage kommen, es sei denn, der Beirat begeht eine Pflichtverletzung im Zusammenhang mit seiner Vertretungsmacht, was äußerst selten sein dürfte. Ein weiterer Haftungsanspruch könnte sich aus dem besonderen Vertrauensverhältnis gegenüber den Gesellschaftern ergeben z. B. als Vertreter einer Gesellschaftergruppe im Gesellschafterbeirat. Zu beachten ist, dass die Entlastung des Beirats durch die Gesellschafterversammlung keine generelle Haftungsbefreiung bedeutet. Bei der GmbH wird die Beweislast allerdings in diesem Fall der Gesellschaft aufgeladen.

Aus Vorgenanntem ist es deshalb ratsam, die Haftpflicht vertraglich bzw. im Gesellschafterbeschluss auf Vorsatz und grobe Fahrlässigkeit zu beschränken. Vermehrt werden derzeit auch Directors & Officers-Versicherungen (sogenannte D&O-Versicherungen) abgeschlossen.

Literatur

Bücher

Achenbach C, Gottschalck F (Hrsg) (2012) Der Beirat im Mittelstand, Erfahrungsberichte aus der Praxis. Fachverlag Verlagsgruppe Handelsblatt, Köln

Assmann H, Sethe R (2000) Der Beirat der KGaA, Festschrift für Marcus Lutter. Schmidt, Köln, S 251–281

Dörner D (2005) Der Aufsichtsratsvorsitzende im Lichte verschärfter Corporate-Governance-Vorschriften, Festschrift für Volker Röhricht. Schmidt, Köln, S 809–831

Dörner D, Wader D (2003) Ausstrahlung des Kodex auf den Mittelstand. In: Pfitzer N, Oser P (Hrsg) Deutscher Corporate Governance Kodex. Schäffer-Poeschel, Stuttgart, S 355–369

Hennerkes B (2004) Die Familie und ihr Unternehmen. Campus, Frankfurt a. M.

Jansen S, Pohlmann N (2001) Beiräte in mittelständischen Familienunternehmen: Instrument der Zukunftssicherung. In: Miller M, Deecke J, Keyser C, von Sperber O, Burgfeind A (Hrsg) Familienunternehmer heute: Herausforderungen, Strategien, Erfahrungen. Gabler, Wiesbaden, S 117–140

Kormann H (2008) Beiräte in der Verantwortung: Aufsicht und Rat in Familienunternehmen. Springer, Berlin, S 295–359

Lehmann-Tolkmitt A (2008) Die wichtigsten Regeln für den Beirat im Familienunternehmen. In: May P (Hrsg) Das Intes-Handbuch für Familienunternehmen. Intes Akademie für Familienunternehmen, Bonn-Bad Godesberg, S 352–361

Ruter R, Thümmel R (2009) Beiräte in mittelständischen Familienunternehmen. Boorberg, Stuttgart

Wiedemann H (2000) Beiratsverfassung in der GmbH, Festschrift für Marcus Lutter. Schmidt, Köln, S 801–819

Wiedemann A, Kögel R (2008) Beirat und Aufsichtsrat in Familienunternehmen. Beck, München

Zeitschriften

Bea F, Scheurer S (1995) Die Kontrolle bei der GmbH. Betrieb 48:1289–1296. (Handelsblatt Fachmedien, Düsseldorf)

Bea F, Scheurer S, Gutwein D (1996) Institutionalisierung der Kontrolle bei der GmbH durch einen Beirat. Betrieb 24:1193–1198. (Handelsblatt Fachmedien, Düsseldorf)

Buth A, Hermanns M (1996) Unternehmenspolitische Erwägungen zum Beirat in der GmbH und der KG. Dtsch Steuerr 15:597–602. (Beck, München)

Haack H (1993) Der Beirat der GmbH & Co. KG. Frankfurt a. M. Betr Berat 48:1607–1611

Hinterhuber H, Minrath R (1991) Der Beirat einer mittelständischen Familienunternehmung. Betr Berat 18:1201–1212. (Deutscher Fachverlag, Frankfurt a. M.)

Sina P (1999) Funktionsfähigkeit des Beirats und Rückfallkompetenz. Ges Steuerr GmbH Co 90(2):72–73. (Verlag Dr. Otto Schmidt, Köln)

Thümmel R (1995) Möglichkeiten und Grenzen der Kompetenzverlagerung auf Beiräte in der Personengesellschaft und in der GmbH. Betrieb 49:2461–2465. (Handelsblatt Fachmedien, Düsseldorf)

Fallbeispiel 1: Unternehmensübergabe an die Tochter

6

Herleitung und Beschreibung der Unternehmensnachfolge in einem kleinen Familienunternehmen

Theresa Raible

6.1   Ausgangssituation

Der Anteil von Familienunternehmen an allen Unternehmen in Deutschland liegt bei über 90 %. Zudem stellen Familienunternehmen weit über die Hälfte aller Arbeitsplätze. Diese Zahlen belegen die hohe wirtschaftliche Bedeutung familiengeführter Unternehmen und verdeutlichen damit auch die gesamtgesellschaftliche Relevanz der Nachfolgeregelung für diese Unternehmen. Denn deren Existenz hängt von der rechtzeitigen Planung und Regelung der Nachfolge ab. Wird die Nachfolge in diesen Familienunternehmen nicht erfolgreich geregelt, so bedeutet dies gerade bei kleineren Unternehmen oftmals das „Aus".

Die Frage der Unternehmensnachfolge gewinnt weiter an Bedeutung. Die Anzahl der vor der Übergabe stehenden Familienunternehmen in Deutschland schätzt das IfM Bonn im Zeitraum von 2018 bis 2022 auf ca. 150.000. Dabei werden im betrachteten Fünfjahreszeitraum etwa 2,4 Mio. Beschäftigte betroffen sein (IfM Bonn 2018). Diese Zahlen verdeutlichen, dass nicht nur die Existenz der Unternehmen, sondern auch die Zukunft vieler Beschäftigter von erfolgreichen Nachfolgeregelungen abhängen. Zudem hat das IfM Bonn in Kooperation mit dem ifh Göttingen, dem EMF Berlin und der Universität Siegen ermittelt, dass zwischen 2010 und 2020 die Zahl der Personen im Alter von 30 bis 50 Jahren aufgrund des demografischen Wandels um ca. 15 % zurückgehen dürfte. Dieser Rückgang

T. Raible (✉)
Waiblingen, Deutschland
E-Mail: theresa.raible@web.de

© Springer Fachmedien Wiesbaden GmbH, ein Teil von Springer Nature 2019
A. Nagl (Hrsg.), *Wie regele ich meine Nachfolge?*,
https://doi.org/10.1007/978-3-658-25845-0_6

betrifft genau die Altersgruppe, aus der viele Unternehmensnachfolger stammen. Somit ist fraglich, ob zukünftig genügend Personen vorhanden sein werden, die Interesse an der Übernahme eines mittelständischen Familienunternehmens haben. Die Zahl der Unternehmen, bei denen eine Nachfolge ansteht, wird laut ifh Göttingen steigen, während die Zahl der zur Verfügung stehenden Nachfolger sinken wird (IfM Bonn 2018).

Daher kommt für die Zukunft eines Unternehmens der Suche und der rechtzeitigen Vorbereitung eines geeigneten Nachfolgers große Bedeutung zu (Habig und Berninghaus 2004). Es wird immer wichtiger für die Unternehmer, sich rechtzeitig mit ihrer Unternehmensnachfolge auseinanderzusetzen. Sowohl die Handlungsmöglichkeiten als auch die Erfolgschancen sind umso größer, je früher mit der Nachfolgeregelung begonnen wird. Wird die Entscheidung immer weiter hinausgezögert, so wird auch der Handlungsspielraum immer kleiner (Schackmann 2003).

Leider scheitern viele Unternehmen in Deutschland an einer nicht geregelten Nachfolge. Die Ursachen dafür sind unterschiedlich. Oft ist den Unternehmern die hohe Relevanz der Nachfolgeregelung nicht bewusst. Daher wird in den meisten Fällen erst viel zu spät mit der Nachfolgeplanung begonnen. In einigen Fällen wiederum will der Unternehmer zwar die Nachfolge rechtzeitig regeln, findet aber keinen in seinen Augen geeigneten Nachfolger. Ein weiterer Grund für das Scheitern der Nachfolge ist nicht selten die Unvereinbarkeit der Zielvorstellungen des Unternehmensinhabers und des potenziellen Nachfolgers. In Familienunternehmen können auch Konflikte zwischen den Eltern und den Kindern eine Rolle spielen.

Dem Unternehmer kommt im gesamten Nachfolgeprozess eine wichtige Funktion zu. Viele Unternehmer, ganz besonders Gründungsunternehmer, tun sich oft sehr schwer damit, ihr Lebenswerk in die Hände eines anderen zu geben. Sie haben ihr Unternehmen mit all ihrer Energie und all ihren Ideen aufgebaut, viel Zeit, Geld und Kraft hineingesteckt, das Unternehmen erfolgreich hochgezogen und dabei viele Kunden gewonnen und an sich gebunden. Oftmals musste die Familie zurückstecken, weil zu viel Arbeit im Unternehmen wartete. Auch durch wirtschaftliche Krisen hat der Unternehmer sein Unternehmen geführt und sie mit seinen Mitarbeitern durchgestanden.

Häufig identifizieren sich Unternehmer so sehr mit ihrem Unternehmen, dass sie sich ein Leben in Rente nicht vorstellen können und deshalb den Gedanken an die Nachfolge immer weiter von sich wegschieben. Die Studie in Kap. 1 zeigt, dass rund die Hälfte der Unternehmer, bei denen die Nachfolge dringend ansteht, als Grund für die noch ungeklärte Nachfolge angibt, dass für sie das Thema noch nicht aktuell ist. Dabei ist der Übergabeprozess sehr komplex und umfasst neben rechtlichen, finanziellen, steuerlichen und ökonomischen auch zwischenmenschliche Themen, die alle für sich zur rechten Zeit bearbeitet werden müssen. Das wiederum erfordert eine jahrelange Vorausplanung, mit der ein Unternehmer nicht frühzeitig genug beginnen kann. Dem Unternehmer sollte bewusst sein, dass die Übergabe mit zu den größten unternehmerischen Aufgaben zählt.

In diesem Kapitel werden nicht nur die Begriffe „Familienunternehmen", „Kleinstunternehmen, kleine und mittlere Unternehmen" sowie „Unternehmensnachfolge" definiert. Es erfolgt auch eine Darstellung der Stärken und Schwächen von Familienunternehmen und es wird auf die Unternehmensnachfolge und auf deren Herausforderungen eingegangen. Im Anschluss daran werden verschiedene Faktoren erläutert, die zu einer erfolgreichen Unternehmensnachfolge beitragen können. Außerdem werden die verschiedenen Formen der Unternehmensübergabe beschrieben. Dabei wird besonderes Augenmerk auf die familieninterne und die externe Unternehmensübergabe sowie die Vermietung/Verpachtung gelegt. Im Zusammenhang mit der familienexternen Unternehmensübergabe werden auch die Übergabeformen des Management-Buy-out und des Management-Buy-in erläutert. In den darauffolgenden beiden Abschnitten geht es um den Unternehmer und den potenziellen Nachfolger. Hier werden verschiedene Unternehmertypen sowie die Anforderungen an ihn und an den Nachfolger dargestellt.

Im sich anschließenden Fallbeispiel werden die Herausforderungen und Erfolgsfaktoren für ein Familienunternehmen anhand eines qualitativen teilstrukturierten Leitfadeninterviews ermittelt und analysiert. Das Interview ist in Form einer Fallstudie dargestellt und ausgearbeitet.

6.1.1 Definitionen

6.1.1.1 Familienunternehmen

In der Literatur konnte sich zum Begriff Familienunternehmen keine Definition als Standard durchsetzen. Laut Felden und Pfannenschwarz verwendet fast jeder Forscher seine eigene Definition, was die Diskussion nicht vereinfacht. Bemerkenswert ist jedoch, dass die Begriffe Eigentümerschaft der Familie, Führung durch Eigentümer oder Generationswechsel beinahe überall vorkommen. Konkret werden Familienunternehmen und Nichtfamilienunternehmen unterschiedlich voneinander abgegrenzt (Felden und Pfannenschwarz 2008).

Das IfM Bonn definiert Familienunternehmen als „diejenigen Unternehmen, bei denen die Eigentums- und Leitungsrechte in der Person des Unternehmers oder der Unternehmerin bzw. deren Familie vereint sind". Daher seien die Begriffe „Mittelstand", „Familienunternehmen", „Eigentümerunternehmen" und „familiengeführte Unternehmen" als Synonyme anzusehen. Als Familienunternehmen bezeichnet das IfM Bonn alle Unternehmen, bei denen „bis zu zwei natürliche Personen oder ihre Familienangehörige mindestens 50 % der Anteile eines Unternehmens halten und diese natürlichen Personen der Geschäftsführung angehören". Dabei sei „die Schnittmenge von Familienunternehmen und kleinen und mittleren Unternehmen (KMU) naturgemäß sehr groß". Zugleich gehörten zu den Familienunternehmen aber auch Unternehmen mit mehr als 500 Beschäftigten oder mehr als 50 Mio. € Jahresumsatz, sofern sie die genannten Kriterien erfüllen. Kleine und mittlere Unternehmen, die „in Abhängigkeit zu einem anderen Unternehmen stehen", entsprechen laut IfM Bonn dagegen dieser Definition nicht (IfM Bonn 2016d).

Für das Wittener Institut für Familienunternehmen (WIFU) ist das transgenerationale Moment für Familienunternehmen essenziell. Laut WIFU kann also streng genommen erst dann von einem Familienunternehmen die Rede sein, wenn in der Familie geplant wird, das Unternehmen der nächsten Familiengeneration weiterzugeben. In diesem Sinn

wären Start-ups oder eigentümergeführte Unternehmen noch keine Familienunternehmen
(Wittener Institut für Familienunternehmen, Universität Witten/Herdecke 2016).

6.1.1.2 Kleinstunternehmen, kleine und mittlere Unternehmen

Kleinstunternehmen, kleine und mittlere Unternehmen (KMU) werden in der EU-Emp-
fehlung 2003/361 definiert. Danach zählt ein Unternehmen zu den KMU, wenn es nicht
mehr als 249 Beschäftigte hat und einen Jahresumsatz von höchstens 50 Mio. € erwirt-
schaftet oder eine Bilanzsumme von maximal 43 Mio. € aufweist.

Die in Abb. 6.1 gezeigten Schwellenwerte gelten für Einzelunternehmen. Bei einem
Unternehmen, das Teil einer größeren Gruppe ist, müssen je nach Höhe der Beteiligung
die Mitarbeiterzahl und der Umsatz bzw. die Bilanzsumme der Gruppe mitberücksich-
tigt werden. Für statistische Analysen werden die KMU in der Regel nach der Zahl der
Beschäftigten bzw. der Umsatzgröße abgegrenzt:

- Kleinstunternehmen: bis 9 Beschäftigte und bis 2 Mio. € Umsatz/Jahr
- Kleines Unternehmen: bis 49 Beschäftigte und bis 10 Mio. € Umsatz/Jahr und kein
  kleinstes Unternehmen
- Mittleres Unternehmen: bis 249 Beschäftigte und bis 50 Mio. € Umsatz/Jahr und kein
  kleinstes oder kleines Unternehmen

Verflechtungen von KMU mit anderen Unternehmen werden in den amtlichen Statistiken
(noch) nicht berücksichtigt (IfM Bonn 2016d).

6.1.1.3 Unternehmensnachfolge

Hauser und Kay zufolge spielt bei einer Unternehmensnachfolge nicht nur der Wechsel
im Eigentum, sondern auch in der Leitung eines Unternehmens eine Rolle. Doch nicht
jeder Wechsel im Eigentum oder in der Leitung eines Unternehmens stellt eine Unternehmensnachfolge dar. Es wird erst dann von einer Unternehmensnachfolge gesprochen,
wenn ein Eigentümerunternehmer die Leitung seines Unternehmens abgibt. Bei dieser
Definition wird also zwischen eigentümer-, familien- und managementgeführten Unternehmen unterschieden. Somit kann eine Unternehmensnachfolge nur in eigentümer- oder
familiengeführten Unternehmen auftreten. Ein weiteres wichtiges Merkmal ist der Übergang der Leitung des Unternehmens. So stellt ein reiner Übergang des Eigentums ohne

Unternehmensgröße	Zahl der Beschäftigten	und	Umsatz €/Jahr	oder	Bilanzsumme €/Jahr
kleinst	bis 9		bis 2 Mio.		bis 2 Mio.
klein	bis 49		bis 10 Mio.		bis 10 Mio.
mittel	bis 249		bis 50 Mio.		bis 43 Mio.

Abb. 6.1 KMU-Schwellenwerte der EU seit 01.01.2005

den gleichzeitigen Wechsel der Leitung aus Sicht von Hauser und Kay keine Nachfolge, sondern eine Übernahme dar. Des Weiteren spielen die Gründe der Unternehmensleitung für die Übergabe eine wichtige Rolle. Die Übergabe der Unternehmensleitung muss ihre Gründe in der Person des Eigentümermanagers haben. Gründe dafür können beispielsweise Alter, Krankheit, Unfall oder Tod sein. Abb. 6.2 dient zur Veranschaulichung der Definition von Hauser und Kay (IfM Bonn 2016f).

6.1.2 Familienunternehmen

In einem Familienunternehmen bilden Familie und Unternehmen oft eine Einheit. Meist identifiziert sich die ganze Familie mit dem Unternehmen und sieht sich als Teil des Ganzen. Mitarbeiter und Öffentlichkeit nehmen das nicht selten genauso wahr, insbesondere wenn das Unternehmen den Namen der Familie trägt (Habig und Berninghaus 2004, S. 24).

Familienunternehmen weisen häufig Besonderheiten auf. So sprechen sich die Familienmitglieder und meist auch die Mitarbeiter untereinander mit Vornamen an. Das drückt eine Vertrautheit aus, die sich positiv auf das Betriebsklima auswirken kann. Zudem ist die Kontinuität in der Geschäftsführung im Vergleich zu Nichtfamilienunternehmen deutlich höher, ebenso wie das Alter der Geschäftsführer (Karle 2005, S. 10). Letzteres ist in Hinblick auf die Nachfolge nicht unbedingt von Vorteil, sondern kann ganz im Gegenteil erhebliche Schwierigkeiten mit sich bringen.

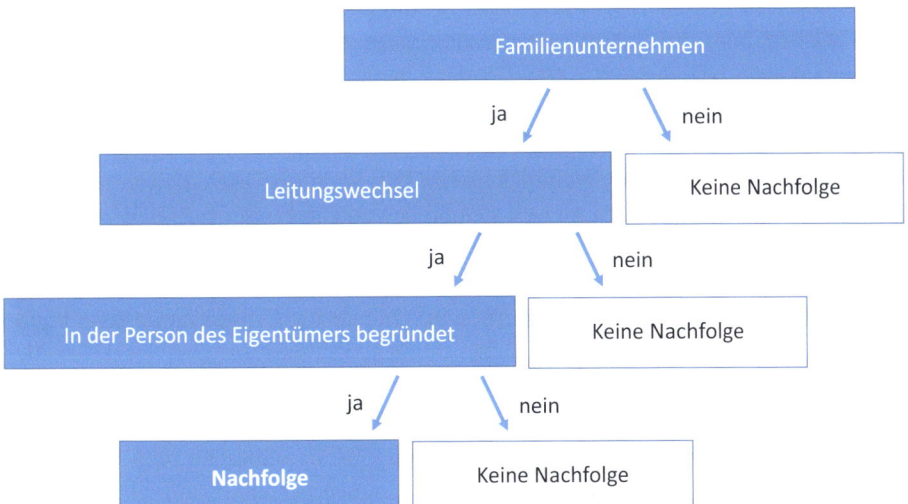

Abb. 6.2 Schaubild zur Definition von Unternehmensnachfolge nach Hauser und Kay

6.1.2.1 Stärken und Schwächen

In einem Familienunternehmen bietet laut Habig die Einheit von Entscheidungskompetenz und Eigentum in einer Person die Chance, klare Unternehmens- und Geschäftskonzepte konsequent durchzuführen. Dies strahlt Verlässlichkeit in der Führung des Unternehmens aus, die sowohl für die Geschäftspartner als auch für die Mitarbeiter von großer Bedeutung ist. Entscheidungen können hier schneller getroffen und umgesetzt werden.

Eine weitere Stärke, die Habig erwähnt, ist die ausgeprägte Firmentreue, bei der die Menschlichkeit im Umgang miteinander eine wichtige Rolle spielt. Die Treue zum Unternehmen hat eine geringere Fluktuation zur Folge, wodurch Kosten, die bei jedem Mitarbeiterwechsel entstehen würden, vermieden werden können (Habig und Berninghaus 2004, S. 9–10). Laut Schröder trägt die Verknüpfung von haftendem Eigentum, persönlichem Risiko und Geschäftsführung erheblich zur Selbstmotivation des Unternehmers bei. Mit der Motivation steigen auch die Kreativität und dadurch die Innovationsfähigkeit. Somit geht Schröder von einer stärkeren Kreativität und Innovationskraft bei Familienunternehmen aus, wenn, wie sehr oft bei Gründungsunternehmern, bestimmte Veranlagungen und Neigungen vorliegen (Schröder 1998, S. 24).

Aufgrund einfacher Organisationsstrukturen, geringer Bürokratie und kurzer Entscheidungswege können sich Unternehmer mit neuen Produkten und deren Herstellung einen Vorteil gegenüber der Konkurrenz verschaffen. Familienunternehmen, die nach produktionsorientierten Kriterien beurteilt werden, weisen laut Baumgartner seltener Schwachstellen auf. Eine Stärke liegt außerdem in Familienunternehmen, deren Familienstrategie klare Werte, Ziele und Rollen definiert. Dazu gehört, „… dass das Familienunternehmen der lebenden Generation auf Zeit verliehen ist und deshalb in einer Art und Weise angelegt und verwaltet werden soll, dass es an die nächste Generation weitergegeben werden kann" (Hennerkes 2004). Ob die Übergabe eines Familienunternehmens an die nächste Generation ein Erfolg wird, hängt allerdings auch sehr stark von den Beziehungen innerhalb der Familie ab. Gute familiäre Beziehungen führen zu einem besseren Verständnis für den gesamten Nachfolgeprozess (Baumgartner 2009, S. 26).

Doch neben vielen Stärken weisen Familienunternehmen im Vergleich zu Nichtfamilienunternehmen auch einige Schwächen auf. Einen ganz besonderen Schwachpunkt stellt die Liquidität in Familienunternehmen dar. Sie kann ein entscheidender Punkt für die Sicherung des Familienunternehmens sein. Gründe für Liquiditätsengpässe können beispielsweise die Entnahmen zur Zahlung von Steuern, Entnahmen von Gesellschaftern in Jahren ohne Gewinn zur Sicherung des Lebensunterhalts, Abfindungsansprüche, das Ausscheiden von Gesellschaftern oder die Zahlung von Renten an Gesellschafter ohne steuerliche Rückstellungsmöglichkeiten sein. Eine weitere Schwäche zeigt sich oftmals bei der Klärung der Nachfolgefrage, da in Familienunternehmen häufig ein nicht unerhebliches Konfliktpotenzial besteht. So werden Entscheidungen in der Nachfolgeregelung im Vergleich zu Nichtfamilienunternehmen des Öfteren subjektiv getroffen. In der Übergangsphase kann es zu einer gewissen Orientierungslosigkeit kommen, da Familienunternehmen in dieser Phase nicht selten eine klare Richtung fehlt (Baumgartner 2009, S. 27).

Als Schwachstelle beschreibt Habig auch die Schwierigkeit, qualifiziertes Personal zu gewinnen. Befragungen von Hochschulabsolventen, die ein Nichtfamilienunternehmen für den Berufseinstieg präferieren würden, ergaben folgende Befürchtungen: Die Familieninteressen könnten immer Vorrang haben, im Unternehmen könnte Vetternwirtschaft herrschen, es könnten keine objektiven Entscheidungen getroffen werden, der Führungsstil könnte autoritär sein. Um zu verhindern, dass Schwächen das Unternehmen in Gefahr bringen, sollte die Eigentümerfamilie eine klare Struktur einführen. Antworten auf Fragen, die sowohl das Verhältnis von Familie und Unternehmen als auch die Finanzen und die Strategie des Unternehmens betreffen, sind in diesem Zusammenhang unerlässlich (Habig und Berninghaus 2004, S. 11–12).

6.1.2.2 Unternehmensnachfolge

Bei der Unternehmensnachfolge wird zwischen drei verschiedenen Arten unterschieden: der geplanten, der ungeplanten und der unerwarteten Unternehmensnachfolge. Während die geplante Unternehmensnachfolge im besten Fall bereits mehrere Jahre im Voraus gut vorbereitet wird, treten sowohl die ungeplante als auch die unerwartete Nachfolge plötzlich und teils unvorbereitet ein.

Ursachen für eine ungeplante Nachfolge können Scheidung, Streitigkeiten zwischen den Unternehmensinhabern oder andere Vorfälle sein. In vielen Fällen liegen hier noch keine klaren Nachfolgeregelungen vor und häufig bleibt nur wenig Zeit für eine Übergabe. (Thüringer Zentrum für Existenzgründung und Unternehmertum 2016). Die unerwartete Nachfolge kann durch Unfall, Krankheit oder Todesfall des Unternehmers verursacht werden. Eine sehr nützliche Voraussetzung dafür, dass ein Unternehmen auch bei unerwarteten Veränderungen fortbestehen kann, ist ein Notfallplan des Unternehmensinhabers. Erforderlich sind dafür neben der Erteilung von Vollmachten, Unterschriftsberechtigungen, Auflistungen von Passwörtern für die IT und Zugangsdaten für Bankkonten etc. auch Vorkehrungen im Hinblick auf die Absicherung der Familie. Zusätzlich sollten die „ungeschriebenen Gesetze", also informelle, aber geschäftswirksame Abmachungen zum Beispiel über Liefer- oder Einkaufskonditionen, die nur mündlich festgelegt wurden und an die Person des Geschäftsführers gebunden sind, in einem Notfallplan hinterlegt sein. Dadurch können Konflikte mit wichtigen Kunden oder Lieferanten vermieden werden. Der Notfallplan sollte regelmäßig überprüft und aktualisiert werden und nicht zuletzt an einem sicheren Ort und in greifbarer Nähe hinterlegt werden (Felden und Pfannenschwarz 2008, S. 189). Was passieren kann, wenn es keinen solchen Notfallplan gibt, wird in Kap. 9 in diesem Buch beschrieben.

Im Falle einer geplanten Unternehmensnachfolge wird meistens, nachdem ein dem Anforderungsprofil entsprechender Nachfolger gefunden wurde, ein Nachfolgekonzept entwickelt, das ausschließlich dazu dient, einen realisierbaren Weg für die vollständige Übertragung des Unternehmens an den Nachfolger zu finden. Dabei gilt es laut Felden und Klaus, eine Unternehmensbewertung vorzunehmen, Kaufpreisverhandlungen durchzuführen, eine Vermögens- bzw. Schuldenstrategie für den Übergeber sowie eine Strategie für Investitionen und deren Finanzierung im Unternehmen zu erarbeiten. Voraussetzung für die Entwicklung des Konzepts ist die Klärung der Ausgangspositionen sowie der Wünsche des Übergebers und des Übernehmers und vor allem die klare Definition der Ziele beider Parteien. Zur Erstellung des Nachfolgekonzepts können externe Spezialisten hinzugeholt werden.

Das Nachfolgekonzept wird wiederum in einen sogenannten Nachfolgefahrplan umgesetzt, der die drei Phasen des Wechsels umfasst: die Vorbereitungs-, die Übergangs- und die Übergabephase.

In der Vorbereitungsphase gehen sowohl Übergeber als auch Nachfolger ihre jeweiligen Aufgaben an. Zum Beispiel sammelt der Nachfolger noch Berufserfahrung in einem anderen Betrieb, während der Übergeber sich um die Erstellung seines Testaments kümmert. In der Übergangsphase sind dann sowohl Übergeber als auch Nachfolger gemeinsam im Unternehmen tätig. In der Übergabephase verlässt der Übergeber das Unternehmen, da sowohl die Führung als auch das Eigentum an den Nachfolger übergegangen sind.

In der Übergangsphase ist es wichtig zu beachten, dass zwei Generationen mit unterschiedlichen Wertvorstellungen eng zusammenarbeiten. Die Entstehung von Konflikten ist hier also oft vorprogrammiert. Die Zeitplanung für diese Phase sollte daher nicht unnötig lang sein. Es ist außerdem unbedingt notwendig, einen festen Termin für den Ausstieg des Übergebers zu vereinbaren. Dadurch kann eine für den Nachfolger frustrierende Warteschleife vermieden werden. Des Weiteren müssen beide Parteien in der Übergangsphase mit Anpassungen rechnen und sollten daher immer im Gespräch bleiben (Felden und Klaus 2003, S. 59 ff.).

Der Nachfolgefahrplan sollte vom Übergeber und vom Nachfolger in Form eines sogenannten Letter of Intent (LoI) unterschrieben werden. Dadurch wird die Einhaltung der geplanten Schritte verpflichtend. Es entstehen üblicherweise keine direkten vertraglichen Ansprüche durch den LoI, allerdings können unter Umständen die daraus entstehenden Sorgfaltspflichten Schadensersatzansprüche begründen (Felden und Pfannenschwarz 2008, S. 190).

Wie bereits erwähnt, bedeutet Unternehmensnachfolge neben der Übernahme der Leitung auch die Übernahme des Eigentums am Unternehmen. Da Leitung und Eigentum nicht zwangsläufig gleichzeitig übernommen werden müssen, entstehen auch hier drei mögliche Übertragungskonstellationen: die Übertragung von Führung und Eigentum zur selben Zeit, zuerst die Übertragung der Führung und zu einem späteren Zeitpunkt die Übergabe des Eigentums und als dritte Möglichkeit zunächst die Eigentumsübergabe und zu einem späteren Zeitpunkt die Übergabe der Führung. Einer Studie des IfM Bonn aus dem Jahr 2012 zufolge treten die gleichzeitige Übertragung von Eigentum und Leitung und die Übertragung von Führungstätigkeiten vor der Eigentumsübertragung gleich häufig auf. Die Möglichkeit der Übertragung des Eigentums noch vor der Übertragung der Führung wurde in der Studie allerdings sehr selten gewählt (IfM Bonn 2016g).

Für welche Übertragungsform sich auch immer der Unternehmer entscheidet: Einem Nachfolger seinen Platz zu überlassen und das selbst aufgebaute bzw. weitergeführte Unternehmen abzugeben, ist in keinem Fall eine einfache Angelegenheit. Genau deshalb benötigt der Übergebende genügend Zeit und Vorbereitung. Die frühzeitige Regelung der Nachfolge stellt nicht nur eine fundamentale strategische Aufgabe der Unternehmensführung dar, sie ist auch eine Pflicht für den Unternehmer, der Verantwortung für sich selbst und seine Familie trägt (Mueller-Harju 2013, S. 28).

6.1.2.3 Herausforderungen

In Familienunternehmen wird dem Generationswechsel eine besondere Bedeutung beigemessen, da sich hier die emotionalen Beziehungen zwischen den Familienangehörigen und die wirtschaftlichen Interessen des Unternehmens überschneiden. In der Familie geht es um zwischenmenschliche Bindungen, Zusammenhalt, Fürsorge und Verantwortung für die Kinder, die irgendwann die Nachfolger werden sollen. Im Unternehmen wiederum geht es sowohl um wirtschaftliche Erfolge und Marktbedeutung als auch um die Sicherung der Zukunft des Unternehmens für diese und die nächste Generation (Wettig 2016). Die Verbindung von familiären und unternehmerischen Interessen bringt viele Stärken mit sich, birgt jedoch in Bezug auf den Generationswechsel auch viele Schwierigkeiten und Herausforderungen, die es zu meistern gilt.

Im Folgenden werden die verschiedenen Herausforderungen und Schwierigkeiten erläutert, die den Generationswechsel in Familienunternehmen deutlich erschweren und in manchen Fällen gar unmöglich machen. Felden und Pfannenschwarz beschreiben typische Schwierigkeiten, die beim Übergang entstehen können. Ein großes Problem stellen zum Beispiel konträre Wertvorstellungen von Übergeber und Übernehmer dar. Beim Generationswechsel treffen zwei unterschiedliche Generationen aufeinander: Während die abgebende Generation u. U. noch geprägt ist durch materielle Not in der Kindheit und sich auf die Schaffung von dauerhaften Werten fokussiert, wuchs die Generation der Nachfolger häufig in materiellem Wohlstand auf.

Ein Konflikt entsteht dann, wenn die ältere Generation davon ausgeht, dass das Unternehmen so fortgeführt wird, wie es jahrzehntelang praktiziert wurde, während die jüngere Generation ganz andere Vorstellungen von Unternehmensführung hat. Ein weiteres Problem liegt im sogenannten Methodenkonflikt begründet. Hier kommt es häufig im Zusammenhang mit technischen Innovationen zu Streitigkeiten zwischen Übergeber und Übernehmer: Der Nachfolger möchte zum Beispiel neue, moderne Produktionsmethoden ins Unternehmen einführen, der Übergeber hat keine Erfahrung mit den neuen Methoden, fühlt sich überrumpelt oder unter Druck gesetzt und blockt daher Innovationsideen ab. Zuletzt beschreiben Felden und Pfannenschwarz den Rollenkonflikt als ein typisches Problem bei der Übergabe. Dieser Konflikt entsteht dann, wenn die Zuständigkeits- und Verantwortungsbereiche zwischen Übergeber und Übernehmer nicht klar aufgeteilt sind (Felden und Pfannenschwarz 2008, S. 201 ff.). Wie in Kap. 3 von Beatrice Rodenstock beschrieben, kommt es auch zu Rollenkonflikten, wenn sich die Rollen unbewusst vermischen.

Eine weitere Herausforderung besteht darin, den richtigen Zeitpunkt für die Unternehmensübergabe zu finden. Hierbei sind zwei wesentliche Aspekte zu berücksichtigen: Zum einen muss der Nachfolger in der Lage und ausreichend qualifiziert sein, die verantwortungsvolle Aufgabe der Unternehmensführung zu übernehmen, zum anderen muss der Übergeber bereit sein, seine Führungsrolle abzugeben (Karle, S. 2005, S. 75 ff.). Und genau darin liegt häufig das Problem.

Für den Übergeber bedeutet der Austritt aus dem Unternehmen und somit der Eintritt in den sogenannten dritten Lebensabschnitt, also der Übergang in den Ruhestand, oftmals das „Ende aller Tage". Da er jahrelang all seine Zeit dem Unternehmen zugewendet hat, weiß er nun nicht, was er mit all seiner Freizeit anfangen soll. Die Sorge, in ein großes Loch zu fallen, ist besonders bei Gründungsunternehmern groß. Durch die Angst vor dem, was danach kommt, wird der Gedanke an die Nachfolge leider viel zu oft verdrängt und beiseitegeschoben. Das führt letztendlich zu großer Unsicherheit bei Mitarbeitern und Kunden, Lieferanten und Banken und natürlich auch in der Familie.

Ebenfalls als Schwierigkeit bei der Nachfolge stellt sich die Form der Unternehmensübergabe dar. Die Wahl der Übergabeform gestaltet sich für den Übergeber oft dann problematisch, wenn er zum Beispiel keine eigenen Kinder oder kein qualifiziertes Kind hat, das eigene Kind kein Interesse an der Nachfolge hat oder aus seiner Sicht nicht fähig ist, das Unternehmen erfolgreich fortzuführen.

6.1.2.4 Erfolgsfaktoren

Für eine reibungslose Unternehmensnachfolge gibt es nicht das Erfolgsrezept. Jedes Unternehmen ist anders und bringt andere Voraussetzungen mit. Jedoch gibt es einige Faktoren, die für jedes Unternehmen hilfreich sind und zu einer erfolgreichen Übergabe beitragen können. Ein wichtiger Punkt ist, dass der abgebende Unternehmer die Bedeutung einer durchdachten und langfristig geplanten Nachfolgeregelung erst einmal erkennen muss, um sie aktiv gestalten und nach seinen Vorstellungen beeinflussen zu können. Je mehr Zeit dem Unternehmer dafür zur Verfügung steht, desto detaillierter kann er seine Planung durchführen. Das wiederum reduziert die Gefahr des Scheiterns deutlich (Felden und Klaus 2003, S. 5).

So sollte der Unternehmer im Alter von 50 Jahren beginnen, sich mit der Nachfolge zu beschäftigen. Zu diesem Zeitpunkt hat er noch die größten Handlungsspielräume und Fehler können meist noch problemlos korrigiert werden. Dies sieht im Alter von 60 Jahren schon ganz anders aus. Wer dann noch nicht über die Nachfolge nachgedacht hat, wird spätestens durch Fragen der Banken, Kunden oder auch der Familie darauf aufmerksam gemacht, dass dies dringlich zu tun ist. Oft haben sich in diesem Alter die eigenen Kinder inzwischen ihre eigene Existenz aufgebaut und sich vielleicht in einem anderen Beruf etabliert. Nicht selten machen sich Unternehmer erst im Alter von 65 und mehr Jahren Gedanken über die Nachfolge, doch da spüren die meisten schon, dass es nicht mehr viele Alternativen gibt und die Zeit geradezu davonzurennen scheint (Schackmann 2003, S. 23 ff.).

Der Unternehmer muss sich vor Augen halten, dass es sich bei der Unternehmensnachfolge um einen Teil der strategischen Planung handelt. Wer sein Unternehmen also im Bewusstsein seiner Verantwortung nicht nur für seine Familie, sondern auch für sich selbst führt, muss rechtzeitig an die Zukunft des Unternehmens denken. Dazu ist es not-wendig, frühzeitig die Form der Übergabe zu klären, da nur so ein passender Nachfolger gefunden werden kann. Ganz besonders wichtig in Familienunternehmen ist die Kom-munikation. Um Konflikte aufgrund verschiedener Wertevorstellungen der älteren und jüngeren Generation zu vermeiden, müssen der Übergeber und der Übernehmer genaue Ziele für die Übergabe definieren. Klare Zwischenziele sollten gesetzt und an vereinbarte Termine gebunden werden. Zur Vermeidung von Methodenkonflikten ist nicht nur ein sensibles Vorgehen des Nachfolgers gefragt, auch der Übergeber muss dem Nachfolger gegenüber Geduld zeigen (Felden und Pfannenschwarz 2008, S. 201 ff.). Nur so können Übergeber und Nachfolger gemeinsam an einer erfolgreichen Übergabe arbeiten.

Auch die in Kap. 3 dieses Buches beschriebenen Rollenkonflikte, die in Familien-unternehmen häufig vorkommen, können dadurch zumindest teilweise vermieden wer-den. Alle Beteiligten sollten sich immer Klarheit über die jeweilige eigene Rolle und die des Gegenübers verschaffen. Weil sich diese Rollen je nach Situation verändern können, müssen sie immer wieder neu betrachtet werden. Da besonders in Familienunternehmen verschiedene Erwartungshaltungen, Ängste und Zukunftsvorstellungen Konflikte hervor-rufen und damit einen erfolgreichen familieninternen Wechsel gefährden können, ist es oft auch ratsam, eine dritte unabhängige Person einzuschalten. Sie kann als Moderator oder als Mediator dienen und dabei helfen, einen konstruktiven und ergebnisorientierten Dialog herzustellen (Lenk 2013).

Damit der Nachfolger von Kunden, Lieferanten und den eigenen Mitarbeitern ange-nommen und akzeptiert wird und für seine Aufgabe als zukünftiger Unternehmensführer gut vorbereitet ist, muss der Übergeber genügend Zeit für die Einarbeitung des Nachfol-gers einplanen. Die Außenkontakte und die Mitarbeiter sollten spüren, dass der Überge-ber dem Nachfolger großes Vertrauen entgegenbringt. Dies verhindert Unsicherheit im Unternehmen und kann Zweifel gegenüber dem Nachfolger aus dem Weg räumen.

Ein weiterer wichtiger Faktor für eine erfolgreiche Übergabe ist die terminliche Festlegung des Rückzugs des bisherigen Inhabers. Dies ist oft kein leichter Weg für den Seniorunternehmer. Dennoch ist es wichtig, sich frühzeitig mit dem Ausscheiden aus dem Unternehmen zu befassen, um konkrete Vorstellungen über die Zeit nach dem Unternehmensaustritt entwickeln zu können. Auch für den Nachfolger ist ein festgelegter Termin sinnvoll, da somit klare Verhältnisse geschaffen werden und verhindert wird, dass der Seniorunternehmer seinen Austritt doch immer wieder verschiebt.

Um nichts von alledem außer Acht zu lassen, ist die Erstellung eines Nachfolgefahr-plans unerlässlich. Hier werden Schritt für Schritt alle notwendigen Vorkehrungen fest-gehalten und können somit nicht in Vergessenheit geraten.

6.1.3 Formen der Unternehmensübergabe

Da in jedem Familienunternehmen unterschiedliche Voraussetzungen gegeben und eine Vielzahl an Gestaltungsmöglichkeiten der Nachfolgeregelung möglich sind, kann die

Frage nach der Form der Unternehmensübergabe nicht allgemeingültig beantwortet werden. Es muss für jedes Unternehmen eine individuelle Lösung gesucht werden (IHK Berlin 2016, S. 15). Im Regelfall wird bei kleineren Unternehmen auch die Unternehmensleitung an den neuen Eigentümer übertragen. Es gibt allerdings Fälle, in denen die Nachfolge des Eigentums und der Geschäftsführung unterschiedlich geregelt werden. Dieser Fall tritt zum Beispiel dann ein, wenn es mehrere Erben gibt oder kein Familienmitglied bereit bzw. fähig ist, die Geschäftsführung zu übernehmen. Oftmals wird diese zweigleisige Nachfolgeregelung auch als Übergangslösung gewählt (Bayrisches Staatsministerium für Wirtschaft und Medien, Energie und Technologie 2016).

Grundsätzlich können mehrere Formen der Nachfolge unterschieden werden. Dazu gehören die Übergabe innerhalb der Familie, der Verkauf des Unternehmens an Mitarbeiter oder an externe Dritte, die Verpachtung oder Vermietung des Unternehmens, die Gründung einer Stiftung und weitere Möglichkeiten der Nachfolgeregelung bis hin zur Liquidation des Unternehmens. Im Folgenden wird auf die ersten beiden genannten Nachfolgeformen eingegangen.

6.1.3.1 Familieninterne Unternehmensnachfolge

Die Nachfolge innerhalb der Familie stellt die übliche Form der Übertragung eines Unternehmens dar. Bei der Übergabe innerhalb der Familie – auch Family-Buy-out genannt – wird zwischen drei Formen unterschieden.

Die erste Form ist die Unternehmensübertragung als vorweggenommene oder auch vorgezogene Erbfolge. Hier übergibt der Unternehmer zu Lebzeiten das Unternehmen an einen oder mehrere Erben. Dadurch können aufkommende Probleme rechtzeitig besprochen und vermieden werden, weshalb diese Form der Unternehmensübertragung als die unternehmens- und familienfreundlichste Variante gilt. Falls mehrere Erben vorhanden sind, das Unternehmen allerdings nur an einen Erben übertragen werden soll, ist ein sogenannter Erbausgleich erforderlich. Dabei muss darauf geachtet werden, dass die weichenden Erben den Pflichtteilsverzicht erklären und vom Übergeber eine entsprechende Gegenleistung erhalten. Das Unternehmen kann so gegen Pflichtteilsansprüche oder eine Erbengemeinschaft abgesichert werden (IHK Berlin 2016, S. 14).

Die zweite Form ist die Übertragung des Unternehmens gegen wiederkehrende Leistungen, wie beispielsweise Renten oder Raten. Die Altersversorgung des Übergebers und seiner Familie stellt häufig ein Problem bei der Übertragung eines Unternehmens an ein Familienmitglied dar. Die Antwort auf die Frage nach der Sicherstellung der Altersvorsorge kann eine Kaufpreiszahlung im Rahmen einer wiederkehrenden Leistung sein. Diese kann im Zusammenhang mit einer Unternehmensübertragung Versorgungs- und Unterhaltsleistungen oder Leistungen im Austausch mit einer Gegenleistung umfassen. Das bedeutet, der vereinbarte Kaufpreis wird nicht als Einmalzahlung, sondern in Form von Raten über einen bestimmten Zeitraum bezahlt (IHK Berlin 2016, S. 15).

Die dritte Form der Unternehmensübertragung ist der Kauf des Unternehmens. Hier wird das elterliche Unternehmen von der Tochter oder dem Sohn gekauft. Für den Fall, dass das Unternehmen noch Schulden hat, sorgt in der Regel der Käufer für die Abdeckung bzw. die Übernahme der Schulden. Ein angemessener Kaufpreis und eine solide Gründungsfinanzierung sind Voraussetzung für dieses Konzept (IHK Berlin 2016, S. 15).

6.1.3.2 Familienexterne Unternehmensnachfolge: MBO/MBI

Die familienexterne Unternehmensnachfolge lässt sich in die unternehmensinterne und -externe Nachfolge unterteilen. Nach Berechnungen des IfM Bonn werden gut ein Drittel der familienexternen Nachfolgen unternehmensintern und knapp zwei Drittel unternehmensextern geregelt. Die familienexterne Unternehmensnachfolge ist außerdem stets durch einen gleichzeitigen Übergang von Eigentum und Leitung gekennzeichnet (IfM Bonn 2018). Somit handelt es sich bei unternehmensinternem Management-Buy-out (MBO) und unternehmensexternem Management-Buy-in (MBI) um eine besondere Form der Nachfolge, bei der die volle oder teilweise Unternehmensübertragung durch eigene Mitarbeiter oder durch externe, qualifizierte Personen erfolgt, die dann im eigenen Unternehmen als Manager tätig sind (Habig und Berninghaus 2004, S. 118).

Beim MBO kommt der Käufer also aus dem Unternehmen. Es wird somit an einen oder mehrere in den allermeisten Fällen leitende Mitarbeiter verkauft. So ein Verkauf an eigene Mitarbeiter ist Ausdruck dafür, welch großes Vertrauen die eigenen Führungskräfte in das Unternehmen haben. Vorteile eines MBO können sein, dass die Unternehmensphilosophie bestehen bleibt, es zu keiner Verunsicherung bei Kunden und Banken kommt und Geschäftsgeheimnisse nicht offen dargelegt werden müssen. Zudem ist es für Unternehmer, die sehr an ihrem Unternehmen hängen und für die ein Verkauf des Unternehmens geradezu undenkbar wäre, aus psychologischer Sicht ein Kompromiss zwischen den beiden Extremen der familieninternen Nachfolge und des Verkaufs des Unternehmens an Dritte. Jedoch sollte auch hier genügend Zeit für die Vorbereitung und Einarbeitung eingeplant werden, da nicht gewiss ist, dass aus einem guten Manager auch ein guter Geschäftsführer wird (Habig und Berninghaus 2004, S. 119 ff.). Zudem sind im Gegensatz zum MBI weniger Innovationen zu erwarten, da der Nachfolger sich im Unternehmen bereits bestens auskennt, ihm jedoch dadurch eventuell die Sicht auf Neues vorborgen bleibt.

Beim MBI übernehmen externe Manager das Unternehmen. Diese Form der Nachfolge tritt meistens dann auf, wenn weder ein Familienmitglied noch ein Mitarbeiter aus dem Unternehmen für die Übernahme des Unternehmens infrage kommt. Durch einen MBI können neue Impulse für das Unternehmen entstehen, die sich positiv auswirken können. Ein MBI kann aber auch gerade im Falle des Einstiegs von Finanzinvestoren im ungünstigsten Fall schnell zu einer Zerschlagung oder Liquidation des Unternehmens führen. Die Suche nach einem geeigneten und qualifizierten externen Nachfolger kann sehr viel Zeit in Anspruch nehmen. Auch die Einarbeitungszeit ist länger als beim MBO. Daher sollte auch hier mit der Suche sehr rechtzeitig begonnen werden (IHK Stade für den Elbe-Weser-Raum 2016).

6.1.3.3 Stand der Nachfolgeregelung

Die Ergebnisse einer Metaanalyse des IfM Bonn auf der Basis von 18 Studien zeigen, dass der Generationswechsel nur knapp mehr als die Hälfte der Familienunternehmen (53 %) durch familieninterne Nachfolge, also durch die Übergabe an die eigenen Kinder oder andere direkte Angehörige geregelt wurde. 18 % der Familienunternehmen wurden unternehmensintern weitergegeben. Es wird dabei nicht erläutert, ob diese unternehmensinterne Nachfolge durch Übertragung der Anteile auf Geschäftspartner, die Anstellung eines Geschäftsführers, die Beteiligung von leitenden Mitarbeitern, Verpachtung oder durch Management-Buy-out erfolgte. Die restlichen 29 % haben ihr Familienunternehmen unternehmensextern verkauft. Zu den Gründen zählen vermutlich fehlende oder nicht geeignete Nachfolger oder auch der Wunsch, den Verkaufserlös für andere meist finanzielle Anlagemöglichkeiten oder den Ruhestand zu verwenden (IfM Bonn 2018).

6.1.4 Der Unternehmer

Im Prozess der Unternehmensnachfolge gibt es zwei Hauptakteure: den Übergeber und den Übernehmer. Beide lassen sich „gegenseitig" definieren, denn ohne einen Übernehmer gibt es keinen Übergeber und umgekehrt (Simon 2009, S. 40). Sowohl Übergeber als auch Übernehmer haben einen erheblichen Einfluss auf das Gelingen der Nachfolge. Daher wird im Folgenden näher auf ihre besondere Rolle im Nachfolgeprozess eingegangen.

6.1.4.1 Verschiedene Unternehmertypen

Der Erfolg einer Unternehmensnachfolge kann mitunter davon abhängen, wie stark sich ein Unternehmer mit seinem Unternehmen identifiziert und welcher Unternehmertyp er ist.

POZA (Baumgartner 2009, S. 42) unterscheidet bei Übergebern von Familienunternehmen sechs verschiedene Typen: den Monarchen, den General, den Diplomaten, den Governor, den Erfinder und den „Übergabekünstler". Diese Typen unterscheiden sich besonders im Ausmaß der Planung des Nachfolgeprozesses und der Fähigkeit, loszulassen. Im Folgenden werden der Monarch und der „Übergabekünstler", die beiden Unternehmertypen, die am weitesten auseinander sind, vorgestellt.

Der Monarch plant seine Nachfolge grundsätzlich nicht, da er sich für unentbehrlich hält. Das Unternehmen steht in seinem Leben an oberster Stelle, die Unternehmerrolle ist seine Lebensrolle. Es besteht also eine sehr innige Beziehung zum aufgebauten Unternehmen, weshalb zu erwarten ist, dass sich der Rücktritt aus dem Unternehmen und der Eintritt in den Ruhestand sehr schwierig gestalten werden. Gründer dieser Art schieben den Gedanken ans Aufhören weit von sich. Auch der Anspruch des Monarchen auf die alleinige Führung des Familienunternehmens verringert sich mit zunehmendem Alter nicht. Ein potenzieller Übernehmer hat kaum eine Chance, sich dem starken Unternehmer zu beweisen. Beginnt er womöglich, sich unterzuordnen, steht sein Verhalten genau im Gegensatz zu dem, was von einem Nachfolger gefordert wird. Dies kann wiederum die autoritäre Haltung des Unternehmers verstärken und dazu führen, dass der eigentlich prädestinierte Übernehmer doch nicht die Nachfolge des Betriebs antreten möchte, sondern sich ein eigenes Unternehmen aufbaut und selbst Gründer wird (Poza 2009, S. 49).

Der „Übergabekünstler" ist sich seiner Verantwortung in Bezug auf die Regelung der Nachfolge vollkommen bewusst. Dieser Typus plant den Übergabeprozess bis ins Detail und begleitet die Übergabe während des gesamten Nachfolgeprozesses. Dadurch kann er sicherstellen, dass die Nachfolgeregelung unter seiner Leitung ein Erfolg wird. Weniger wichtig ist für ihn, ob der Nachfolger aus der eigenen Familie kommt oder ein Fremder das Unternehmen übernimmt und wie lange der Überlappungszeitraum für Übergeber und Übernehmer dauert. Der „Übergabekünstler" ist einer internen oder externen Beratung nicht abgeneigt, wenn sich dadurch Risiken minimieren lassen und der Nachfolgeprozess erfolgreich verläuft. Der Rücktritt aus dem Unternehmen, das Loslassenkönnen fällt dem „Übergabekünstler" nicht schwer, im Gegenteil, es stellt für ihn eher eine Art Erleichterung dar. Dies hängt mitunter damit zusammen, dass er sich der Risiken und Gefahren im Falle eines Nichtgelingens bewusst ist. Durch die Leitung und Begleitung des Übergabeprozesses ist es ihm möglich, sich sukzessive vom Familienunternehmen zu trennen und zudem an der Einarbeitung des Übernehmers mitzuwirken (Poza 2009, S. 51 ff.).

6.1.4.2 Loslassen können

Für viele Unternehmer stellt der Rücktritt aus dem Unternehmen und damit der Eintritt in die sogenannte dritte Lebensphase eine kaum zu bewältigende Herausforderung dar. Die Alltagsstruktur und die täglichen Aufgaben fallen weg und die meist weit über 50 h pro Woche, die der Unternehmer häufig mit seinem Unternehmen verbrachte, müssen nach der Übergabe neu gefüllt werden. Doch neben der Herausforderung, den Alltag komplett neu zu gestalten, gilt es für viele Unternehmer auch, die Angst vor dem Älterwerden zu besiegen. Daher zögern sie den Zeitpunkt der Unternehmensübergabe gerne immer weiter hinaus (Felden und Klaus 2003, S. 6).

Unternehmer, die meinen, ihr Unternehmen auch noch im Alter von 75 Jahren und darüber hinaus führen zu können, vergessen oft, dass mit zunehmendem Alter meist sowohl die Innovations- als auch die Risikobereitschaft sinkt (Felden und Klaus 2003, S. 4). Um diese Gefahr für das Unternehmen abzuwenden, sollte sich der Unternehmer frühzeitig mit der Zeit im Ruhestand auseinandersetzen. Je eher er beginnt, alternative Beschäftigungen zu suchen, die seine Zeit nach dem Rücktritt aus dem Unternehmen füllen können, desto einfacher wird dem Unternehmer die Vorbereitung auf seinen Rücktritt fallen (Schackmann 2003, S. 22).

6.1.4.3 Dem Nachfolger Vertrauen schenken

Ein Unternehmer identifiziert sich viel stärker mit seinem Beruf und seinem Unternehmen als ein angestellter Arbeitnehmer. Unternehmer und Privatmensch verschmelzen häufig zu einer nicht differenzierbaren Einheit. Der Unternehmer „lebt" für das Unternehmen. Unternehmer, die sich so stark mit ihrem Lebenswerk identifizieren, sind oft der Ansicht, es gebe keinen passenden Nachfolger für ihr Unternehmen. Kurz gesagt,

sie trauen die Unternehmensführung niemand anderem außer sich selbst zu und arbei-
ten daher immer weiter (Felden und Klaus 2003, S. 5). Für das Unternehmen kann
dies jedoch zu einer existenziellen Gefahr werden. Denn ohne Nachfolger kann das
Unternehmen nicht fortgeführt werden. Nur wer sich im Klaren darüber ist, dass die
Nachfolgeregelung zu den wichtigsten Aufgaben des Unternehmers zählt, kann dem
Unternehmen und somit auch den Mitarbeitern eine erfolgreiche Zukunft sichern.

6.1.5   Der Nachfolger

Der Wunsch sehr vieler Unternehmer ist es, das selbst gegründete Unternehmen später
einmal in die Hände eines eigenen Kindes zu geben. In vielen Fällen verläuft die Nachfolge auch genauso. Manchmal ist aber kein Kind an einer Übernahme des familieneigenen Unternehmens interessiert und vielleicht auch nicht ausreichend dafür qualifiziert.
Nicht selten fühlen sich Unternehmerkinder unter Druck gesetzt und treten, weil sie die
Gefühle der Eltern nicht verletzen möchten, die Nachfolge an, obwohl sie selbst kein
Unternehmertyp sind und sich der Aufgabe auch nicht gewachsen fühlen. In diesen Fällen sind die Konsequenzen für das Unternehmen oft schwerwiegend. Ein Unternehmer
trägt die Verantwortung für die Mitarbeiter, für das Unternehmen selbst und selbstverständlich auch für die Familie. Deshalb muss sich der Nachfolger dringend fragen, ob er
das Familienunternehmen wirklich übernehmen und sich den Risiken, Erwartungen und
Herausforderungen stellen möchte, ob er den Anforderungen entspricht und die benötigte
Qualifikation dazu hat. Fortbildungen können natürlich zu jeder Zeit erfolgen, um mögliche Wissenslücken zu schließen oder den Wissenshorizont zu erweitern und sich dadurch
auch immer auf den neuesten Wissensstand zu bringen, aber manche Dinge lassen sich
auch in der Unternehmensführung nicht lernen oder antrainieren.

6.1.5.1 Der interne Nachfolger
Viele Kinder in Familienunternehmen erleben schon von klein auf, wie viel und wie
hart die Eltern oder Elternteile für das Unternehmen arbeiten müssen, wie viel Zeit sie
im Unternehmen verbringen und wie wenig Zeit für Freizeit und Familie geblieben ist.
Bei vielen potenziellen Nachfolgern stellt sich dann durchaus die Frage, warum sie das
Familienunternehmen übernehmen und damit die ganze Arbeit sich selbst aufbürden sollen, wenn sie doch woanders mit weniger Aufwand auch gutes Geld verdienen und dabei
noch dazu ein erheblich geringeres Risiko tragen (Felden und Klaus 2003, S. 24).

   In anderen Fällen sehen Unternehmerkinder auch heute noch oftmals keine andere
Möglichkeit, als ins Unternehmen einzutreten und irgendwann die Nachfolge anzutreten,
da sie von den Eltern dazu gedrängt werden. So absolvieren sie die für den Eintritt benötigte Berufsausbildung, auch wenn ihre Interessen und Neigungen in eine andere Richtung gehen. Es fällt ihnen besonders dann schwer, sich zu behaupten, wenn Vater oder
Mutter ein autoritäres Rollenverständnis vom Betrieb mit nach Hause nehmen. Oft sind
genau diese Unternehmerkinder schlecht auf die unternehmerische Aufgabe vorbereitet.

Sie haben nie gelernt, eigene Zielvorstellungen zu verwirklichen, und neigen dazu, Konflikten aus dem Weg zu gehen (Felden und Klaus 2003, S. 24).

Unternehmerkinder sollten also aus eigenem Wunsch die Firma übernehmen und nicht, weil sie dazu gedrängt wurden. Denn eins ist klar: Nur wer voll und ganz hinter seiner Entscheidung steht, wird die vielseitigen Aufgaben und Herausforderungen eines Unternehmers erfolgreich bewältigen können. Daher ist es wichtig, dass in der Familie über unternehmerische Entscheidungen offen gesprochen und diskutiert wird. Da ein Unternehmerkind den Alltag seiner selbstständigen Eltern miterlebt und weiß, dass meist lange Arbeitszeiten, intensiver Arbeitseinsatz, wenig Freizeit und unsichere finanzielle Perspektiven nun einmal dazugehören, sollten zudem auch die positiven Aspekte des Unternehmertums hervorgehoben und verdeutlicht werden. Ein Selbstständiger hat freie Gestaltungsmöglichkeiten, ist unabhängig, kann sich selbst verwirklichen und trägt zugleich Verantwortung für seine Mitarbeiter, das Unternehmen und die Familie.

Um den nötigen Abstand zum elterlichen Unternehmen zu bekommen und um eigene und neue Erfahrungen zu sammeln, ist es für den potenziellen Nachfolger ratsam, nach der Ausbildung in einem anderen Unternehmen zu arbeiten. Dadurch kann er deutlich realistischer einschätzen, ob er sich die Unternehmensnachfolge im elterlichen Betrieb zutraut und sich der Herausforderung gewachsen fühlt. Das Thema der Unternehmensnachfolge ist also frühzeitig anzugehen, es sollte in der Familie offen und sachlich darüber gesprochen und die Entscheidung des potenziellen Nachfolgers respektiert werden, auch wenn er sich gegen die Unternehmensnachfolge entscheidet (IHK Frankfurt am Main 2017).

6.1.5.2 Der externe Nachfolger

Gründe für eine externe Nachfolge können sein, dass der Unternehmer kinderlos ist oder kein Kind sich für die Fortführung des Familienunternehmens eignet. Einer der häufigsten Gründe ist jedoch mangelndes Interesse der Kinder von Unternehmern an der Nachfolge des familieneigenen Unternehmens. Steht kein familieninterner Nachfolger zu Verfügung, so muss sich der Unternehmer nach einem externen Nachfolger umschauen. Laut IfM Bonn gestaltet sich jedoch die Realisierung einer familienexternen Nachfolge im Vergleich zur familieninternen deutlich schwieriger. Dies ist zum einen dadurch begründet, dass ein für das Unternehmen geeigneter externer Nachfolger schwieriger zu finden ist, zum anderen bringen die Verhandlungen der beiden Parteien über die Details der Nachfolge oftmals viele offene Fragestellungen mit sich (IfM Bonn 2018). Sobald feststeht, dass das Unternehmen nicht familienintern weitergeführt wird, sollte sich der Unternehmer überlegen, ob die Möglichkeit einer unternehmensinternen Nachfolge besteht. Ist dies nicht der Fall, kann der Unternehmer seinen Übergabewunsch zum Beispiel in eine sogenannte Unternehmensbörse einstellen und selbst nach potenziellen Nachfolgern suchen, auch über regionale Grenzen hinweg. Unternehmensbörsen bieten die Möglichkeit, über Kammern, Banken und Sparkassen ein Inserat aufzugeben, wodurch die Nachfolgesuche ggf. in anonymisierter Form bundesweit bekanntgegeben wird. Aber auch an einer Übernahme interessierte Personen können so nach ihrem Wunschunternehmen suchen und mit Unternehmen in Kontakt treten (Felden und Klaus 2003, S. 26).

6.1.5.3 Anforderungen an den Nachfolger

Die in Kap. 1 dieses Buches vorgestellte Studie zeigt, dass die Erwartungen an den Nachfolger bei Unternehmen mit geklärter Nachfolge kaum Unterschiede zu Unternehmen mit noch nicht geklärter Nachfolge aufweisen. In beiden Fällen stehen fachliche Qualifikation, Persönlichkeit, Belastbarkeit und Kommunikationsfähigkeit an oberster Stelle. Loyalität, Mitarbeiterführung und Branchenerfahrung werden ebenfalls als sehr wichtig eingestuft.

Ganz besonders für mittelständische Unternehmen stellt die Persönlichkeit des Unternehmers einen wichtigen Erfolgsfaktor dar. Den Prototyp eines Nachfolgers gibt es nicht, da in jedem Unternehmen unterschiedliche Qualitäten gefordert sind. Felden und Klaus unterscheiden das Anforderungs- bzw. Qualifikationsprofil eines Nachfolgers in fachliche, unternehmerische und persönliche Fähigkeiten.

Zur fachlichen Qualifikation gehören zum Beispiel kaufmännisch-betriebswirtschaftliche Kenntnisse, technisches Know-how, Kenntnisse in Kostenrechnung und Controlling sowie praktische Erfahrung. Fachliche Voraussetzungen für eine Übernahme sind i. d. R. erlernbar. Bestehende Defizite können durch Seminare, Berufserfahrung oder spezielle Kurse behoben werden.

Unternehmerisches Können hingegen ist nicht erlernbar. Dazu gehört die Fähigkeit, ein Unternehmen bzw. Mitarbeiter verantwortungsbewusst zu führen und Zukunftsvisionen für das Unternehmen zu entwickeln. Auch soziale Kompetenz und Risikobereitschaft zählen dazu. Die persönliche Qualifikation beinhaltet Kommunikations-, Team- und Kontaktfähigkeit, aber auch eine gute körperliche Verfassung und Verhandlungsgeschick (Felden und Klaus 2003, S. 29 ff.). Selbstverständlich sind die Anforderungen an den Nachfolger von Branche zu Branche unterschiedlich. Es kommt zudem oftmals darauf an, in welcher wirtschaftlichen Situation sich das Unternehmen befindet, also, ob es finanziell gut dasteht oder nicht usw. (Habig und Berninghaus 2004, S. 69).

6.2   Fallstudie Familienunternehmen Maier

Im Fallbeispiel werden nun die Faktoren erläutert, die zum Gelingen der Unternehmensnachfolge beim Familienunternehmen Maier beigetragen haben. Bei der Auswahl des Familienunternehmens für das Fallbeispiel wurde darauf geachtet, dass das Unternehmen entweder gerade seine Nachfolge plant oder ein Wechsel in die dritte Generation bereits stattgefunden hat. Familienunternehmen, die erst in der zweiten Generation geführt werden und nicht in absehbarer Zeit an die dritte Generation übergeben werden sollen, kamen nicht in die engere Auswahl für dieses Fallbeispiel. Nach intensiver Internetrecherche wurde ein für die Fallstudie geeignetes Unternehmen gefunden. Das Familienunternehmen Brillen & Uhren Maier ist in Altstadt im Ostalbkreis in Baden-Württemberg ansässig.

Der Termin für die erste Anfrage für ein Interview wurde bewusst nicht telefonisch, sondern vor Ort persönlich vereinbart. Dieser erste persönliche Kontakt bot dem Interviewer die Gelegenheit, sich vorzustellen, sein Anliegen genau zu erläutern und auf diese Weise Vertrauen zu schaffen. Es entstand auf Anhieb ein gutes Gespräch und die Interviewpartner konnten sich etwas näher kennenlernen. Der Unternehmer Hans Maier erklärte sich dazu bereit, eine Woche später über sein Familienunternehmen und den Nachfolgeprozess zu berichten.

Das Unternehmen eignet sich besonders gut als Fallstudie, da Hans Maier sowohl Nachfolger als auch Übergeber in einer Person ist. Er hat das Familienunternehmen von seinem Vater übernommen und war somit damals selbst in der Rolle des Nachfolgers und musste sich verschiedenen Herausforderungen stellen. Nun erlebt er den Nachfolgeprozess aus der Sicht des Übergebers, was wieder neue Erfahrungen und Herausforderungen mit sich bringt. Für das Interview mit dem Unternehmer wurde ein Leitfaden erarbeitet, der die für die Fallstudie relevanten Themen beinhaltet. Der Leitfaden beinhaltet sechs große Themenbereiche: das Unternehmen; die Familie; Hans Maier als Nachfolger; Hans Maier als Übergeber; Petra Schuster als Nachfolgerin; Herausforderungen und Erfolgsfaktoren.

Das Interview fand im Verkaufsraum des Familienunternehmens statt. Es wurde nach Zustimmung des Interviewten mit einem Aufnahmegerät aufgezeichnet. Dadurch war der Interviewer nicht darauf angewiesen, alle Details exakt und ausführlich mitzuschreiben, was den Redefluss unterbrochen und vor allem viel Zeit gekostet hätte. Zu Beginn des Interviews stellte sich der Interviewer vor und schilderte seinen beruflichen Werdegang. Dieses Gespräch diente dem Kennenlernen und der Vertrauensbildung. Anschließend erklärte der Interviewer die Vorgehensweise und nannte die sechs großen Themenbereiche, die im Laufe des Interviews besprochen werden sollten. Nachdem es keinerlei Fragen zur Vorgehensweise gab, nannte der Interviewer das erste Schlagwort.

Um dem Interviewten den Einstieg in das Gespräch etwas zu erleichtern, bezogen sich die ersten Fragen auf die Gründung des Unternehmens. Im weiteren Verlauf kamen dann die fünf weiteren Themenbereiche zur Sprache. Im Interview brachte der Gesprächspartner dem Interviewer große Offenheit und Vertrauen entgegen und gewährte ihm tiefe Einblicke in sein Familienunternehmen. Die Interviewpartner im Familienunternehmen Maier waren der ehemalige Geschäftsführer Hans Maier und seine Tochter Petra Schuster, die seit Anfang des Jahres die Nachfolgerin des Familienunternehmens ist.

Am Ende des Gesprächs erhielten die Interviewten eine kleine Aufmerksamkeit als Dank dafür, dass sie sich die Zeit für das Interview genommen haben und für ihre große Offenheit.

Durch das qualitative Interview hatte der Familienunternehmer die Möglichkeit, frei über die Nachfolge in seinem Unternehmen zu berichten. So konnte er selbst entscheiden, auf welche Inhalte er näher eingehen und welchen Punkten er mehr Gewicht im Interview verleihen möchte. Durch das freie Sprechen entstand eine entspannte Atmosphäre zwischen den Interviewpartnern. Der Interviewer konnte interessante Inhalte durch Nachfragen vertiefen. Es fand ein stetiger Redefluss während des Interviews statt.

Bei Abschweifungen vom Thema konnte sich der Interviewer mithilfe seines Leitfadens schnell wieder orientieren. Für die Ausarbeitung der Fallstudie eignete sich die angewandte Methode ausgezeichnet.

6.2.1 Einleitung und Gründungsgeschichte

Das Familienunternehmen Brillen & Uhren Maier in Altstadt im Ostalbkreis hat bereits den zweiten Generationswechsel erfolgreich gemeistert. Anfang dieses Jahres übergab Hans Maier sein Unternehmen an seine Tochter Petra Schuster. Das Familienunternehmen wird damit in der dritten Generation geführt. Das familiengeführte Unternehmen kennzeichnen heute wie damals ein hervorragender Kundenservice und eine familiäre Atmosphäre, was sich auch in der Kundenzufriedenheit widerspiegelt.

Der Gründer Josef Maier eröffnete 1950 ein Uhrengeschäft in Schwäbisch Gmünd. Als Rechtsform wurde damals das Einzelunternehmen gewählt. Neun Jahre später kam ein zweites Ladengeschäft am aktuellen Geschäftsstandort in Altstadt dazu, ca. 16 km von Schwäbisch Gmünd entfernt. Nach der Eröffnung des zweiten Geschäfts führte seine Frau das kleine Uhrengeschäft in Schwäbisch Gmünd weiter, während Josef Maier 13 Jahre lang in das Geschäft nach Altstadt pendelte. 1972 wurde das Uhrengeschäft in Schwäbisch Gmünd geschlossen. Die Familie Maier zog nun auch privat von Schwäbisch Gmünd nach Altstadt. Josef Maier und seine Frau waren zum damaligen Zeitpunkt die einzigen Mitarbeiter im Unternehmen. Im Alter von 65 Jahren übergab Josef Maier das Unternehmen an seinen Sohn Hans.

6.2.2 Hans Maier als Nachfolger

Hans Maier, der Sohn des Firmengründers, hatte anfangs nicht den Wunsch, das Unternehmen seines Vaters einmal zu übernehmen und sich selbstständig zu machen. *„Das war nie mein Ziel. [...] Selbstständig wollte ich nicht werden"* (H. Maier). Sein Vater riet ihm, eine Ausbildung in der Augenoptik zu machen: *„Lern lieber Optiker, da verdienst du mehr Geld wie als Uhrmacher"* (H. Maier). Daraufhin begann Hans Maier die dreieinhalbjährige Ausbildung zum Augenoptiker. Anschließend absolvierte er in demselben Ausbildungsbetrieb eine dreijährige Ausbildung zum Uhrmacher – ohne jeden Gedanken an eine Selbstständigkeit oder eine spätere Übernahme des Geschäfts seines Vaters. *„Aber gut, dass ich es damals gemacht habe, da eine Kombination der beiden Branchen hier bei uns auf dem Land sehr hilfreich ist"* (H. Maier). Nach seiner Ausbildung arbeitete Hans Maier als Geselle in Reichenbach. Später ging er nach Karlsruhe, um auf der Fachschule seinen Meister zu machen. 1973, im Alter von 25 Jahren, erhielt Hans Maier seinen Meisterbrief.

Danach arbeitete er rund zehn Jahre in Stuttgart in einem größeren Augenoptikgeschäft mit ungefähr zehn Mitarbeitern und übernahm häufig Kontaktlinsenanpassungen und Refraktionen. Auch in der Werkstatt war er immer wieder tätig, um nicht aus der Übung zu kommen. In diesem Geschäft konnte er sehr viel lernen und Erfahrungen sammeln. *„In dem Geschäft habe ich gesehen, wie man eigentlich richtig arbeitet und wie man Kunden bedient und wie man sie zufriedenstellt und dass man immer auch aus der Sicht der Kunden beobachten muss, was der Kunde erwartet"* (H. Maier). Auch zu diesem Zeitpunkt dachte Hans Maier noch nicht an eine Selbstständigkeit. *„Mir ging es eigentlich sehr gut als Angestellter. Man ist frei gewesen"* (H. Maier).

Anschließend arbeitete Hans Maier zwei Jahre im Schwarzwald. *„Der Betrieb dort hat mir den Anstoß gegeben, mich selbstständig zu machen"* (H. Maier). Hans Maier baute für den Betrieb eine weitere Filiale auf, für die sich der Chef allerdings aufgrund einer Fehlkalkulation stark verschuldete. Durch die vielen Kenntnisse und Fähigkeiten, die Hans Maier bei seiner Tätigkeit in Stuttgart erworben hatte, baute er sich im Schwarzwald schnell einen treuen Kundenstamm auf und merkte, dass er von Kunden sehr geschätzt wird. Hans Maier übernahm schließlich vollkommen selbstständig die Geschäftsführung von drei Filialen. *„Ich musste alles machen. Ich habe dort die komplette Geschäftsführung gemacht, mit Gehältern auszahlen, Überweisungen tätigen, mit Vertretern verhandeln, teilweise sogar mit den Banken"* (H. Maier). Auf diese Weise konnte er viele wichtige Erfahrungen im Bereich der Unternehmensführung sammeln. Er lernte Kassenbuchführung, Verbuchen und vieles mehr, was zum Aufgabenbereich eines Geschäftsführers gehört. *„Ich habe dort gesehen, was alles sonst noch so an Bürokratie anfällt"* (H. Maier).

1984 kam dann der *„Ruf von zu Hause"* (H. Maier). Josef Maier, zu diesem Zeitpunkt 62 Jahre alt, wollte das Unternehmen verkaufen und fragte den Sohn, ob er Interesse habe. Dem Geschäft im Schwarzwald ging es zu der Zeit finanziell nicht allzu gut. Hans Maier hatte viel aus den Fehlern seines damaligen Chefs gelernt und sich einiges Können im Bereich der Geschäftsführung angeeignet. Außerdem wusste er, dass ihm vor allem auch der Umgang mit Kunden sehr liegt. So beschloss er, den Schritt in die Selbstständigkeit zu wagen. *„Damals habe ich mir gesagt: Das, was mein Chef kann, kann ich auch. Aber ich werde es besser machen. Und dann habe ich den Schritt hierher gewagt"* (H. Maier). Durch die Arbeit im Schwarzwald hatte Hans Maier Sicherheit im Bereich der Unternehmensführung erlangt und fühlte sich gut vorbereitet für diese Aufgabe. *„Ich hatte keine Angst mehr vor der Selbstständigkeit"* (H. Maier).

So kam es, dass Hans Maier sich 1985 in den Geschäftsräumen des Uhrengeschäftes seines Vaters als Augenoptiker selbstständig machte. Dies erforderte allerdings eine Vergrößerung der Räumlichkeiten. Die Anmietung einer Wohnung direkt neben den Geschäftsräumen des damaligen kleinen Uhrengeschäfts ermöglichte eine Erweiterung. Damit ergab sich genügend Platz sowohl für das Uhrengeschäft als auch für die Augenoptik. *„Sonst wäre es nicht möglich gewesen. Damit war für mich die Türe offen, dass ich diesen Start wage"* (H. Maier). Zunächst übernahm Hans Maier also das Augenoptikgeschäft in den Geschäftsräumen seines Vaters. Dieser führte aber weiterhin das Uhrengeschäft.

„Mein Vater hat sein Uhrengeschäft gemacht und ich habe Optik gemacht. Das heißt, wir hatten zwei getrennte Kassen. Dadurch, dass wir in einem Ladenraum zusammen waren, haben wir uns natürlich auch ergänzt" (H. Maier). 1987, im Alter von 65 Jahren, übergab Josef Maier auch das Uhrengeschäft an seinen Sohn. Dieser kaufte seinem Vater das gesamte Inventar ab und modernisierte die Räumlichkeiten. Josef Maier und seine Frau arbeiteten nach der Übergabe als Angestellte weiterhin im Unternehmen. Hans Maier, der seinem Vater das Unternehmen auf Rentenbasis abgekauft hatte, zahlte ihm monatlich einen vereinbarten Betrag über den vereinbarten Zeitraum aus. Für die Vorbereitung der Unternehmensübergabe holten sich die beiden bei einem Steuerberater Unterstützung. Der bürokratische Aufwand für die Übergabe war ohne Unterstützung von außen zu groß.

Der Ausstieg aus dem Unternehmerdasein fiel Josef Maier nicht schwer. *„Es war eine Entlastung für ihn"* (H. Maier). Er zog sich fortan aus dem Kundenkontakt zurück. Seine Hauptaufgabe als Angestellter war die Reparatur von Uhren in der Werkstatt. Schwierigkeiten mit der Zusammenarbeit zwischen Eltern und Sohn gab es nie. *„Es hat nie große Probleme gegeben bei uns"* (H. Maier). Hans Maiers Bruder hatte nicht den Wunsch, in dieser Branche tätig zu sein. Daher gab es keine innerfamiliären Konflikte bezüglich der Nachfolge unter den beiden Geschwistern. Josef Maier arbeitete noch bis 2007 im Unternehmen. Im Alter von 85 Jahren zog er sich dann ganz aus dem Unternehmen zurück, mit der Begründung, seine Feinmotorik lasse *„jetzt langsam nach"* (H. Maier).

6.2.3   Hans Maier als Übergeber

Hans Maier führte das Unternehmen Brillen & Uhren Maier 30 Jahre lang mit großem Erfolg. Nach und nach stellte er weitere Mitarbeiter ein, damit sein Unternehmen wachsen konnte. Heute besteht das Team aus insgesamt acht Mitarbeitern. Hans Maier konnte sich einen großen Kundenstamm aufbauen und begeistert seine Kunden heute wie damals durch einen hervorragenden Kundenservice, ein großes Sortiment an Brillenfassungen und Uhren und die herzliche Atmosphäre in seinem Familienunternehmen. Im Januar dieses Jahres fand die Unternehmensübergabe statt. Hans Maier übergab 100 % der Unternehmensanteile an seine Tochter Petra Schuster, die somit das Familienunternehmen in dritter Generation weiterführte.

Erste Vorüberlegungen zur Unternehmensnachfolge stellte Hans Maier vor ungefähr zehn Jahren an. Damals arbeitete seine Tochter bereits im Familienunternehmen in Altstadt als Augenoptikermeisterin. *„Die Option, dass meine Tochter das Unternehmen einmal übernimmt, war auf jeden Fall da. Wir haben das auch immer wieder gemeinsam erörtert"* (H. Maier). Konkret über die Nachfolge wurde dann vor ungefähr drei Jahren gesprochen. Zu dem Zeitpunkt wollte Petra Schuster die Verantwortung jedoch noch nicht übernehmen. *„Was dann auch o.k. war, denn ich habe es ja gerne noch gemacht"* (H. Maier). Da Hans Maier genügend Mitarbeiter hatte, war es ihm möglich, sich in den letzten fünf Jahren auch öfter einmal eine Auszeit zu nehmen. Er zog sich etwas aus dem Unternehmen zurück und kam nicht mehr jeden Tag ins Familienunternehmen. *„Früher, als ich alleine im Unternehmen war, konnte ich das nicht machen. Wenn kein Meister da ist, dann ist es schwierig"* (H. Maier). Hans Maier lebte nie nur für das Unternehmen. Er hatte immer ein erfülltes Privatleben und bereiste die ganze Welt. Somit stand er dem gesamten Nachfolgeprozess sehr positiv gegenüber. Er wusste, was er mit seiner freien Zeit anfangen kann, wenn er nach der Übergabe einmal nicht mehr als Angestellter im Unternehmen weiterarbeiten möchte.

Dadurch, dass Hans Maier sich in den letzten Jahren etwas aus dem Unternehmen zurückzog, übernahm seine Tochter Schritt für Schritt auch immer mehr Verantwortung. Anfang letzten Jahres trat er mit der Handwerkskammer in Kontakt und informierte sich, was in Bezug auf die Unternehmensübergabe alles auf ihn zukommt. Die Handwerkskammer bewertete dann das Unternehmen. *„Es wurden alle Maschinen bewertet, die Einrichtung, die Unternehmensstruktur und auch die betriebswirtschaftliche Auswertung wurden angeschaut"* (H. Maier). Ursprünglich sollte das Unternehmen ein halbes Jahr früher übergeben werden, allerdings war der Termin aus Sicht der Handwerkskammer etwas zu kurzfristig. Daher wurde als festes Datum für die Unternehmensübergabe an Petra Schuster der Jahreswechsel gewählt. Im Januar erhielt sie 100 % der Unternehmensanteile. *„Wir haben einen klaren Schnitt gemacht"* (H. Maier). Durch den vorab festgelegten Termin hatten Hans Maier und seine Tochter genügend Zeit, sich auf die bevorstehende neue Situation einzustellen. Zur finanziellen Absicherung des Familienunternehmens bleiben Gewinne in Form von Rücklagen im Unternehmen und werden nicht ausgeschüttet. Damit ist immer ein finanzielles Polster vorhanden.

Für die Planung des Nachfolgeprozesses holte sich Hans Maier neben der Handwerkskammer auch seinen Steuerberater zu Hilfe. Überraschend war für ihn, dass eine Unternehmensübergabe so viel Bürokratie mit sich bringt. Er ist bis heute noch mit dem Ausfüllen einiger Unterlagen beschäftigt. *„Meiner Ansicht nach war es etwas zu spät, weil wir nicht wussten, wie viel Bürokratie noch auf uns zukommt"* (H. Maier). Die Nachfolge wurde wie schon bei seinem Vater auf Rentenbasis geregelt. Hans Maier bekommt also von seiner Tochter monatlich über einen vereinbarten Zeitraum den Betrag, wie ihn die Handwerkskammer in ihrem Gutachten empfohlen hat. Außerdem bleibt Hans Maier dem Familienunternehmen erhalten. Er kommt nach wie vor gerne ins Unternehmen. *„Samstags ist mein liebster Tag"* (H. Maier). Daher wird er weiterhin als Angestellter im Familienunternehmen arbeiten. *„Ich begleite meine Tochter noch eine Weile, solange ich noch fit bin"* (H. Maier). In der letzten Zeit war er wieder jeden Tag im Unternehmen. *„Das liegt jetzt einfach noch an der Übergangszeit"* (H. Maier). In Zukunft möchte er jedoch nicht mehr Vollzeit arbeiten.

Mit seinen Kunden sprach Hans Maier das Thema Nachfolge nicht an. Die Homepage des Familienunternehmens kündigte den Generationswechsel jedoch an und stellte Petra Schuster als Nachfolgerin vor. Von den Lieferanten wurden nur wenige darüber informiert.

Im Unternehmen selbst, also innerhalb des Mitarbeiterteams, wurde allerdings von vornherein über die Nachfolge gesprochen. *„Wir haben einen sehr familiär geführten Betrieb. Alle wussten Bescheid, wir haben offen darüber gesprochen"* (H. Maier). Hans Maier hat zwei Töchter. Die jüngere zeigte jedoch kein Interesse an der Branche und so gab es auch nie Konflikte bezüglich der Unternehmensnachfolge zwischen den Schwestern.

6.2.4   Die Nachfolgerin Petra Schuster

Nach dem Gymnasium wollte Petra Schuster ursprünglich Krankenschwester werden. *„Ich kann heute nicht mehr sagen, warum das auf einmal dann doch nicht mehr so war"* (P. Schuster). Tätigkeiten im Handwerk machten ihr schon immer großen Spaß. Sie begleitete ihren Vater auch oft ins Unternehmen und durfte dort in der Werkstatt mithelfen. So entdeckte sie die Freude an dem Beruf. *„Die Arbeit in der Werkstatt und der Umgang mit Kunden haben mir einfach gefallen"* (P. Schuster). Das Unternehmen war für sie nie negativ behaftet, im Gegenteil. Petra Schuster empfand es auch nicht als Nachteil, dass ihr Vater selbstständig war und ab und zu einmal später nach Hause kam, weil im Unternehmen noch Dinge zu erledigen waren. *„Ich habe es nicht anders gekannt, für mich war das völlig normal. Auch die Gespräche meiner Eltern daheim über das Unternehmen haben mich als Kind sowieso eher weniger interessiert"* (P. Schuster).

1992 entschied sich Petra Schuster relativ spontan, eine Ausbildung zur Augenoptikerin bei einem befreundeten Kollegen zu beginnen. *„Da haben wir uns natürlich gefreut. […] Aber an die Nachfolge haben wir damals noch nicht gedacht"* (H. Maier). 1995, nach Beendigung der Ausbildung, arbeitete Petra Schuster als Gesellin im Unternehmen ihres Vaters. Zwei Jahre später ging sie auf die Meisterschule nach Berlin und erhielt 1999 ihren Meisterbrief. Anschließend arbeitete sie als Meisterin wieder im väterlichen Unternehmen.

Auch in dieser Zeit dachte Petra Schuster noch nicht an eine mögliche Unternehmensnachfolge. *„Damals machte ich mir keine Gedanken über die Nachfolge, mir machte einfach die Arbeit in der Werkstatt und im Laden Spaß"* (P. Schuster). Der Anstoß kam erst später von ihrem Vater. Zunächst stand die Frage im Raum, ob Petra Schuster das Unternehmen allein übernimmt oder ob ein langjähriger Mitarbeiter mit in die Unternehmensführung einsteigt. Es stand jedoch schnell fest, dass Petra Schuster das Unternehmen allein fortführen wird. *„Es ist auch ein großes Risiko, wenn zwei Leute, die beide Familie haben, mit dranhängen"* (P. Schuster). Schließlich, vor ungefähr einem Jahr, fiel endgültig die Entscheidung, dass Petra Schuster die Unternehmensnachfolge antreten wird. *„Seitdem wurde auf die Nachfolge hingearbeitet und es war klar, es muss irgendwann mal einen Punkt geben, an dem das Unternehmen übergeben wird, auch offiziell"* (P. Schuster).

Die Festlegung des Termins zur offiziellen Übergabe war ein wichtiger Schritt, da dadurch die Nachfolge konkret wurde. Am 1. Januar gingen die Geschäftsanteile an

Petra Schuster über. Sie ist nun Unternehmerin und trägt die Verantwortung für das Familienunternehmen. *„Wobei ich bis jetzt noch keinen großen Unterschied bemerkt habe. Es ist schon seit einiger Zeit so gewesen, dass ich relativ viel selbstständig gemacht habe"* (P. Schuster). Die Kundschaft reagierte sehr positiv auf ihre Nachfolge. *„Viele Kunden haben gratuliert, ich bekam viel positives Feedback. Man kennt sich ja auch schon ewig"* (P. Schuster). Sie wurde schon als Mitarbeiterin von ihren Kunden sehr geschätzt. Hans Maier hat noch einige langjährige Stammkunden, die gerne von ihm persönlich beraten werden möchten, weil sie ihn schon seit Eröffnung des Unternehmens kennen und das Vertrauensverhältnis natürlich sehr schätzen. *„Aber alle Kunden haben auch großes Vertrauen in meine Tochter"* (H. Maier).

Die Zusammenarbeit mit ihrem Vater läuft sehr gut und Petra Schuster freut sich, dass er dem Unternehmen und den Kunden erhalten bleibt. Da sie selbst keine gelernte Uhrmacherin ist, ist sie auch froh über seine Unterstützung im Uhrengeschäft. Zweifel an der Aufgabe als Unternehmerin hatte Petra Schuster nie. *„Es gab natürlich ab und zu Situationen, in denen ich dachte, das möchte ich doch nicht. Aber das waren meistens spezielle Ereignisse, die sich an einem Tag zugetragen haben. Zum Beispiel Situationen mit unangenehmen Kunden, wo man sich denkt, dass man wirklich kein Chef sein möchte. Aber die positiven Ereignisse und Erfahrungen haben dann doch immer überwogen"* (P. Schuster). Sie bekam auch immer Unterstützung und Rückhalt von ihrem Ehemann und ihrer Familie. Petra Schuster liebt ebenfalls das Reisen. *„Ich freue mich aber auch jedes Mal, wieder zurückzukommen. Ich bin einfach wahnsinnig gerne im Laden. Man bekommt auch von den Kunden sehr viel Positives zurück"* (P. Schuster). In diesem Jahr sind keine Neuerungen im Unternehmen Maier geplant. *„Im nächsten Jahr muss etwas in den Laden investiert werden und ein paar Dinge modernisiert werden"* (H. Maier).

Hans Maier und Petra Schuster haben den ersten Schritt des Generationswechsels gemeinsam erfolgreich gemeistert und blicken voller Zuversicht in die Zukunft des Familienunternehmens. *„Für unser Unternehmen wünschen wir uns, dass es weiterhin gut floriert und dass wir weiterhin gute Arbeit leisten und dass die Kunden zufrieden sind. Nur wenn die Kunden zufrieden sind, sind wir selbst auch zufrieden"* (H. Maier).

6.2.5 Herausforderungen und Erfolgsfaktoren

Eine der größten Herausforderungen, denen sich Hans Maier als Übergeber seines Unternehmens stellen musste, war der Berg an Bürokratie. *„Bis heute müssen noch Unterlagen herausgesucht und ausgefüllt werden. Das war mir vorher nicht bewusst, wie viel da auf uns zukommt"* (H. Maier). Einer der Faktoren für seinen Erfolg ist mit Sicherheit die rechtzeitige Vorbereitung auf die Nachfolge. Früh genug suchte Hans Maier das Gespräch mit seiner Tochter über eine mögliche spätere Unternehmensnachfolge. Zudem durfte Petra Schuster von Beginn an frei entscheiden, ob sie den Weg in die Optik gehen möchte oder nicht. Dadurch konnte sie ohne jeglichen Druck die Freude am Beruf der

Optikerin entdecken. Das gute Verhältnis zwischen Hans Maier und seiner Tochter spielte für den erfolgreichen Nachfolgeprozess eine entscheidende Rolle. Hans Maier stand und steht seiner Tochter auch heute noch mit Rat und Tat zur Seite. Er gab ihr immer das Gefühl, dass auch er bereit ist für den Generationswechsel und davon auch nicht abweichen oder diesen weiter hinauszögern möchte. Wichtig war sowohl für Hans Maier als auch Petra Schuster der festgelegte Termin, an dem die Unternehmensübergabe stattfand. Dadurch konnten sich beide auf ihre neue Situation vorbereiten und einstellen. Familie und Mitarbeiter wurden von Beginn an in die Nachfolgeplanung eingebunden, was allen Beteiligten eine gewisse Sicherheit gab. Letztendlich spielte natürlich auch ein Funke Glück mit, dass Petra Schuster Freude an der Optik fand und den Wunsch hegte, das Familienunternehmen zu übernehmen.

6.3   Fazit

Für den Generationswechsel innerhalb eines Familienunternehmens gibt es nicht *das* Erfolgsrezept. Jedes Unternehmen ist anders, ebenso wie die Familien, von denen sie geführt werden. Folglich steht jeder Familienunternehmer vor seinen ganz eigenen Herausforderungen in Bezug auf die Nachfolge. Erkennt der Unternehmer jedoch die Bedeutung der Nachfolge, so kann der Generationswechsel eine große Chance für das Unternehmen darstellen. Denn durch die neue, junge Generation können Innovationen, neue Idee und Strategien zu einem wirtschaftlichen Aufschwung führen.

Der Unternehmer sollte rechtzeitig, ungefähr im Alter zwischen 50 und 55 Jahren, anfangen, sich mit der Nachfolge für sein Unternehmen zu befassen. Da die Findung und Einarbeitung des passenden Nachfolgers sehr viel Zeit in Anspruch nehmen kann, ist eine frühzeitige Auseinandersetzung mit dem Thema unabdingbar. Für die Klärung der Frage, ob ein interner Nachfolger aus der Familie bzw. dem Unternehmen oder doch ein externer gesucht wird, sollte der Unternehmer sich ausreichend Zeit nehmen und keine voreiligen Entscheidungen treffen. Denn die Wahl des richtigen Nachfolgers ist ausschlaggebend für den weiteren Erfolg des Unternehmens.

Besonders in Familienunternehmen spielt die Kommunikation innerhalb der Familie eine bedeutende Rolle. Egal, ob der Nachfolger aus der Familie kommt oder nicht, das Thema Unternehmensnachfolge betrifft die ganze Familie und sollte somit auch mit allen besprochen werden. Aber nicht nur die interne Kommunikation ist wesentlich für einen erfolgreichen Unternehmerwechsel, sondern auch die Kommunikation nach außen, mit den Mitarbeitern, Kunden, Lieferanten und Banken, denn sie schafft Sicherheit und Vertrauen bei allen Beteiligten.

Um eine Unternehmensübergabe erfolgreich zu gestalten, ist es ratsam, einen Nachfolgefahrplan zu erstellen. Dieser Fahrplan hält die einzelnen Schritte schriftlich fest. Wichtig vor der Erstellung des Konzepts ist es, die Wünsche und Vorstellungen des

Übergebers und auch des Nachfolgers zu kommunizieren und zu berücksichtigen. Nur so kann eine gute Zusammenarbeit stattfinden. Auch Hilfe von außen, zum Beispiel durch Unternehmensberater, Steuerberater, Anwälte oder die Handwerkskammer, kann und sollte in Anspruch genommen werden.

Wie die Fallstudie dokumentiert, erfordert auch der mit einer Unternehmensnachfolge verbundene große bürokratische Aufwand, rechtzeitig mit der konkreten Übergabeplanung zu beginnen. Die Fallstudie zeigt außerdem, dass die schriftliche Festlegung eines festen Übergabetermins für den Übergeber und vor allem auch für den Nachfolger einen wichtigen Meilenstein im gesamten Nachfolgeprozess darstellt. Denn damit signalisiert der Übergeber seinen Willen, das Unternehmen definitiv zu übergeben, und der Nachfolger bekommt die Möglichkeit, sich auf seine neue, verantwortungsvolle Tätigkeit vorzubereiten.

Der komplexe und oft langwierige Prozess der Unternehmensübergabe kann gelingen, das belegt exemplarisch diese Fallstudie. Dass das Risiko des Scheiterns nie ganz auszuschließen ist, gehört nun einmal zum Unternehmertum dazu. Letztendlich hängt der Erfolg eines Unternehmens und der Unternehmensübergabe stark von der Persönlichkeit des Unternehmers und Nachfolgers ab. Ein verantwortungsbewusster Familienunternehmer betrachtet die Nachfolgeregelung als eine seiner wichtigsten, wenn nicht sogar als die wichtigste Aufgabe. Durch die rechtzeitige Planung des Nachfolgeprozesses kann er nicht nur die Zukunft des Familienunternehmens sichern, sondern auch die seiner Mitarbeiter und seiner Familie.

Und noch ein abschließender Hinweis zu dieser Fallstudie: Alle Namen wurden auf Wunsch der Interviewpartner geändert.

Literatur

Bücher

Baumgartner B (2009) Familienunternehmen und Zukunftsgestaltung. Schlüsselfaktoren zur erfolgreichen Unternehmensnachfolge. Gabler, Wiesbaden

Habig H, Berninghaus J (2004) Die Nachfolge im Familienunternehmen ganzheitlich regeln. Springer-Verlag, Heidelberg

Hennerkes, B H (2004). Die Familie und ihr Unternehmen–Strategie. Liquidität, Kontrolle, Frankfurt/New York

Felden B, Klaus A (2003) Unternehmensnachfolge. Schäffer-Poeschel, Stuttgart

Felden B, Pfannenschwarz A (2008) Unternehmensnachfolge. Perspektiven und Instrumente für Lehre und Praxis. Oldenbourg Wissenschaftsverlag GmbH, München

Karle S (2005) Erfolgreiche Unternehmensnachfolge. Praxishandbuch für mittelständische Familienunternehmen. VDM Verlag Dr. Müller, Berlin

Mueller-Harju D (2013) Generationswechsel im Familienunternehmen. Mit Emotionen und Kon-
   flikten konstruktiv umgehen. Springer Gabler, Wiesbaden
Schackmann V (2003) Unternehmensnachfolge im Familienbetrieb. Gabler, Wiesbaden
Schröder S (1998) Fit für den Generationswechsel im Unternehmen. Erst die Konzeption, dann die
   Person. Gabler, Wiesbaden
Simon F B (2009) Organisationen und Familien als soziale Systeme unterschiedlichen Typs. Bei-
   träge zur Theorie des Familienunternehmens, 1, S 17

Internet

Bayrisches Staatsministerium für Wirtschaft und Medien, Energie und Technologie (2016) Nachfolgeprozess. https://www.unternehmensnachfolge-in-bayern.de/nachfolgeprozess/formen-der-
   unternehmensnachfolge. Zugegriffen: 28. Dez. 2016
IHK Berlin, Broschüre Unternehmensnachfolge, Herausforderung Unternehmensnachfolge
   (2016) Unternehmensnachfolge Krisen und Konflikte. https://www.ihk-berlin.de/blob/bihk24/
   Service-und-Beratung/unternehmensnachfolge_krisen_und_konflikte/Unternehmensnach-
   folge/2252976/e286c143d16a9fe1cbae42a424cb20c3/Herausforderung_Unternehmensnachfol-
   ge-data.pdf. Zugegriffen: 27. Okt. 2016
IHK Frankfurt a. M. (2017) Unternehmensförderung. http://www.frankfurt-main.ihk.de/unterneh-
   mensfoerderung/unternehmensnachfolge/sensibilisierung/extern_familie/. Zugegriffen: 6. Jan.
   2017
IHK Stade für den Elbe-Weser-Raum (2016) Unternehmensnachfolge. http://www.stade.ihk24.de/
   starthilfe__und_unternehmensfoerderung/unternehmensnachfolge/FormenUnternehmensnach-
   folge/1698524#titleInText5. Zugegriffen: 9. Nov. 2016
IfM Bonn, Kay R, Suprinovic O, Schlömer-Laufen N, Rauch A (2018) Unternehmensnachfolgen
   in Deutschland 2018 bis 2022, Daten und Fakten Nr. 18. https://www.ifm-bonn.org//uploads/
   tx_ifmstudies/Daten_und_Fakten_18.pdf. Zugegriffen: 2. Jan. 2019
IfM Bonn (2016a) Unternehmensübertragungen. http://www.ifm-bonn.org/statistiken/unterneh-
   mensuebertragungen-und-nachfolgen/#accordion=0&tab=0. Zugegriffen: 15. Nov. 2016
IfM Bonn (2016b) Unternehmensübertragungen. http://www.ifm-bonn.org/statistiken/unterneh-
   mensuebertragungen-und-nachfolgen/#accordion=0&tab=1. Zugegriffen: 11. Okt. 2016
IfM Bonn (2016c) Unternehmensbestand. http://www.ifm-bonn.org/statistiken/unternehmensbe-
   stand/#accordion=0&tab=5. Zugegriffen: 11. Okt. 2016
IfM Bonn (2016d) KMU Definitionhttp://www.ifm-bonn.org/definitionen/kmu-definition-der-eu-
   kommission/. Zugegriffen: 11. Okt. 2016
IfM Bonn (2016e) Familienunternehmen Definition. http://www.ifm-bonn.org/definitionen/famili-
   enunternehmen-definition/. Zugegriffen: 11. Okt. 2016
IfM Bonn (2016f) Unternehmensnachfolgen. https://www.ifm-bonn.org//uploads/tx_ifmstudies/
   IfM-Materialien-198_2010.pdf. Zugegriffen: 11. Okt. 2016
IfM Bonn (2016g) Unternehmensnachfolgen. https://www.ifm-bonn.org/uploads/tx_ifmstudies/
   IfM-Materialien-216_2012.pdf. Zugegriffen: 11. Okt. 2016
Lenk A (2013) Erfolgsfaktoren der Unternehmensnachfolge, b-wise GmbH, Business Wissen
   Information Service Karlsruhe. http://www.business-wissen.de/artikel/nachfolgemanagement-
   erfolgsfaktoren-der-unternehmensnachfolge/. Zugegriffen: 11. Nov. 2016

Thüringer Zentrum für Existenzgründung und Unternehmertum (2016) Leitfaden Unternehmensnachfolge, die wichtigsten Informationen aus einer Hand. http://www.thex.de/nachfolge/wp-content/sites/8/2014/02/UNF_Leitfaden_ThEx.pdf. Zugegriffen 22. Dez. 2016

Wettig H, Unternehmensnachfolge für Familienunternehmen (2016) http://www.unternehmensnachfolge-in-familienunternehmen.de/index.php?option = com_content&view = article&id = 8&Itemid = 122. Zugegriffen: 29. Dez. 2016

Wittener Institut für Familienunternehmen, Universität Witten/Herdecke (2016) http://www.wifu.de/forschung/definitionen/familienunternehmen/. Zugegriffen: 20. Okt. 2016

Fallbeispiel 2: Unternehmensübergabe an den Sohn

7

Der erfolgreiche Generationswechsel am Beispiel der Firma Wölz Stahl- und Metallbau GmbH & Co. KG

Manuel Graf

7.1 Einleitung

Hier wird die Unternehmensübergabe der Firma Siegfried Wölz Stahl- und Metallbau GmbH & Co. KG mit Sitz im bayerischen Gundelfingen an der Donau beschrieben. Dies ist eines derjenigen Unternehmen, die den schwierigen Weg des Generationswechsels erfolgreicher gemeistert haben als manch andere Unternehmen. Das Unternehmen mit Vorzeigeprojekten bei Porsche, Volvo und der Deutschen Telekom ist seit drei Jahrzehnten im konstruktiven Glas- und Fassadenbau tätig.

Während viele Familienbetriebe in Deutschland vor einem Nachfolgeproblem stehen, konnte sich der Senior-Unternehmer Siegfried Wölz seit dem Jahr 1996, als sein Sohn Boris Wölz zum gleichberechtigten Geschäftsführer ernannt wurde, zunehmend aus dem Unternehmen zurückziehen, um sich anderen Interessen und Aktivitäten zu widmen. Der Generationswechsel konnte im Jahr 2002 mit der Übernahme der Anteilsmehrheit von 80 % durch Boris Wölz, dem jüngsten von vier Geschwistern der Familie Wölz, familienintern geregelt werden. Rückblickend betrachtet sind sich der Senior und Nachfolger einig, dass die Übergabe geprägt durch ein beidseitiges diszipliniertes Vorgehen erfolgreich vollzogen wurde. Das Unternehmen agiert bis heute erfolgreich in seinem Marktumfeld.

M. Graf (✉)
Geschäftsführung, ITC Graf GmbH, Heidenheim, Deutschland
E-Mail: m.graf@itc-graf.de

© Springer Fachmedien Wiesbaden GmbH, ein Teil von Springer Nature 2019
A. Nagl (Hrsg.), *Wie regele ich meine Nachfolge?*,
https://doi.org/10.1007/978-3-658-25845-0_7

7.2   Vorfeldthemen für den Senior-Unternehmer

7.2.1   Der Zeitpunkt für erste Vorüberlegungen zur Nachfolge

Für den Senior-Unternehmer Siegfried Wölz war es ein lang gehegter Wunsch, das Familienunternehmen eines Tages an die Tochter oder an einen der drei Söhne übergeben zu können. Die langfristig anstehende Notwendigkeit, das Familienunternehmen eines Tages abzugeben und die Übergabe oder den Verkauf einzuleiten, war dem Senior-Unternehmer stets bewusst. Siegfried Wölz vertritt die Auffassung, dass die Planung der Übergabe so ausgelegt sein muss, dass ein Rückzug des Seniors aus dem operativen Geschäftsleben mit dem Alter um die 65 Jahre abgeschlossen sein sollte. Im Hause Wölz begann die Ausrichtung auf die Übergabe bereits im Jahr 1993 mit dem Einstieg von Boris Wölz – dem jüngsten der vier Geschwister – in das Familienunternehmen. Auch wenn mögliche Übergabeoptionen damals kein offizielles Thema waren, wusste der Senior genau, dass erste Gespräche und Richtungsentscheidungen in den darauffolgenden ein bis zwei Jahren zu erfolgen hatten. Der Senior-Unternehmer war damals 55 Jahre alt und hatte durch das verhältnismäßig frühzeitige Aufgreifen des Themas der Übergabe noch einen Handlungsspielraum von ca. zehn Jahren, um auf unvorhersehbare Ereignisse reagieren zu können.

7.2.2   Identifikation des Seniors mit dem Familienbetrieb

Für den Senior-Unternehmer Wölz war es immer wichtig, neben seiner Tätigkeit als Geschäftsführer und Inhaber des Familienunternehmens außerberufliche Aktivitäten zu pflegen und wahrzunehmen. Natürlich lebte der Senior seine Unternehmerrolle mit sehr großem Engagement, dennoch stellte das Familienunternehmen nie den alleinigen Lebensmittelpunkt des Unternehmers dar. Insbesondere in der Familie und in der Politik fand und findet Siegfried Wölz den notwendigen Abstand, um das Gefühl der Lebenszufriedenheit nicht ausschließlich über den Familienbetrieb zu verwirklichen. Dieser notwendige Abstand ist eine wichtige Voraussetzung für die erfolgreiche Übergabe und sollte von jedem Unternehmer erkannt und frühzeitig angegangen werden.

Negativbeispiele mit verärgerten Nachfolgern und Senior-Unternehmern, die mit 70 oder mehr Jahren plötzlich ohne Nachfolgekandidaten dastehen, da der einzige Sohn nach Jahren des Wartens auf die Übergabe frustriert abspringt, gibt es viele. Auch Siegfried Wölz kennt solche im Vorfeld gescheiterten Übergabeversuche: „Ich kenne viele Unternehmerfamilien, bei denen die Übergabe nicht so reibungslos und erfolgreich wie bei uns durchgeführt wurde. Da können Senior-Unternehmer nicht loslassen oder keine Verantwortung an Nachfolger übertragen. Doch genau das führt nur zu frustrierten Nachfolgern, die sich mit ihren Eltern zerstreiten und für sich als Geschäftsführer und Nachfolger keine Zukunft mehr im Familienunternehmen sehen." So kommentiert der Senior-Unternehmer dieses leider viel zu verbreitete Phänomen und betont, dass genau diese Beispiele, bei denen die Nachfolger nie eine reelle Chance bekommen haben, das Unternehmen fortzuführen, als Anlass zur Notwendigkeit gesehen werden sollte, dies im eigenen Familienunternehmen besser umzusetzen.

Natürlich sind eine Loslösung und die Übergabe des eigenen Lebenswerks keine leichten Aufgaben. Dennoch liegt im Hinblick auf die Identifikation der Senior-Unternehmer mit der Unternehmerrolle sehr viel Verantwortung bei den Unternehmern selbst. Sie können durch den Aufbau von außerbetrieblichen Aktivitäten und Interessen verhindern, dass der Familienbetrieb der einzige Lebensmittelpunkt und Lebensinhalt wird, und damit die mit einer Übergabe verbundene Loslösung vom Unternehmen erleichtern.

So gab es für Siegfried Wölz neben der Familie und dem Familienunternehmen immer die Politik, für die er sich sehr stark engagierte. Schon im Alter von 29 Jahren kandidierte er für den Stadtrat, in welchem er bis heute seit 38 Jahren tätig ist. Der Senior-Unternehmer intensivierte seine politischen Aktivitäten neben der Führung des Familienunternehmens. So ist er heute seit 28 Jahren im Kreisrat tätig und seit 32 Jahren Fraktionsvorsitzender der SPD in Gundelfingen an der Donau.

7.2.3 Die finanzielle Absicherung nach der Übergabe

Insbesondere in der heutigen Zeit werden sowohl die Auftragslage als auch die finanzielle Situation des Familienunternehmens als wichtige Faktoren auf dem Weg des Generationswechsels angesehen. In dieses Bedeutungsfeld fallen jedoch nicht nur Belastungen aus dem täglichen Geschäftsleben oder Belastungen aus bereits getätigten Zukunftsinvestitionen. Ebenso können mögliche Abschlagszahlungen oder Lebensrenten an den Senior-Unternehmer den erfolgreichen Generationswechsel gefährden. Es liegt in der Verantwortung des Senior-Unternehmers, die Belastungen des Familienbetriebs durch laufende Folgebelastungen möglichst gering zu halten. Wie Arbeitnehmer sich rechtzeitig und vorausschauend mit ihrer Altersvorsorge auseinandersetzen sollten, liegt es auch in der Verantwortung eines jeden Unternehmers, seine finanzielle Absicherung für den angestrebten Ausstieg mit etwa 65 Jahren sicherzustellen.

Der Senior-Unternehmer Siegfried Wölz war und ist der Überzeugung, dass ein Familienunternehmen nicht zusätzlich durch den Generationswechsel finanziell belastet werden sollte. Laufende Lebensrenten oder Abschlagszahlungen gefährden den Einschnitt „Generationswechsel" zusätzlich und sind durch vorausschauende und rechtzeitige Vorsorge zu vermeiden.

Diesen Grundsatz verwirklichte der heutige Senior-Unternehmer Siegfried Wölz durch im Vorfeld abgeschlossene Alternativversicherungen zur staatlichen Rente. So konnte das Familienunternehmen Wölz im Jahr 2002 ohne laufende Folgezahlungen an den Nachfolger übergeben werden. Der Senior ist überzeugt, dass dies einer der wichtigen Schritte auf dem Weg der Übergabe war. „Wenn der Senior aus dem Betrieb ausscheidet, dann darf der Ausstieg das Unternehmen nicht zusätzlich finanziell belasten", kommentiert der Senior seinen aus heutiger Sicht erfolgreich gelebten Standpunkt.

Diese klare Linie lässt sich bei Siegfried Wölz nicht nur rückblickend auf den Generationswechsel feststellen. Viele Unternehmen im Stahl- und Metallbau durchleben immer wieder finanziell schwierige Zeiten. Diese Phase der Umsatzeinbrüche können nicht alle betroffenen mittelständischen Unternehmen durch Rücklagen aus guten Zeiten kompensieren. Im Hause Wölz dominiert die Strategie, jeglichen Gewinn in Form von Rücklagen im Unternehmen zu wahren und nicht an die Eigentümer auszuschütten. So wird gewährleistet, dass das Familienunternehmen auch in finanziell schwierigen Zeiten handlungsfähig bleibt, Durststrecken durchsteht und trotz schwieriger Zeiten Reserven für notwendige Investitionen bereitstellen kann. Genau dieser Standpunkt unterstützte den erfolgreichen Generationswechsel und verhinderte, dass der Familienbetrieb durch den Generationswechsel zusätzlich finanziell belastet wurde.

7.2.4 Vorüberlegungen zu möglichen Nachfolgeoptionen

Wann ist der richtige Augenblick gekommen, um erste Überlegungen zu möglichen Nachfolgeoptionen anzustellen? Ein Vater kennt seine Töchter und Söhne und deren berufliche und persönliche Entwicklungen, Ansprüche und Erwartungen an das Leben. Im Familienunternehmen Wölz konnten sich alle Kinder frei und ohne Druck in Richtung der Unternehmensübernahme entwickeln und entfalten.

Boris Wölz trat nach seinem Studium zum Diplom-Ingenieur im Alter von 24 Jahren in das Familienunternehmen ein. Der Senior-Unternehmer war zu diesem Zeitpunkt 55 Jahre alt und wusste, dass sich in den nächsten Jahren eine Tendenz abzeichnen müsste und Gespräche stattfinden sollten, um den Weg des Generationswechsels frühzeitig einzuschlagen, weil er einen Rückzug aus dem Unternehmen mit etwa 65 Jahren anstrebte. Diese Phase der aktiven Beobachtung aller möglichen Nachfolgekandidaten dauerte insgesamt ca. zwei Jahre. Durch seinen bisherigen Werdegang und die weitere Entwicklung innerhalb des Familienunternehmens fokussierte sich der Blick auf den heutigen Nachfolger Boris Wölz. Die endgültige Entscheidung, welche heute von allen Geschwistern gleichermaßen vertreten und getragen wird, fiel allerdings erst nach einer Zeit der Bewährung von Boris Wölz im Familienbetrieb. Dadurch konnte sich der heutige Geschäftsführer und Mehrheitsanteilseigner die notwendige Akzeptanz bei den Mitarbeitern, Geschwistern und Kunden erarbeiten.

7.3 Vorfeldthemen für den Nachfolger

Natürlich hat sich auch für Boris Wölz, dem heutigen Geschäftsführer und Nachfolger des Familienunternehmens Wölz, die Frage gestellt, ob er das Unternehmen fortführen möchte. Die Entscheidung für die Übernahme war allerdings kein langwieriger Prozess. Boris Wölz entschied sich vielmehr selbst und ohne äußeren Druck für die Übernahme, und schon zu Beginn seines Studiums zum Diplom-Ingenieur stand die Entscheidung, das Unternehmen fortzuführen, für ihn fest. Doch wie kam es zu diesem klaren „Ja" zur Unternehmensübernahme?

7.3.1 Möchte ich das Familienunternehmen fortführen?

Jedes Familienunternehmen beeinflusst auf seine Weise auch das Privatleben der Unternehmerfamilie. Das Unternehmen ist zu Hause Thema und steht immer wieder im Mittelpunkt von Gesprächen oder Diskussionen in der Familie. Dennoch gelang es der Familie Wölz, genau hier die notwendige Distanz aufzubauen und zu bewahren. So war es die freie Entscheidung aller Familienmitglieder, sich in das Unternehmen einzubringen oder einen anderen eigenen Weg einzuschlagen.

Dies spiegelt sich auch in der Tatsache wider, dass Boris Wölz sich erst nach dem Studium im Alter von 24 Jahren erstmals mehr als nur sporadisch in das Familienunternehmen eingebracht und Aufgaben des operativen Tagesgeschäfts übernommen hat. Dieser für Familienunternehmen sehr späte und untypische Kontakt eines Kindes mit dem Familienunternehmen hat sich im Nachhinein als durchaus positiv und für die Situation förderlich erwiesen. So sind heute alle vier Geschwister in unterschiedlichen Funktionen im Familienunternehmen tätig, was das Interesse vieler Senior-Unternehmer ist. Für Boris Wölz ist es entscheidend, heute sagen zu können, keinen Druck wahrgenommen und die Entscheidung der Übernahme selbst getroffen zu haben. „Ich weiß nicht, ob ich das Unternehmen führen würde, wenn ich damals einen Druck in die Richtung der Übernahme wahrgenommen hätte", kommentiert er heute seine Entscheidung.

7.3.2 Bin ich in der Lage, das Familienunternehmen zu führen?

Neben der wichtigen Frage für den Nachfolger, ob er das Unternehmen übernehmen möchte, stellt sich die ebenfalls essenzielle Frage, ob er die menschlichen und fachlichen Voraussetzungen erfüllt, das Unternehmen in der nächsten Generation zu führen.

Mit dieser Frage muss sich der potenzielle Nachfolger bei seinen eigenen Vorüberlegungen zur Übernahme des Familienunternehmens selbst auseinandersetzen. Erst wenn er der Überzeugung ist, diese Voraussetzungen zu erfüllen, können weitere Personen und Parteien hinzugezogen werden, um diese Einschätzung zu validieren.

7.4 Die Auswahl des Nachfolgers

Das Familienunternehmen Wölz ist heute Arbeitgeber für alle vier Geschwister. Diese Situation ist das Wunschergebnis vieler Unternehmerfamilien. Aber obwohl sich alle Familienmitglieder mit vollem Einsatz in das Unternehmen einbringen, liegt die Verantwortung der Unternehmensführung nur in den Händen von Boris Wölz, dem Jüngsten der Geschwister.

Geschwister sind häufig auch Rivalen und es gibt kaum einen besseren Ort als das Familienunternehmen, diese Rivalitäten auch mit zunehmendem Alter auszutragen (Baus 2013). Doch gerade die Einsatzbereitschaft und der Zusammenhalt aller Familienmitglieder machen ein Familienunternehmen stark. Diese Erkenntnis aller am Übergabeprozess beteiligten Personen kann sich entscheidend auf den Generationswechsel auswirken. Die Auswahl des Nachfolgers wurde bei der Firma Wölz durch die Tatsache erleichtert, dass nur ein Familienmitglied den Anspruch auf die Unternehmensführung erhoben hat. Die Entscheidung für Boris Wölz wurde allerdings nicht vom Senior und Nachfolger alleine getroffen, sondern war eine Konsensentscheidung der gesamten Familie.

Für die heutige Situation, in der alle vier Geschwister in dem Unternehmen arbeiten und die Übergabe erfolgreich vollzogen wurde, war das offene Wort zwischen allen Beteiligten sehr wichtig, so der Nachfolger. „Meine Geschwister waren sich alle einig, dass ich das Familienunternehmen fortführen soll, da sie mir die notwendigen persönlichen und fachlichen Voraussetzungen zusprachen, den Familienbetrieb erfolgreich in die nächste Generation zu führen."

Die notwendigen Voraussetzungen und Anforderungen an den Nachfolger fassen der Senior und der Nachfolger heute wie folgt zusammen:

Fachliche Kompetenzen
- Kenntnis und Verständnis für das operative Tagesgeschäft

Betriebswirtschaftliche Kompetenzen

- Verständnis der „Spielregeln" des Zielmarktes des Familienunternehmens
- Verhandlungssicherheit und Verhandlungsgeschick
- Kenntnisse im Rechnungswesen und Controlling

Personalführungs-Kompetenzen

- Mitarbeiterführung und Mitarbeitermotivation
- Mitarbeiterauswahl und Mitarbeiterentwicklung

Persönliche Kompetenzen

- Kommunikationsfähigkeit
- Teamfähigkeit
- Stresstoleranz

Zum offenen Wort und zur Stellungnahme aller Geschwister zur Familiennachfolge durch Boris Wölz trug entscheidend der Senior-Unternehmer Siegfried Wölz bei, der den Dialog mit allen Familienmitgliedern suchte. Aber auch der offene Meinungsaustausch unter den Geschwistern war für die konfliktminimierte Auswahl des Nachfolgers und dessen Akzeptanz im Unternehmen ein sehr wichtiger Schritt auf dem Weg der Unternehmensübernahme.

7.5 Die Staffelübergabe

Das Familienunternehmen Wölz wurde stufenweise an den Nachfolger Boris Wölz übergeben. Der Nachfolger Boris Wölz übernahm im Laufe seiner Einarbeitung und Entwicklung im Unternehmen nach und nach immer mehr Verantwortung und Führungsaufgaben, während sich der Senior in gleicher Weise aus dem Unternehmen zurückzog und so den notwendigen Freiraum für die Entfaltung des Nachfolgers sicherstellte.

Dieser Prozess der gemeinsamen Führungszeit zwischen dem Senior und dem Nachfolger mit der stufenweisen Kompetenzübertragung dauerte von 1996 bis zum Jahr 2002.

Rückblickend betrachtet sind sich der Senior-Unternehmer und der Nachfolger einig, dass diese Art der Übergabe für die Firma Wölz die richtige Entscheidung war. Abb. 7.1 stellt den Generationswechsel im Hause Wölz chronologisch dar.

7.5.1 Aufbau und Entwicklung des Nachfolgers

Der Aufbau des Nachfolgers zum heutigen Geschäftsführer im Hause Wölz begann keineswegs unmittelbar nach dem Studium mit dem Eintritt in das Familienunternehmen. Der Nachfolger musste sich nach seinem Studium vielmehr drei Jahre für den gezielten Aufbau zum Nachfolger qualifizieren.

Der direkte Einstieg in das Familienunternehmen war weder der Wunsch des Sohnes noch des Senior-Unternehmers. In diesem Lebensabschnitt unmittelbar nach dem Studium sah sich der Sohn des Unternehmers allerdings in einer für viele Mittelständler typischen

Jahr	Meilensteine des Generationswechsels
1994	Der heutige Nachfolger Boris Wölz steigt nach seinem Studium zum Diplom-Ingenieur in das Familienunternehmen ein. In dieser Zeit ist er im „Back Office" des Familienbetriebes tätig.
1996	Boris Wölz wird gleichberechtigter Geschäftsführer neben seinem Vater Siegfried Wölz.
1998	Der Senior-Unternehmer und der Nachfolger tauschen das Büro.
2002	Boris Wölz übernimmt 80 % der Geschäftsanteile am Familienunternehmen. Die Übernahme der letzten 20 % ist bereits geregelt.
2005	Der Nachfolger Boris Wölz führt das Familienunternehmen eigenständig.

Abb. 7.1 Chronologische Übersicht des Generationswechsels der Firma Wölz

Situation. Als Sohn eines Unternehmers ist es gar nicht so einfach, eine Position in einem anderen Unternehmen der gleichen Branche antreten zu können, weil man als potenzieller Nachfolger und dadurch auch als zukünftiger Konkurrent und möglicher Spion für das im mittelständischen Unternehmen gebundene Know-how gesehen werden kann.

Also begann der Nachfolger seinen Berufseinstieg nach dem Studium zum Diplom-Ingenieur im eigenen Familienunternehmen. In den ersten drei Jahren stand allerdings sowohl für den heutigen Nachfolger als auch für den Senior nicht der Aufbau zum Geschäftsführer im Vordergrund. In dieser Zeit erweiterte der Nachfolger vielmehr sein theoretisches Wissen aus dem Studium um die branchenspezifischen Anforderungen des Marktes sowie um das im Unternehmen gebündelte praktische Wissen. Diese wichtige Phase des Einstiegs in das Unternehmen war durch Zurückhaltung und die Bereitschaft des Nachfolgers geprägt, von den Mitarbeitern zu lernen, was für die Entwicklung und breite Akzeptanz im Unternehmen wichtig war.

Nach den ersten zwei bis drei Jahren der Einarbeitung im „Back-Office" übernahm der Nachfolger Boris Wölz zunehmend Verantwortung im Projektgeschäft beim Kunden. Auch hier stand in der Anfangszeit die Unterstützung der Projektleiter und des Senior-Unternehmers im Vordergrund. „Auf diese Weise wurde ich systematisch aufgebaut und konnte zunehmend mehr Projektverantwortung und die Gesamtleitung eigener kleinerer Objekte übernehmen", kommentiert der Nachfolger diese Entwicklungsphase.

Zu dieser Zeit übernahm Wölz Junior auch die Verantwortung für interne, organisatorische Projekte. Diese waren durch den Nachfolger selbst initiiert und wurden durch den Senior-Unternehmer gefördert. „Immer wenn ich ein Stück weiter nach vorne kommen und mehr Verantwortung übernehmen wollte, bekam ich sofort die Möglichkeit und hatte die Unterstützung meines Vaters", so der Nachfolger. Auf diese Weise wurde der Nachfolger aufgebaut, übernahm zunehmend Führungsaufgaben ohne jedoch einen Druck in diese Richtung wahrgenommen zu haben.

Die großen internen Projekte dieser Jahre waren zum einen der Aufbau eines KVP-Prozesses (Kontinuierlicher Verbesserungsprozess) in der Produktion und die Implementierung der einheitlichen CI (Corporate Identity) für das gesamte Familienunternehmen. Da der Nachfolger die Projekte selbst initiierte, konnte er gegenüber seinem Vater, seinen Geschwistern, aber auch gegenüber den anderen Mitarbeitern seine Einsatzbereitschaft für das Familienunternehmen unter Beweis stellen. Beide Projekte wurden erfolgreich abgeschlossen und werden im Unternehmen auch heute noch gelebt und von allen Mitarbeitern getragen. Durch den erfolgreichen Projektabschluss konnte Boris Wölz sein strategisches und zielorientiertes Handeln darlegen, und natürlich wächst jeder Nachfolger während der Umsetzung unternehmensweiter Projekte, was eine gute Basis für die spätere Rolle als Geschäftsführer des Unternehmens darstellt.

7.5.2   Kompetenzübertragung an den Nachfolger

In den ersten drei Jahren von Boris Wölz im Familienunternehmen zeichnete sich sowohl für den Senior-Unternehmer als auch für die Geschwister die Tendenz ab, einen die Unternehmensnachfolge suchenden, aber auch fähigen Nachfolger gefunden zu haben. Der bisherige schulische und akademische Werdegang von Boris Wölz sowie die zunehmende Übernahme von Verantwortung für das Unternehmen sprachen für den heutigen Geschäftsführer und Nachfolger.

   Diese Entwicklung war der ausschlaggebende Punkt für Siegfried Wölz das Gespräch zu allen Familienmitgliedern und dem potenziellen Nachfolger zu suchen. Nachdem die Geschwister für Boris Wölz als Nachfolger votierten, galt es ein Gespräch mit dem Nachfolger selbst zu suchen. Neben der weiteren Entwicklung des Nachfolgers für die Übernahme ging es dem Senior-Unternehmer auch darum, klar zum Ausdruck zu bringen, dass er selbst bereit und willig ist, das Unternehmen tatsächlich zu übergeben. Siegfried Wölz betont: „Dazu gehört auch, sich stufenweise aus dem Unternehmen zurückzuziehen und dies nicht nur klar zu formulieren, sondern auch durch Taten zu unterstreichen." Dies wurde im Hause Wölz durch drei große Meilensteine auf dem Weg der Übergabe realisiert.

7.5.2.1 Ernennung zum Geschäftsführer: 1996
Nachdem die Entscheidung für Boris Wölz als Nachfolger gefallen war, wurde er 1996 zum gleichberechtigten Geschäftsführer ernannt. In dieser Zeit übernahm er neben internen administrativen Aufgaben auch zunehmend eigenverantwortlich komplexere Kundenprojekte. Auch dies erfolgte ohne Druck. Der Senior Siegfried Wölz förderte jeden weiteren Schritt in die Rolle des alleinverantwortlichen Nachfolgers, ohne ihn hierbei zu schnell in die neue Aufgabe hineinzudrücken. Rückblickend spricht der Senior von einer überzeugenden Zielstrebigkeit des Nachfolgers, die aber keineswegs etwas mit Überschätzung zu tun hatte. „Ich wurde von Boris nie enttäuscht, eigentlich hat er immer alles erreicht, was er umsetzen wollte", kommentiert er die Entwicklung des Nachfolgers in diesem Zeitraum. Dennoch war es für den Nachfolger wichtig, einen kompetenten Ansprechpartner und Berater zu haben, der jegliche Freiräume zur Entfaltung förderte, aber stets mit Rat und Tat zur Seite stand. Auch der Nachfolger sieht diese Art der Entwicklung positiv und vorteilhaft. So konnte er zunehmend Verantwortung übernehmen, eigenverantwortlich arbeiten und hatte dennoch einen Berater zur Seite, der eine große Entlastung darstellte und einer möglichen Überforderung vorbeugte.

7.5.2.2 Der Bürotausch: 1998
Ein weiterer Meilenstein des Generationswechsels wurde im Jahr 1998 mit dem Tausch der Büroräume des Senior-Unternehmers und des Nachfolgers gelegt. Im Zuge einer Betriebserweiterung wurde die Neuverteilung der Büroräumlichkeiten so gewählt, dass die zentrale Anlaufstelle ab sofort das Büro des heutigen Nachfolgers Boris Wölz wurde. Auch wenn der Bürotausch zwischen dem Senior-Unternehmer und dem Nachfolger

keine faktische Kompetenzübertragung darstellte, war er dennoch ein klarer und für alle Mitarbeiter deutlicher Schritt auf dem Weg des Generationswechsels.

Den Mitarbeitern, aber auch dem Nachfolger selbst wurde hiermit bildlich veranschaulicht, dass der Prozess der Neuverteilung der Führungsrollen im Familienunternehmen begonnen hatte. Jedem wurde klar, dass die Unternehmensübergabe kontinuierlich voranschritt mit dem allmählichen Übergehen der Leitung vom Senior-Unternehmer an den Nachfolger Boris Wölz. Über diesen durch den Bürotausch visualisierten Rollentausch verdeutlichte der Senior seinen entschlossenen Rückzug aus dem Familienunternehmen und der Nachfolger in gleicher Weise sein Ziel, das Unternehmen erfolgreich und selbstbewusst in die nächste Generation zu führen.

7.5.2.3 Mehrheitsübernahme der Geschäftsanteile: 2002

Während der gesamten Entwicklungs- und Übergabephase zog sich Siegfried Wölz zunehmend und für die Mitarbeiter deutlich sichtbar aus dem Unternehmen zurück. Boris Wölz hatte und hat auch heute noch in seinem Vater einen Berater, der ihm stets zur Seite steht. Dennoch führt der Nachfolger das operative Geschäft selbstständig und ist auch im Projektgeschäft der Ansprechpartner bei Kunden und Mitarbeitern.

Die enorme Erfahrung, die ein Senior-Unternehmer durch die Gründung und den Aufbau des Familienunternehmens sammeln konnte, kann nicht in wenigen Jahren an einen Nachfolger übertragen werden. Ein Nachfolger wird natürlich auf Grundlage der Erfahrungen des Seniors für die neue Position vorbereitet und lernt gleichzeitig selbst täglich dazu, macht eigene Erfahrungen und wächst mit der neuen Aufgabe. Auf diese Weise findet früher oder später ein Wendepunkt im Prozess des Generationswechsels statt, an dem der Nachfolger so sehr in die Rolle des Geschäftsführers hineingewachsen ist, dass er das Unternehmen selbst führt und für die aktuellen Erfolge und auch die Zukunftsausrichtung verantwortlich ist.

Im Jahr 2001 erkannte der Senior-Unternehmer Siegfried Wölz genau diesen Wendepunkt. „An diesem Punkt muss der Senior-Unternehmer seine Entscheidung deutlich machen, um dem Nachfolger die notwendige Sicherheit zu geben", so der Senior-Unternehmer. Das bedeutet, dass das Unternehmen auch formal an den Nachfolger übergeben werden muss. Diese Sicherheit erlangt der Nachfolger nicht durch die Übergabe von nur 20 oder 30 % der Unternehmensanteile. Siegfried Wölz war sich zu diesem Zeitpunkt bewusst, dass es einen endgültigen – für alle Beteiligten klar geregelten Abschluss – des Generationswechsels geben sollte.

Um die finanziellen Aspekte der Übergabe zu regeln, setzte sich Siegfried Wölz schon frühzeitig – ein Jahr vor der eigentlichen Anteilsübergabe – mit seinem Steuerberater in Verbindung. Auch die Auszahlung der Geschwister des heutigen Nachfolgers Boris Wölz wurde rechtzeitig und im Einvernehmen mit allen entschieden und festgelegt. Auf diese Weise wurde auch das häufig sensible Thema des Finanzausgleichs, das einen Generationswechsel begleitet, vorausschauend in Angriff genommen und erfolgreich geregelt.

Im Jahr 2002 übergab Siegfried Wölz die 80 % Mehrheit des Familienunternehmens an den Nachfolger Boris Wölz. Auch die Übergabe der noch verbleibenden 20 % wurde zu diesem Zeitpunkt vertraglich geregelt. „Ein Unternehmen muss als Ganzes an den Nachfolger übergeben werden, denn auch eine Zerstückelung kann ein Unternehmen zerstören.", so der Senior-Unternehmer.

Im Mittelstand hält sich beständig die Meinung, dass die Übergabe eines Familienunternehmens mit enormen steuerlichen Belastungen für das Unternehmen verbunden ist. Der Senior-Unternehmer Siegfried Wölz kann diese Auffassung für die Übergabe seines Unternehmens nicht teilen. „Es gibt Wege und Möglichkeiten, ein Unternehmen an den Nachfolger zu übergeben, ohne dass die steuerliche Belastung den Übergabeprozess unmöglich macht", beschreibt Siegfried Wölz die Erfahrungen aus seinem vollzogenen Generationswechsel.

Auf jeden Fall sollte der frühzeitige Weg zum Experten nicht gemieden werden, sodass sich Senior-Unternehmer und Nachfolger ausführlich über alle Übergabeoptionen informieren können, um anschließend auf Basis von Fakten die für die Unternehmensübergabe optimalen Entscheidungen zu treffen.

7.5.3 Rückzug des Seniors und Übergabezeitpunkt

Der Senior-Unternehmer Siegfried Wölz übergab das Familienunternehmen stufenweise an den Nachfolger und jede Bereitschaft von Boris Wölz, mehr Verantwortung zu übernehmen, wurde mit einem weiteren Rückzug des Seniors gefördert. Diese konsequente Line wurde zum einen durch die tatsächliche Bereitschaft und den Wunsch des Seniors, das Unternehmen erfolgreich in der nächsten Generation zu sehen, unterstützt. Zum anderen machten aber auch das zielstrebige Auftreten und die Einsatzbereitschaft von Boris Wölz dem Senior die Übergabe leichter. „Ich habe Boris von Anfang an als fleißigen und einsatzfreudigen Sohn kennen gelernt. Deswegen ist es mir leicht gefallen, ihm den notwenigen Freiraum für seine Entwicklung zum Geschäftsführer einzuräumen", so der Senior-Unternehmer.

Siegfried und Boris Wölz arbeiteten während des Projekts der Unternehmensübergabe stets an der gemeinsamen Vision, das Familienunternehmen erfolgreich in der nächsten Generation zu sehen. Jeder befolgte die Spielregeln einer Unternehmensübergabe, vermied Konflikte und leistete seinen Beitrag auf diesem Weg. Heute können sowohl der Senior-Unternehmer als auch der Nachfolger stolz auf diese Leistung sein, denn das Ziel wurde erreicht und das Familienunternehmen Wölz wurde erfolgreich in die nächste Generation geführt.

7.6   Kommunikation der Nachfolgeplanung

Wie werden die Mitarbeiter und Kunden auf den geplanten oder schon eingeleiteten Übergabeprozess in einem Familienunternehmen vorbereitet? Eine früh geregelte Unternehmensnachfolge schafft sowohl bei den Mitarbeitern als auch bei den Kunden

Vertrauen und vermittelt das Bild einer zukunftsgerichteten und geplanten Unternehmensführung. Dennoch darf auch nicht verkannt werden, dass eine zu früh verkündete Nachfolgeoption, die wieder zurückgezogen wird, genau den gegenteiligen Effekt auslösen kann. Aus diesem Grund traten der Senior und der Nachfolger erst offiziell an die Mitarbeiter und Kunden, als die geplante Nachfolge personell entschieden und dadurch die Rahmenbedingungen geschaffen waren.

Auf diese Weise wurde der Nachfolger nicht zu früh in die Rolle des kommenden Geschäftsführers und Inhabers gedrückt. Boris Wölz hatte die notwendige Zeit zu lernen und sich über Erfolge in internen und externen Projekten die notwendige Akzeptanz bei den Mitarbeitern zu erarbeiten.

Diese zurückhaltende Kommunikation der Nachfolgeoption wurde auch gegenüber den Kunden der Firma Wölz umgesetzt. „Eigentlich haben wir den Führungswechsel nie bewusst nach außen kommuniziert, sondern Boris ist in die Rolle hineingewachsen, und dadurch kam die Akzeptanz bei den Kunden und Mitarbeitern zustande", beschreibt der Senior-Unternehmer rückwirkend diesen strategisch wichtigen Aspekt des Übergabeprozesses.

Natürlich kann die Kommunikation der Übergabe gesteuert und bewusst erfolgen. Im Hause Wölz fand eine diesbezügliche Planung nicht statt, dennoch wurde der richtige Zeitpunkt gewählt. Mitarbeiter und Kunden konnten sich vor der offiziellen Bestätigung, dass Boris Wölz die Nachfolge antreten wird, von dessen kontinuierlicher Entwicklung zum Geschäftsführer und Inhaber des Familienunternehmens Wölz in der nächsten Generation überzeugen. Diese Entscheidung ermöglichte es den Mitarbeitern und Kunden, das notwendige Vertrauen in die neue Führung des Familienunternehmens aufzubauen.

7.7   Fazit

Zusammenfassend lassen sich die wichtigsten Eigenschaften für den erfolgreichen Generationswechsel im Hause Wölz wie folgt darstellen:

7.7.1   Senior-Unternehmer

- Die Unternehmensübergabe wurde frühzeitig in Angriff genommen, sodass ausreichend Handlungsspielraum vorhanden war.
- Siegfried Wölz entsprach jedem Wunsch des Nachfolgers, mehr Verantwortung im Familienbetrieb zu übernehmen und zog sich in gleicher Weise aus diesen Bereichen zurück.
- Der Senior-Unternehmer stand und steht dem heutigen Geschäftsführer und Inhaber Boris Wölz stets als Freund, Coach und Berater zur Seite.

- Die Akzeptanz des Nachfolgers bei Mitarbeitern und Kunden wurde vom Senior-Unternehmer in jeder Phase der Übergabe gefördert und niemals untergraben.
- Während des gesamten Übergabeprozesses war Siegfried Wölz immer bedacht, Zeichen zu setzen und dem Nachfolger die Sicherheit zu geben, dass auch er den Generationswechsel will und keinen Rückzieher machen wird. Dies wurde durch den Bürotausch und auch durch die Mehrheitsübergabe der Firmenanteile in die Praxis umgesetzt.

7.7.2 Nachfolger

- Boris Wölz arbeitete von Beginn an konsequent an seinem Ziel, Inhaber und Geschäftsführer des Familienunternehmens in der nächsten Generation zu sein.
- Das volle Vertrauen des Senior-Unternehmers erarbeitete sich der Nachfolger Boris Wölz durch seine Zuverlässigkeit und die Tatsache, dass er stets mit den Füßen am Boden geblieben ist.
- Nach dem Studium lernte der Nachfolger im Unternehmen, bewies seine Qualifikation in internen Projekten und erarbeitete sich dadurch die notwendige Akzeptanz bei den Mitarbeitern.
- Durch den langsamen Einstieg in das Projektgeschäft bei Kunden konnte Boris Wölz sein Fachwissen und Können unter Beweis stellen und sich damit bei Kunden etablieren und seine heutige Position erarbeiten.
- Boris Wölz verwirklichte die Synthese zwischen Bestehendem und Neuem, d. h. er schaffte es, neues Wissen ins Familienunternehmen einzubringen und gleichzeitig auf die vorhandenen Erfahrungen und das vorhandene Know-how zurückzugreifen.

7.7.3 Rahmenbedingungen

- Während der gemeinsamen Führung des Familienunternehmens waren sowohl der Senior-Unternehmer und der Nachfolger bedacht, alle Entscheidungen im Konsens zu treffen und das beidseitige Know-how einzubringen.
- Von Beginn an wurde sichergestellt, dass die Anteile am Familienunternehmen gebündelt blieben und nicht auf zu viele Köpfe verteilt wurden.
- Für den Erfolg des Familienunternehmens arbeiten Siegfried und Boris Wölz stets hart und mit einer sehr hohen Einsatzbereitschaft. Dennoch stellt das Familienunternehmen für keinen von beiden den alleinigen Lebensmittelpunkt dar.

Senior-Unternehmer und Nachfolger, die vor der Herausforderung des Generationswechsels stehen oder diesen bereits eingeleitet haben, können von den Erfahrungen des Übergabeprozesses im Haus Wölz profitieren, um so den Erfolg des eigenen Generationswechsels positiv zu beeinflussen.

Literatur

Baus K (2013) Die Familienstrategie, Wie Familien ihr Unternehmen über Generationen sichern. Springer-Gabler, Wiesbaden

Fallbeispiel 3: Unternehmensübergabe an den Schwiegersohn

8

Unternehmensnachfolge am Beispiel des Unternehmens Sehzentrum OPTIK MOTZEK Hörakustik

Thomas Wollherr

8.1 Einleitung

Das Familienunternehmen OPTIK MOTZEK mit Sitz im niedersächsischen Osnabrück wurde 1984 vom staatlich geprüften Augenoptiker und Augenoptikermeister Hartmut Motzek gegründet und ist im Jahr 2018 komplett an seinen Schwiegersohn Thomas Wollherr und seine Tochter Lisa Wollherr übergeben worden. Während einige Familienbetriebe vor Nachfolgeproblemen stehen oder der Prozess der Unternehmensnachfolge sich so aufwendig gestaltet, dass das Tagesgeschäft darunter leidet, hat das Sehzentrum OPTIK MOTZEK Hörakustik bzw. die daraus entstandene MW Hör- und Sehzentrum Osnabrück GmbH & Co. KG, seit dem Start der Planungen der Unternehmensnachfolge an Dynamik gewonnen.

Um einen gleitenden Übergang zu ermöglichen, zieht sich der Seniorunternehmer vom „Dienst am Kunden" zurück, was allerdings nach 30 Jahren, in denen er zentraler Ansprechpartner aller Stammkunden war, nur langsam und schrittweise erfolgt. Ein Hauptaugenmerk lag und liegt dabei auf den langjährigen Mitarbeitern, die teilweise den Werdegang des Nachfolgers im Rahmen der Ausbildung entscheidend mitgeprägt haben. In Unternehmensnachfolgeregelungen und Übergabeprozessen wird die richtige Kommunikation besonders mit altgedienten Mitarbeitern an Bedeutung gewinnen. In ihnen liegt ein Erfolgsfaktor für jedes Unternehmen.

T. Wollherr (✉)
Sehzentrum OPTIK MOTZEK Hörakustik, Osnabrück, Deutschland
E-Mail: info@optik-motzek.de

© Springer Fachmedien Wiesbaden GmbH, ein Teil von Springer Nature 2019
A. Nagl (Hrsg.), *Wie regele ich meine Nachfolge?*,
https://doi.org/10.1007/978-3-658-25845-0_8

8.2   Vorbereitungen seitens des Senior-Unternehmers

Nimmt ein Unternehmer das Thema Unternehmensnachfolge ernst, so sollte dieses Thema wie in Kap. 1 und 2 dieses Buches beschrieben, bereits acht bis zehn Jahre vor dem als Ziel gesetzten Ruhestandsalter in den Fokus rücken. Das heißt nicht, dass Senior-Unternehmer sich ab diesem Zeitpunkt ausschließlich mit Möglichkeiten der Unternehmensübergabe auseinandersetzen sollten, jedoch ist es hilfreich, frühzeitig Szenarien der Unternehmensnachfolge zu entwickeln. Insbesondere eine ergebnisoffene Abarbeitung aller vorhandenen Optionen – trotz einem potenziellem Nachfolger innerhalb der Familie – kann für alle Beteiligten die Situation überschaubarer gestalten. Sie sorgt dafür, dass dem möglichen Nachfolger signalisiert wird, dass es ihm gegenüber keine Erwartungshaltung gibt. Schließlich muss der Wunsch der Übernahme durch den Unternehmer und dem potenziellen Nachfolger gleichermaßen vorliegen. Beläuft sich der durchschnittliche zeitliche Rahmen einer Übergabe auf sechs Jahre, so schaffen zusätzliche Jahre für Gedankenspiele eine komfortable Ausgangslage: Sie nehmen im Zweifelsfall den Zeitdruck, der im Falle einer zu späten Nachfolgeplanung entstehen könnte.

8.2.1   Erste Vorüberlegungen zur Nachfolge

Für den Senior-Unternehmer war es zwar ein Wunsch, das Familienunternehmen eines Tages innerhalb der Familie Motzek übergeben zu können, jedoch zeichnete sich frühzeitig ab, dass die beiden Töchter an der Augenoptik bzw. an einer Selbstständigkeit keinen Gefallen entwickelten. Umso erfreulicher war für den Senior-Unternehmer im Jahr 2003 die Entscheidung des Schwiegersohns Augenoptiker zu werden. Doch war dem Senior-Unternehmer auch zu diesem Zeitpunkt bewusst, dass damit in Bezug auf eine potenzielle Nachfolge noch nichts entschieden war. 2007, vier Jahre nach Beginn des Augenoptik-Studiums des potenziellen Nachfolgers, zeichnete sich ein möglicher Einstieg des Schwiegersohns in das Familienunternehmen ab. Andere Möglichkeiten waren sowohl dem Senior-Unternehmer als auch dem Nachfolger zwar bewusst, diese wurden allerdings ab diesem Zeitpunkt nicht weiterverfolgt.

Der Senior-Unternehmer Hartmut Motzek hat alle seine unternehmerischen Tätigkeiten darauf ausgelegt, mit 65 Jahren in den Ruhestand zu gehen. Ein schrittweiser Rückzug aus dem Tagesgeschäft wurde und wird konsequent umgesetzt. Seit 2010 ist der Nachfolger im Unternehmen tätig, der konkrete Übergabemodus wurde allerdings erst über die Jahre hinweg entwickelt. Dabei spielte die eigene finanzielle Absicherung gleichermaßen wie die gerechte Verteilung der späteren Erbschaft für den Senior-Unternehmer eine wichtige Rolle.

8.2.2   Die Ausgangslage aus Sicht des Senior-Unternehmers

Der Augenoptikermeister Hartmut Motzek und seine Frau haben 2001 ein Testament in Form eines „Berliner Testaments" für ihre beiden Töchter geschlossen. Zu diesem Zeitpunkt befanden sich die beide noch am Anfang ihres Studiums bzw. noch vor der Berufswahl, eine familieninterne Nachfolgeregelung war nicht in Sicht. Da der zeitliche Rahmen es zu diesem Augenblick nicht erforderte in Bezug auf die Unternehmensnachfolge tätig zu werden, wurde das Geschäft konsequent weiterentwickelt und das Profil eines qualitätsorientierten Augenoptikbetriebs geschärft.

Gespräche in den Jahren 2007 bis 2009 mit dem Schwiegersohn, der nach Abschluss seines Studiums für zwei Jahre bei einem Augenoptik- und Hörakustik-Filialisten tätig war, kamen zu dem Ergebnis, dass ein Einstieg ins Unternehmen ab dem Jahr 2010 in Form einer Unternehmensgründung mit dem Ziel, eine neue Abteilung für Hörgeräteakustik aufzubauen, angestrebt wird.

Im Rahmen von Bilanzbesprechungen wurden seither regelmäßig Gespräche mit dem langjährigen Steuerberater geführt. Die Nachfolge wurde seit 2011 parallel mit begleitet von einer Finanz- und Nachlassplanerin der Sparkasse.

Das Testament wurde in 2015 wie folgt erneuert:

- Es gab wieder ein „Berliner Testament".
- Die eine Tochter soll in Form eines Vermächtnisses das Einfamilienhaus des Unternehmer-Ehepaares und eine Eigentumsferienwohnung erben.
- Die andere Tochter, die Frau des Unternehmensnachfolgers, soll als Erbin eingesetzt werden, sodass sie die Geschäftsanteile ihrer Eltern und die Geschäftsimmobilie erbt.
- Das verbleibende Vermögen soll unter den Töchtern zu gleichen Teilen aufgeteilt werden.

Ein Thema, dass jede familieninterne Übergabe zu etwas Besonderem macht, ist der Wunsch der Eltern nach Gerechtigkeit ihren Kindern gegenüber. Es soll schließlich niemand übervorteilt werden. Jedoch sollte jedem Beteiligten bewusst sein, dass die wirtschaftlich sinnvollste Lösung in der Regel damit verbunden ist, dass ein Familienmitglied das Unternehmen weiterführt. Zwar gelangt derjenige unter Umständen in eine bessere finanzielle Lage als andere Familienmitglieder, jedoch trägt er auch ein gewisses Risiko, das mit der Selbstständigkeit einhergeht.

Betrachtet man den emotionalen Aspekt einer Unternehmensübergabe, so ist es für viele Unternehmer nicht einfach, an den Rückzug aus dem mit viel Mühe aufgebauten Unternehmen zu denken, denn es kostet viel Überwindung, sich von seinem Lebenswerk zu lösen und einem Nachfolger den Platz zu überlassen. Hinzu kommt der Gedanke, dass der Fortbestand des Unternehmens bedroht sein könnte, wenn kein qualifizierter Nachfolger vorhanden ist. Der Verlust von Vermögen und von Arbeitsplätzen kann die Folge sein. Viele vor einer Übergabe stehende Unternehmen weisen Verluste auf, weil eine frühzeitige systematische Vorbereitung für die Unternehmensnachfolge fehlt. Nicht selten mangelt es an einer Perspektive für den Übergeber, der vor der Frage steht: „Wohin mit der vielen Freizeit?" Es kann schnell das Gefühl aufkommen nicht mehr gebraucht zu werden und zum sog. „alten Eisen" zu zählen.

Besonders in dieser Hinsicht hat das Unternehmer-Ehepaar Motzek allerdings vorgesorgt. Neben ihrer Selbstständigkeit sind der Senior-Unternehmer und seine etwa gleichaltrige Ehefrau privat in verschiedenen Netzwerken verwurzelt. Sei es im örtlichen und familiären Umfeld oder durch gemeinsame kulturelle und sportliche Interessen – die selbstständige Tätigkeit als Inhaber des Geschäfts war nie die einzige „Baustelle" im Leben des Unternehmer-Ehepaares. So war der Augenoptikermeister beispielsweise jahrelang als Lehrlingswart in der Augenoptikerinnung Osnabrück aktiv und bekleidet bis heute andere Ehrenämter. Umstände, die es erleichtern, Abstand zum Tagesgeschäft zuzulassen.

8.2.3   Die finanzielle Vorbereitung der Unternehmensnachfolge

Finanzielle Fragen stehen fast immer im Zentrum unternehmerischer Überlegungen. Besondere Bedeutung erhalten sie bei Entscheidungen mit weit in die Zukunft reichenden Auswirkungen. Die Nachfolgeregelung in Unternehmen ist eine dieser klassischen Entscheidungssituationen. Auch wenn die personelle Nachfolge beispielsweise innerhalb der Familie optimal gelöst werden kann, sind die Bereiche Finanzierung und Strategie mit besonderer Sorgfalt zu prüfen.

In vorliegenden Fall wurden dazu in Gesprächen mit Unternehmens- und Steuerberatern unterschiedliche Modelle erarbeitet. Das zentrale Thema bestand zu Beginn des Analyseprozesses in der Klärung der Altersvorsorge des scheidenden Unternehmers. Ein Prozess, bei dem die eigene (private) Einnahmen-/Ausgabensituation sehr konkret durchleuchtet werden muss. Dies stellt insbesondere insofern eine Herausforderung dar, als dass bei einem florierenden Einzelunternehmen, das seit über 25 Jahren Bestand hat, Liquidität keine allzu große Rolle spielte. Auch das Bewusstsein für etwaige spätere private Kosten, die bis dato betrieblich aufgelaufen sind, musste zunächst vollumfänglich geschaffen werden, um den zukünftigen Finanzbedarf zu ermitteln. Aus den vorhandenen gesetzlichen und privaten Rentenansprüchen sowie bestehenden alternativen Altersvorsorge-Anlagen ergab sich eine Übersicht zukünftig planbarer Einnahmen und Ausgaben. Ein möglicher Fehlbetrag lässt sich im konkreten Beispiel durch die Vermietung der Geschäftsimmobilie decken, sodass in Bezug auf die Altersvorsorge des Senior-Unternehmer-Ehepaares keine finanzielle Lücke entsteht.

Betrachtet man die strategische Bedeutung dieser Tatsache, so ist dieser Umstand besonders wertvoll, zumal jede finanzielle Zusatzbelastung in Form einer Leibrente, einer Verpachtung oder eines Teilverkaufs des Unternehmens an den Nachfolger die Wachstumsstrategie bremsen würde. Schließlich erfordert die Erschließung neuer Märkte einen ausreichenden Cashflow.

8.3   Vorbereitungen seitens des Nachfolgers

Über die Vor- und Nachteile einer selbstständigen unternehmerischen Tätigkeit lässt sich lange diskutieren: Für den Nachfolger des Familienunternehmens OPTIK MOTZEK war schon früh während des Studiums klar, dass für ihn die Vorteile überwiegen und somit mittelfristig eine Selbstständigkeit angestrebt wurde. In welchem zeitlichen Rahmen diese jedoch realisiert werden sollte, ließ sich der Diplom-Ingenieur offen. Die Entscheidung für die Nachfolge im Betrieb der Schwiegereltern wurde schlussendlich gemeinsam mit der Ehefrau getroffen. Es standen dabei weniger wirtschaftliche als vielmehr familiäre und soziale Aspekte im Vordergrund. So besteht am jetzigen Wohnort des Nachfolgers eine räumliche Nähe zur Familie und zu zahlreichen Freunden. Langjährige soziale Kontakte und damit verbunden eine gute Ausgangslage für eine ausgewogene Work-Life-Balance waren weitere wichtige Entscheidungshilfen für die Rückkehr der Tochter samt Familie nach Osnabrück und sprachen gegen ein längeres berufliches Engagement des Nachfolgers in aussichtsreichen Positionen in Unternehmen in anderen Regionen.

Durch erste Kontakte während des Studiums zu zahlreichen selbstständigen Augenoptikern und Hörgeräteakustikern lernte Thomas Wollherr bereits früh verschiedene Unternehmensstrukturen kennen. Somit war auch die spätere Entscheidung einige Zeit bei einem mittelständischen Filialisten als stellvertretender Filialleiter und Filialleiter tätig zu sein, kein Zufall, sondern ein geplanter Karriereschritt. Er lernte dabei Strukturen eines schnell expandierenden Unternehmens mit zu jenem Zeitpunkt 20 Niederlassungen kennen. Parallel zu seiner Tätigkeit als Augenoptiker studierte er berufsbegleitend an der Hochschule Aalen und vertiefte sein Wissen um die Optometrie, einem Zukunftstrend der Augenoptik. Es handelt sich hierbei um Know-how, das einem traditionellen mittelständischen Unternehmen zur Entwicklung von Alleinstellungsmerkmalen verhilft.

8.3.1   Persönlichkeitseigenschaften eines Unternehmers

Es ist die Kombination und die Ausprägung einiger Fähigkeiten, die den Selbstständigen zum erfolgreichen Unternehmer machen. Auf dem Weg zur Selbstständigkeit, sei es als Existenzgründer oder als Unternehmens-Nachfolger, kommt es immer wieder auf den Unternehmer als Person an: Wie werden Herausforderungen gemeistert? Wie ist der Umgang mit Rückschlägen? Ein Unternehmer sollte bestimmte Eigenschaften mitbringen, damit er auf dem Weg der Selbstständigkeit nicht irgendwann aufgibt und lieber wieder den sicheren Hafen des Angestelltendaseins ansteuert. Große Unternehmer-Persönlichkeiten unterscheiden sich zwar in vielerlei Hinsicht, gemeinsame Persönlichkeitseigenschaften lassen sich jedoch wie folgt zusammenfassen.

1. **Positive Grundhaltung und Ausdauer**
Ein Unternehmertyp ist in der Regel ein sehr positiv denkender Mensch. Er ist von Grund auf unerschütterlich im Glauben an sein Handeln und seine Projekte. Dabei kann

er auch schon mal in einen Zweckoptimismus verfallen. Dieser ist jedoch manchmal notwendig, um schwierige Phasen zu überstehen. Diese Ausdauer verhilft ihm am Ende erfolgreich zu sein und seine Ideen und Träume zu realisieren. Dabei besteht die große Kunst darin, nicht in einem Projekt Ausdauer zu beweisen, sondern die gleichbleibende qualitativ hohe Leistung und die gleichbleibende Begeisterung und Motivation über einen Zeitraum von Jahren oder gar Jahrzehnten aufrecht zu erhalten.

2. Begeisterungsfähigkeit und Überzeugungskraft

Des Weiteren sind selbstständige Personen sehr begeisterungsfähig für eigene oder fremde Ideen. Wenn sie an eine Sache glauben, lassen sie sich mitreißen und motivieren ihr Umfeld für das entsprechende Projekt. Der Enthusiasmus mit dem Unternehmer neue Aufgaben anzugehen ist mitreißend, so sie in der Lage sind, andere Personen zu überzeugen.

3. Fachliche Kompetenz

Wenn man erfolgreich sein will, so muss man sich in seinem Themengebiet bestens auskennen. Wie groß und lukrativ ist der Markt? Was zeichnet mein Unternehmen in diesem Markt aus? Welche Alleinstellungsmerkmale kann ich vorweisen? Dabei geht es neben der Kenntnis von Marktdaten und Wettbewerbern auch um die Kenntnis der eigenen Produkte und Dienstleistungen. Der Unternehmer bringt seine Erfahrung und sein Wissen bei der Entwicklung des Produktes und der Dienstleistung aktiv ein.

4. Soziale Kompetenz

Neben der fachlichen ist auch eine soziale Kompetenz erforderlich. Dabei geht es insbesondere darum, wie man Menschen in seinem Umfeld dazu bewegen kann, einen zu unterstützen. Dieses können sowohl potenzielle Geldgeber als auch die Angestellten sein. Ein Unternehmer, der sich in sein Gegenüber hineinversetzen kann, ist in der Lage besser mit seinen Mitmenschen zu kommunizieren. Dieses Wissen verschafft ihm einen Vorteil, um die eigenen Ziele zu erreichen.

5. Visionäre Fähigkeiten

Wer visionäre Fähigkeiten besitzt, ist in der Lage sich eine Welt vorzustellen, wie sie heute noch nicht existiert. Visionäre antizipieren Entwicklungen und entwickeln darauf maßgeschneiderte Produkte und Dienstleistungen. Solche Menschen werden auch schon mal als Spinner abgetan. Doch die Ausdauer des Unternehmers gepaart mit seiner Begeisterungsfähigkeit hilft ihm dabei, dass andere Menschen seine Vision teilen und ihm folgen.

Über allen beschriebenen Eigenschaften steht außerdem die Fähigkeit, sich selbst kritisch zu reflektieren, um eigene Stärken und Schwächen zu erkennen und diese Erkenntnis gewinnbringend zu nutzen. Nicht in der Form aus Schwächen Stärken machen zu wollen, sondern sich dort gezielt von Spezialisten helfen zu lassen. Gelingt es Stärken weiter auszubauen, hebt sich der Unternehmer mit seinem Unternehmen positiv vom Wettbewerb ab.

8.3.2   Die persönliche Eignung des Nachfolgers

Augenoptik und Hörakustik sind traditionell im Handwerk organisiert. Das Berufsbild sah es vor, auf Rezept eines Augenarztes oder Hals-Nasen-Ohrenarztes ein Hilfsmittel anzufertigen, was im Kern einer Handwerkstätigkeit entspricht. Jedoch wandeln sich die Berufsbilder vom Handwerker hin zum Gesundheitsdienstleister, durchaus gepaart

- mit Modekompetenz vor allem in der Augenoptik und
- mit viel technischem Know-how in der Hörakustik.

Die Ausbildung zum Augenoptiker absolvierte Thomas Wollherr im Rahmen eines dualen Studiums an der FH Braunschweig/Wolfenbüttel im Betrieb Sehzentrum OPTIK MOTZEK. Mit dem erfolgreichen Vordiplom und der bestandenen Gesellenprüfung wechselte er den Studienplatz. Das Hauptstudium machte an der Hochschule Aalen. Nach dem Abschluss Dipl.-Ing. (FH) „Augenoptik und Hörakustik" arbeitete er von 2008 bis 2010 bei einem mittelständischen Filialisten als stellvertretender Filialleiter und Filialleiter. In dieser Position hatte er Personalverantwortung für bis zu 20 Mitarbeiter inne. Durch gezielte Personalentwicklungsmaßnahmen des damaligen Arbeitgebers gab es die Möglichkeit, an Coachings zur Mitarbeiterführung teilzunehmen. Parallel dazu ist er Lehrbeauftragter an der Hochschule Aalen und Fachbuchautor. Ab 2009 absolvierte er ein berufsbegleitendes Masterstudium zum „M.Sc. Vision Science and Business (Optometry)".

Somit bringt der Nachfolger alle notwendigen technischen, medizinischen und betriebswirtschaftlichen Fähigkeiten durch sein Studium mit. Organisatorische Fähigkeiten und Personalführungskompetenz hat er auch, wobei er durch regelmäßige Coachings, speziell im Bereich Mitarbeiterführung, diese gezielt weiterentwickelt. Seine größte Stärke liegt in der Kommunikationsfähigkeit und seinem unbelasteten Verhältnis zu allen Mitarbeitern. So werden Konflikte, wenn nötig, zugelassen und geklärt, anstelle diese stets vorausschauend zu vermeiden. Eine bessere Kommunikationskultur aller Mitarbeiter untereinander sowie zwischen Mitarbeitern und Führungsebene wird schrittweise etabliert. Ein wichtiger Schritt dabei ist die Erarbeitung eines Unternehmensleitbilds gemeinsam mit dem kompletten Team. Der Nachfolger sieht sich selbst dabei weniger als „klassischer" Chef, als vielmehr als Bindeglied zwischen der alten Führung und den Mitarbeitern, da sich diese über die Jahre weit voneinander entfernt hatten.

8.4   Die finanzielle Abwicklung der Unternehmensnachfolge

Für die Unternehmensnachfolge wurde eine neue Rechtsform gewählt in Form einer GmbH & Co. KG. Die GmbH tritt dabei als Komplementärin auf mit der alleinigen Aufgabe die Haftung zu übernehmen. Alle weiteren Geschäfte tätigt die KG. Man einigte sich darauf, die Bilanzen beider Unternehmen in eine neue Eröffnungsbilanz der zu gründenden Kommanditgesellschaft zu überführen und anschließend zwei „Kapitalkonten" (je eines für den Senior-Unternehmer und eines für den Nachfolger) zu führen. Die Kapitalkonten wurden ermittelt aus den vorhanden Bilanzwerten (Anlagevermögen + Umlaufvermögen − Verbindlichkeiten ± Rechnungsabgrenzungsposten). Aus der Höhe der Kontostände der beiden Kapitalkonten ergibt sich das Verhältnis der Unternehmensanteile der beiden Kommanditisten. Dieses Verfahren orientierte sich im Grunde am Buchwertverfahren, das eine Unterform des Substanzwertverfahrens darstellt.

In der Praxis sieht das so aus, dass das Kapitalkonto des Seniors zunächst aufgrund geringerer Verbindlichkeiten auch einen entsprechend höheren Kontostand als das des Nachfolgers aufweist. Die Privatentnahmen, die beide tätigen, werden zukünftig jeweils auf diesen Kapitalkonten verbucht, sodass sich die Anteilsverhältnisse mit der Zeit stärker angleichen, da der Finanzbedarf des Juniors geringer ist als der Senior-Unternehmer. Mit dem Ausscheiden aus dem Tagesgeschäft wird der Senior trotzdem noch Kommanditist und damit Anteilseigner bleiben. Jedoch nehmen seine Unternehmensanteile bis dahin stetig ab.

Da der Nachfolger durch die Existenzgründung im Jahr 2010 bereits eigenes Eigenkapital geschaffen hat und sein Anlagevermögen weniger abgeschrieben ist, unterscheiden sich beide Bilanzsummen nicht all zu sehr.

Mit dem im Testament geregelten Nachlass würde nach dem Ableben des Senior-Unternehmers zunächst seine Frau Kommanditistin, nach deren Ableben ihre Tochter, die Ehefrau des Nachfolgers. Um den Steuerfreibetrag der Erbschaftssteuer maximal zu nutzen, wurde ein Teil der Unternehmensanteile bereits vorher per Schenkung übertragen. Die Höhe der vorzeitigen Schenkung ergibt sich aus der Differenz der zu vererbenden Posten (Geschäftsanteile, Betriebsgrund inkl. Immobilie und sonstiges Vermögen) zu dem Steuerfreibetrag von 400.000 € für Kinder.

8.5   Die Staffelübergabe

Bedient man sich der Metapher der *Staffelübergabe,* dann solle man den kompletten Lauf betrachten und nicht nur einen einzelnen Wechsel. *Den* perfekten Lauf, mit optimalen Wechseln in allen Wechselzonen und Bestleistungen aller Läufer auf ihren Teilstrecken, wünschen sich stets alle Beteiligten Athleten und Trainer: Jedoch findet dieser perfekte Lauf zwar in vielen Köpfen statt, die Realisierung bleibt meist ein Wunsch.

Perfektion oder der Wunsch nach Perfektion ist in vielen Prozessen, hinderlich da damit Flexibilität und Experimentierfreudigkeit verloren gehen. So sollten einige Eckpunkte einer Staffelübergabe besprochen und von allen für gut befunden werden, jedoch ist ein zu enger Plan selten förderlich, jedenfalls wenn das Zeitfenster einige Experimente zulässt.

Für das konkrete Beispiel bedeutet ein Eckpunkt: Mit Vollendung des 65. Lebensjahres des Seniors geht die Geschäftsführung in der Kommanditgesellschaft, die für das

Tagesgeschäft zuständig ist, vollständig auf den Nachfolger über. Damit dieser Ausstieg nicht zu abrupt erscheint, wurden frühzeitig Maßnahmen ergriffen. Seit 2010 wurde beispielsweise daran gearbeitet, dass der individuelle Umsatz des Senior-Unternehmers stetig sinkt, bei insgesamt steigenden Unternehmensumsätzen. Während der Anteil am Gesamtumsatz noch vor Jahren bei über 30 % lag, belief er sich im Jahr 2014 auf ca. 16 %. Betrachtet man lediglich den individuellen Anteil am Deckungsbeitrag 1, so liegt dieser sogar noch etwas darunter, da im neu erschlossenen Geschäftsfeld Hörakustik geringere Wareneinsätze vorliegen, der Senior-Unternehmer dort aber nicht tätig ist. Die Rückgänge der individuellen Umsätze des Senior-Unternehmers sind dabei kein Zufall oder nur das Ergebnis der reduzierten Wochenarbeitszeit, sondern ein gesteuerter Prozess, der in erster Linie durch die Einführung der strukturierten Mitarbeitergespräche begünstigt wurde. Es wäre schließlich fatal, wenn die Umsätze des Senior-Unternehmers sinken würden und damit auch der Unternehmensumsatz. Gleichermaßen wäre es nicht sinnvoll, wenn dieser Rückgang nur durch den Nachfolger aufgefangen würde. Vielmehr muss das Team aller Mitarbeiter dazu in der Lage sein, was außerordentlich gut gelingt. Nebst Kundenkontakten kümmerte sich der Senior-Unternehmen in der Zeit der Übergabe um deutlich mehr Verwaltungstätigkeiten als sein Nachfolger.

Diese klare Aufgabenteilung sorgt dafür, dass der Nachfolger im Tagesgeschäft den Großteil seiner Zeit im direkten Kundenkontakt und in der Mitarbeiterführung verbringt. Aus den meisten administrativen Prozessen hält sich der Nachfolger raus, solange sie delegierbar sind. Sein weiterer Schwerpunkt liegt im Marketing und in der strategischen Unternehmensführung.

Die Vorteile der Aufgabenteilung mit klaren Zuständigkeiten für den Einzelnen in bestimmten Teilbereichen sind gleichzeitig auch deren größte Schwäche: Gelingt es untereinander nicht immer alle Entscheidungen und deren Gründe zu kommunizieren, so kann es passieren, dass Entscheidungen nicht immer sofort verstanden werden. Auch die Entscheidungsfreude nimmt damit beim Senior zunehmend ab, da schließlich immer mehr Entscheidungsprozesse nicht mehr in seinen Teilbereich fallen. Wird dieser Umstand im Alltag spürbar, beispielsweise, wenn der Nachfolger nicht vor Ort ist und die Mitarbeiter ein Entscheidungsvakuum spüren, obwohl der langjährige Chef entscheiden könnte, so ist das auch ein Zeichen dafür, dass der Übergabeprozess nun bereits stärker fortgeschritten ist. Die Mitarbeiter werden dadurch verunsichert. Das lässt sich nicht verhindern.

Ein weiterer Meilenstein der Staffelübergabe war die Überführung der bestehenden Geschäfte in die neu gegründete GmbH & Co.KG. Bis dahin war jeder der beiden Geschäftsführer Einzelunternehmer, der vom wirtschaftlichen Erfolg des anderen nur mittelbar profitierte. Während sich organisatorisch im Alltag mit der Gründung der neuen Gesellschaft nichts änderte, sorgte die weitere Verflechtung der Geschäfte auch für eine engere persönliche Verflechtung. Ein Umstand, der erst mit der Zeit vollständig realisiert wurde, zumal eigentlich davon auszugehen war, dass man schon recht eng miteinander verflochten war.

Jahr	Hartmut Motzek	Thomas Wollherr (Nachfolger)
2003 - 2006		▪ Entscheidung für ein duales Augenoptik Studium an der FH Braunschweig/ Wolfenbüttel inkl. Praktikum im Familienbetrieb OPTIK MOTZEK
2006 - 2008	▪ Zertifizierung zum WVAO-Sehzentrum©	▪ Studienplatzwechsel, Studium Augenoptik und Hörakustik in Aalen
2008 - 2009		▪ zwei Jahre Berufserfahrung bei einem mittelständischen Filialisten als stellvertretender Filialleiter und Filialleiter ▪ berufsbegleitendes Masterstudium M.Sc. Vision Science and Business (Optometry) an der Hochschule Aalen ▪ Entscheidung für den Eintritt in das Familienunternehmen wird konkret
2010	▪ Umbau, weitere Spezialisierung im Bereich Optometrie ▪ Einführung eines freien Tages pro Woche für den Senior	▪ Einstieg in das Unternehmen, Existenzgründung mit einer Hörakustikabteilung ▪ verantwortliche Übernahme aller Personalentscheidungen und des Wareneinkaufs
	▪ vertrauensfördernde Maßnahmen bei Kunden, wie z. B. Direkt-Mailings an Bestandskunden und Image-Anzeigen, die die geplante Nachfolgeregelung kommunizierten ▪ vertrauensfördernde Maßnahmen bei Mitarbeitern durch die Einführung strukturierter Mitarbeitergespräche. Dieser Prozess wurde von einer Unternehmensberatung begleitet	
2012 - 2013		▪ Gründung eines Filialbetriebs vor dem Hintergrund steuerlicher Aspekte sowie der damit verbundenen Möglichkeiten der Personalentwicklung und zur weiteren Markterschließung
2014	▪ Gründung der MW Hör- und Sehzentrum Osnabrück GmbH & Co.KG, alle bestehenden Unternehmen gehen in der neuen GmbH & Co.KG auf ▪ Initiierung des Corporate Identity-Prozesses, mit dem Ziel ein Unternehmensleitbild mit dem gesamten Team zu erarbeiten und zu etablieren ▪ Einführung eines zweiten freien Tages pro Woche für den Senior-Unternehmer	
2015 - 2017	▪ Erwerb eines weiteren, bestehenden Augenoptikgeschäfts, Integration einer Abteilung für Hörakustik ▪ Auslagerung buchhalterischer Prozesse ▪ Umgestaltung von Bestell- und Wareneingangsprozessen ▪ Weitergabe von mehr administrativen Aufgaben an die Mitarbeiter ▪ weiterer Dialog mit Bestandskunden, Kommunikation der Nachfolgeregelung ▪ schrittweiser Rückzug der Senior-Unternehmer aus dem Tagesgeschäft	
2018	▪ Übergabe des Unternehmens an den Nachfolger Thomas Wollherr und seine Frau ▪ Senior-Unternehmer Hartmut Motzek kümmert sich weiterhin als geringfügig Beschäftigter um Stammkundschaft	

Abb. 8.1 Chronologische Übersicht des Generationswechsels der Firma Sehzentrum OPTIK MOTZEK Hörakustik

Die weitere Markterschließung durch den Kauf eines augenoptischen Unternehmens, das keine Nachfolgeregelung gefunden hatte, stellte für den Senior-Unternehmer eine tief greifende Veränderung in seiner Unternehmens-Philosophie: War er bis dahin davon überzeugt, dass Filialisierung stets zuungunsten des Stammhauses ist, so ließ er sich bei diesem Schritt vom Gegenteil überzeugen und unterstützte bei der Integration des neuen Geschäfts seinen Nachfolger nach Kräften (Abb. 8.1).

8.6   Interne und externe Kommunikation der Nachfolgeplanung

Im Folgenden wird der Frage nachgegangen: Wie werden die Mitarbeiter und Kunden auf den geplanten oder schon eingeleiteten Übergabeprozess vorbereitet? In den vorangegangenen Abschnitten wurden bereits die persönlichen Fähigkeiten und auch die persönliche Eignung des Nachfolgers dargestellt. Dies ist im Zusammenhang mit der Darstellung von Unternehmensübergaben bzw. -übernahmen so üblich, da der Nachfolger – mangels Lebenserfahrung und meist auch mangels Führungserfahrung – in dieser Hinsicht als schwächstes Glied in der Kette gesehen wird. In der konkreten Fallstudie stellte es sich in Bezug auf den Bereich Kommunikation gegenteilig dar. So kann sowohl die interne als auch die externe Kommunikation der Nachfolgeplanung in zwei Abschnitte unterteilt werden: vor Eintritt des Nachfolgers in das Unternehmen wurde die Nachfolge noch nicht kommuniziert, nach Eintritt war er selbst für die Kommunikation zuständig.

Die interne Kommunikation gestaltete sich aus dem vorher beschriebenen Umstand als recht einfach, da jeder Mitarbeiter froh darüber war, dass seitens des Nachfolgers mehr Wert auf systematische Kommunikation gelegt wird. Durch die Einführung von strukturierten Mitarbeitergesprächen wird die Mitarbeitermeinung schon früh gehört und kann in den die Nachfolge betreffenden Prozessen, wenn möglich, berücksichtigt werden.

Die Teilung der Aufgabengebiete wurde auch konsequent zu den Mitarbeitern kommuniziert, jedoch stellt man mit zunehmender Dauer des Übergabeprozesses auch fest, dass alte Strukturen nicht vollständig aufgebrochen werden. So ist beispielsweise festzustellen, dass gerade die jüngeren Mitarbeiter, die zum Großteil bereits vom Nachfolger eingestellt wurden, es genießen, eine gewisse Handlungsfreiheit eingeräumt bekommen zu haben, wohingegen der langjährigste Mitarbeiter, gleichzeitig stellvertretender Betriebsleiter (mit Prokura), mit diesem neuen Handlungsspielraum meist überfordert wirkt. Die Kommunikation reicht an dieser Stelle alleine nicht aus. Wenn über Jahre nur wenig Kommunikation stattfand, so werden neue Kanäle nicht sofort und unmittelbar vollständig genutzt. Es muss erst gelernt werden, damit umzugehen.

Die externe Kommunikation gestaltet sich dahingegen einfacher, da es im Rahmen von Werbeplanung möglich ist, die Kommunikation der Unternehmensnachfolge zu

Kunden darin miteinzubeziehen. Da bereits Kunden regelmäßig angeschrieben wurden, wird die Nachfolgeregelung dort entweder explizit thematisiert oder alternativ nur
beiläufig erwähnt. Dabei ist es dem Nachfolger allerdings wichtig, dass weniger er persönlich in den Fokus rückt, sondern vielmehr die Tatsache einer geregelten Unternehmensnachfolge. Die Kundenbeziehung zum Unternehmen und nicht zum Unternehmer
soll gestärkt werden. Neben Kunden-Mailings wurden zusätzlich andere Instrumente
gewählt wie beispielsweise Imageanzeigen in der Tageszeitung, Interviews und Fir-
menportraits sowohl in der eigenen Kundenzeitschrift als auch in anderen regionalen Zeitschriften. Abgerundet wird die externe Kommunikation auch durch die eigene
Homepage. Der wichtigste Kanal ist allerdings die alltägliche direkte Kommunikation
mit den Kunden, die den direkten Kontakt im Geschäft haben. Das bedeutet, dass der
Junior-Unternehmer selbst viel Zeit im unmittelbaren Kundenkontakt verbringt und auch
von allen Mitarbeiter im Kundenkontakt beiläufig auf die geregelte Nachfolge hingewiesen wird.

Die Kommunikation mit Banken und dem Steuerberater verlief von Anfang an Hand
in Hand, was nicht zuletzt daran lag, dass der Steuerberater selbst zu einem sehr frühen
Zeitpunkt in die Planung der Nachfolge mit hinzugezogen wurde. Die Gespräche mit der
Hausbank und die damit verbundenen regelmäßigen schriftlichen Kontakte fielen zeitnah
in den Bereich des Nachfolgers. Dazu gehört neben den Gesprächen auch die Ausarbeitung und anschließende Darstellung von Businessplänen für die verschiedenen Vorhaben.
Die zuvor beschriebenen unterschiedlichen Arbeitsweisen sind in der Finanzplanung
besonders auffällig: Während der Nachfolger immer Wert auf regelmäßige schriftliche
Liquiditätsplanungen legt, hatte der Senior diese Abläufe „einfach so im Blick": Klassische Planung fand nicht statt.

Kommunikation ist die Stütze des Nachfolgeprozesses: Werden zwar die richtigen
Entscheidungen getroffen, diese aber nicht an die wichtigen Stellen kommuniziert, so
lahmt der Nachfolgeprozess erheblich. Für Banken, Lieferanten, Kunden, Angestellte
und nicht zuletzt die eigene Familie ist es von höchster Priorität, rechtzeitig im Bilde
zu sein. Gliedert man einen Nachfolgeprozess in verschiedene Phasen, so sollte in einer
ersten Phase die Kommunikation zwischen dem Senior-Unternehmer und dessen Familie
der erste Schritt sein. Die anschließende Einbeziehung des Nachfolgers wäre der zweite
Schritt. Damit ist die vorbereitende Phase abgeschlossen.

In der zweiten Phase sollten dann Mitarbeiter und Banken sowie Geschäftspartner
und Kunden informiert werden. Um Missverständnisse zu vermeiden, ist es sinnvoll,
dabei mit den Mitarbeitern zu beginnen und danach die externe Kommunikation folgen
zulassen. Mit der einmaligen Information ist zwar diese akute Phase beendet, jedoch ist
es in der weiteren Etablierung wichtig, eine gut gelungene Nachfolge auch in den darauffolgenden Monaten und Jahren weiter öffentlich zu machen.

8.7   Schlussbetrachtung

Durch die frühzeitige und offene Auseinandersetzung des Senior-Unternehmer-Ehepaares mit den Themen Nachfolge und Testament gab es genügend Zeit, verschiedene Modelle zu diskutieren. Auch wenn einige Ansätze von vornherein nicht sinnvoll
erscheinen, ist es wichtig, diese zunächst auch auszuformulieren, eventuell erschließen
sich daraus andere Ansätze, die wiederum hilfreich sind. Wenn eine gemeinsame Grund-
idee vorliegt, gibt es zahlreiche „Puzzleteile", die sich von selbst fügen. Viele Entscheidungen auf dem Weg der Übergabe sind alternativlos, andere sind auch zu späteren
Zeitpunkten revidierbar. Sind beide Generationen am bestmöglichen Ergebnis für alle
Beteiligten wirklich interessiert, so ist es auch legitim, bereits getroffene Entscheidungen
infrage zu stellen. Dafür ist ein gewisses Maß an Selbstreflexion notwendig.

  Gegenseitiger Respekt und Toleranz, speziell für unterschiedliche Arbeitsweisen,
muss erlernt werden. Insbesondere durch klare Aufgabenverteilung wird dieses erleichtert. Orientieren sich die Aufgaben nach den persönlichen Stärken und Vorlieben des Einzelnen, so ist das auch für die Produktivität sehr wertvoll. Das Zeitfenster während der
Nachfolge, in dem beide Unternehmer aktiv im Geschäft sind, kann sich für die Unternehmensentwicklung als sehr fruchtbar erweisen. Beispielsweise kam für den Senior-Unternehmer eine Filialisierung nicht infrage, für den Nachfolger sind Filialen ein
probates Mittel zur Risikostreuung und zur strategischen Personalentwicklung.

  Da eine gute Unternehmensnachfolge einige Jahre dauert, ist es hilfreich, mit
Gesprächsnotizen zu arbeiten, damit gute und vor allem einvernehmliche Lösungen nicht
in Vergessenheit geraten. Ein Umstand, der mit zunehmender Dauer des Nachfolgeprozesses an Bedeutung gewinnt, allein aufgrund der Tatsache, dass Entscheidungen gelegentlich kurzfristig und zwischen zwei anderen Terminen gefällt werden.

  Die familiäre Vorgeschichte zwischen Eltern und Kind ist nicht mit der zwischen
Schwiegereltern und Schwiegersohn vergleichbar. Eine direktere Kommunikation ist in
letzterem Familienverhältnis einfacher möglich.

  Eine strikte Trennung wie möglich von Geschäftlichem und Privatem ist unabdingbar.
Im Zweifelsfall gilt auch hier eine klare Aussprache als probates Mittel. Speziell in diesem Punkt unterscheiden sich die Unternehmergenerationen erheblich: Während für den
Senior-Unternehmer häufig noch das Motto gilt „Selbstständigkeit bedeutet: selbst und
ständig!", spielt Work-Life-Balance und damit verbunden ein anderes Zeitmanagement
eine wichtigere Rolle für die jüngere Generation.

  Rechtzeitig professionelle Beratung bei der Unternehmensnachfolge sorgt dafür keine
groben Fehler in der Frühphase zu begehen. Das Tagesgeschäft ist häufig aufreibend
und versperrt den Blick auf andere wichtige Dinge. Als Unternehmer sollte die intensive
Beschäftigung mit einer möglichen Nachfolge spätestens ab dem 50. Lebensjahr begonnen werden.

Fallbeispiel 4: Unternehmensübergabe bei plötzlichem Todesfall

Ein Ratgeber für die familieninterne Nachfolge, wenn nichts geregelt ist

Christian Lanzinger

9.1 Herausforderungen aufgrund des plötzlichen Todes des Inhabers

Eigentlich könnte es so einfach sein. Der Großvater gründet ein Unternehmen und übergibt es im angemessenen Alter an seinen Sohn. Dieser führt das Unternehmen viele Jahre erfolgreich fort und übergibt es im Rentenalter wiederum an seine Kinder. Dass die Realität ganz anders aussieht, zeigt die in Kap. 1 dieses Buches vorgestellte Studie, der zufolge in 60 % der Familienunternehmen die anstehende Nachfolgefrage noch nicht geregelt ist. Das Ergebnis ist alarmierend. Denn wird keine Nachfolgeregelung getroffen, so bedeutet dies in der Regel das Aus für das Unternehmen. Die Problematik der Nachfolge in Familienunternehmen ist allerdings nicht neu: Literarisch geht Thomas Mann auf den Untergang eines Familienunternehmens bereits im Jahr 1901 in seinem Roman „Buddenbrooks" ein. Die dort zitierte Redewendung „Der Vater erstellt's, der Sohn erhält's, dem Enkel zerfällt's" formuliert die Erfahrung, die Habig (2004) statistisch belegt: Nicht einmal 5 % aller jemals gegründeten Unternehmen überleben die dritte Generation. Der Wechsel in der Unternehmensführung wird aus verschiedenen Gründen von Generation zu Generation immer problematischer. Umso respektvoller wird auf Familienunternehmen geschaut, die ihr Unternehmen über Generationen hinweg erfolgreich führen (Habig und Berninghaus 2004, S. 13).

C. Lanzinger (✉)
Brillen Wohlfart, Rosenheim, Deutschland
E-Mail: c.lanzinger@brillen-wohlfart.de

9.1.1 Die Bank

Der Betrieb ist, wie oben schon kurz angesprochen, 40 Jahre lang vom Inhaber selbst geführt worden. Zum Zeitpunkt des 40-jährigen Betriebsjubiläums hat der zukünftige Unternehmensnachfolger bereits drei Jahre im Betrieb mitgearbeitet und Teile der Betriebsführung übernommen. Der Senior-Chef verstarb danach plötzlich und hinterließ den Betrieb und die Betriebsführung ohne Bevollmächtigungen und jegliche Befugnisse für den/die Nachfolger oder andere Dritte. Ebenfalls fehlte ein Testament, das eine Grundlage für die Weiterführung des Betriebs gewesen wäre.

Wie im Allgemeinen üblich, wurde zwei Tage nach dem Tod in der lokalen Tageszeitung eine Traueranzeige veröffentlicht. Das Schalten dieser Anzeige stellte sich als fataler Fehler heraus. Zunächst wird die Auswirkung dieser Traueranzeige auf die Bank erläutert. Pünktlich mit Erscheinen der Anzeige hat die Geschäftsbank des Betriebes sämtliche Konten eingefroren. Dies ist kein automatischer Prozess, sondern resultiert tatsächlich aus dem Selektieren der Todesanzeigen und dem Abgleich mit der Kundenkartei durch die Bank. Dies hatte zur Folge, dass die Transaktionen, die am darauf folgenden Tag per Online-Banking getätigt wurden, durch die Bank nicht mehr ausgeführt wurden. Da die Bank nicht verpflichtet ist, so einen Vorgang mitzuteilen, ist dies erst dadurch bekannt geworden, als die Mitarbeiter zu Beginn des folgenden Monats nachfragten, wo denn ihr Gehalt bliebe. Eine Verfolgung der Transaktion durch das Online-Banking war nicht mehr möglich, da zeitgleich auch der Online-Banking-Zugang gesperrt wurde. Auch der weitere Versuch die Transaktion durch einen Kontoauszug nachzuvollziehen, blieb erfolglos. Da schließlich auch noch der Kontoauszugsdrucker der Bank die Karte einzog, war kein Herankommen an die Kontoauszüge möglich. Aufgrund dieser Vorkommnisse wurde telefonisch ein Termin mit dem Gewerbekundenbetreuer der Bank noch am selben Tag vereinbart. Allerdings wurde bereits am Telefon mitgeteilt, dass ein Erbschein für alles Weitere unbedingt notwendig wäre. Während des Termins bei der Bank stellte sich heraus, dass selbst mit einem Erbschein das „Auftauen" des Kontos nicht mehr möglich sein wird, da der Bankmitarbeiter auf einen Gesellschaftervertrag des Betriebs verwies.

Hierbei ist als kurzer Einschub zu erwähnen, dass die ursprüngliche Rechtsform des Betriebs eine Kommanditgesellschaft war. Die Kommanditgesellschaft wurde aber bereits vor 20 Jahren abgewickelt und der Betrieb in ein Einzelunternehmen überführt, da damals die zwei Kommanditisten austraten und der Inhaber und Geschäftsführer als Einziger verbleibender Gesellschafter übrig geblieben ist. Da jedoch die KG niemals aus dem Handelsregister gelöscht wurde und das Geschäftskonto bei der Bank nicht auf ein Einzelunternehmen umgeschrieben wurde, betrachtete die Bank den Gesellschaftervertrag als nach wie vor gültig.

Die Problematik, die durch den Gesellschaftervertrag entstand, ergab sich aus dem § 7 des Vertrags: „Im Todesfall eines Gesellschafters sind die Erben des Gesellschafters nicht berechtigt in die Gesellschaft einzutreten." Dieser Passus hatte zur Folge, dass keiner der beiden Erben für das Unternehmen eine Handlungsvollmacht bekommen konnte. Es ist an dieser Stelle zu erwähnen, dass neben dem Sohn des Betriebsinhabers auch noch dessen Tochter zu gleichen Teilen erbberechtigt war.

Obwohl zu diesem Zeitpunkt der Betrieb schon seit Jahren als Einzelunternehmen geführt worden ist und die KG lediglich eine „Hülle" darstellte, versteifte sich die Bank auf den Vertrag und bot auch keinerlei Hilfestellung an. Auch kurzfristig mit einem zweiten Geschäftskonto inkl. Dispositionskredit auszuhelfen, bis die Angelegenheit geklärt sein würde, war von Bankseite nicht machbar. Lediglich erhielt man die Empfehlung sich schnellst möglich in den Rechtsbeistand eines Fachanwalts zu begeben.

Dieser Empfehlung wurde sofort Folge geleistet und nach einigem Suchen und Durchforsten der Akten im Büro des Betriebs fand sich auch ein Gesellschaftervertrag, der dem Anwalt vorgelegt werden konnte. Der Gesellschaftervertrag, den die Bank in ihren Unterlagen hatte, wurde den Erben aufgrund der fehlenden Handlungsvollmacht leider nicht ausgehändigt. Dies wird an dieser Stelle nur deshalb explizit erwähnt, da hiermit dargestellt werden soll, dass man sich keinerlei Hilfsbereitschaft erwarten darf. Auch nicht bei Kleinigkeiten, die mit Sicherheit im Handlungsspielraum der Bank gelegen hätten. Alle wichtigen Unterlagen sowie Befugnisse sollten also einem potenziellen Unternehmensnachfolger stets zugänglich sein.

Laut dem Rechtsbeistand gab es nur eine Lösungsmöglichkeit und zwar die KG aus dem Handelsregister löschen zu lassen. Dies war möglich sobald die Erbengemeinschaft einen Erbschein vorlegen konnte, da dieser die Erben als Erben und somit als Eigentümer und nicht als Gesellschafter, ausweist. Um die Ausstellung eines Erbscheins zu beschleunigen, besteht die Möglichkeit den Erbschein nicht selbst, sondern notariell zu beantragen. Notariell beantragte Erbscheine werden vom Nachlassgericht vorrangig bearbeitet und sind somit schneller ausgefertigt.

Aufgrund einer Panne beim Nachlassgericht zog sich die Ausstellung des Erbscheins im Fall des Autors leider in die Länge. Hierauf wird nicht näher eingegangen, da es sich um eine individuelle Panne gehandelt hat. Mit dem ausgestellten Erbschein, der durch die Beantragung beim Notar auch zum Notar gesendet wurde, konnte gleich infolgedessen die Löschung der KG im Handelsregister erfolgen und war binnen 14 Tagen erledigt. Daraufhin war für die Bank kein Kontoinhaber mehr existent und der Weg für eine Umschreibung auf die „neue" Rechtsform einer GbR an die Erbengemeinschaft geebnet. Die Handlungsfähigkeit über das Geschäftskonto war somit vier Monate nach dem Tod des Betriebsinhabers wiederhergestellt.

9.1.2 Die Rechtsform

Nachfolgend wird erläutert, weshalb eine GbR entsteht, obwohl der vererbte Betrieb als Einzelunternehmen geführt wurde. Dadurch, dass der Augenoptikbetrieb einer Erbengemeinschaft vererbt wurde, hat sich die Rechtsform zum Zeitpunkt der Annahme des Erbes geändert. Ein Einzelunternehmen kann nur von einem Einzelnen geführt werden.

Dadurch, dass es sich bei der Erbengemeinschaft um mehrere Personen, im konkreten Fall um zwei Personen handelt, entsteht automatisch eine GbR, also eine Gesellschaft bürgerlichen Rechts. Rechtlich gesehen ist dies nicht anders zu betrachten als ein Einzelunternehmen mit zwei Personen.

Auf diese Tatsache macht der Steuerberater zwar aufmerksam, man darf allerdings nicht außer Acht lassen, dass Steuernummer, Steueridentifikationsnummer, etc. neu beantragt werden müssen. Das Gleiche gilt für das Gewerbeamt. Für die neue Rechtsform GbR ist eine Anmeldung beim Gewerbeamt nötig ebenso wie die Abmeldung des Einzelunternehmens.

Dieser Schritt ist leider auch nicht außen vor zu lassen, wenn sich die Erbengemeinschaft darauf einigt, dass einer der Erben das Unternehmen alleine als Einzelunternehmer fortführt, da durch das Nachlassgericht das Finanzamt informiert wird und das Finanzamt die Firma steuerrechtlich löscht. Finanzamt und Gewerbeamt kommunizieren nicht miteinander, zumindest im vorliegenden Fall. Das bedeutet, dass das Gewerbe beim Gewerbeamt selbst abgemeldet werden muss. Dies wird später im Kapitel „Das Finanzamt" näher ausgeführt.

9.1.3 Der Dienstleister des EC-Karten-Gerätes

Nachdem gleich noch am selben Tag, an dem der erste Banktermin stattfand, ein neues Übergangsgeschäftskonto eröffnet wurde, war die erste Maßnahme nach Kontoeröffnung das EC-Karten-Terminal auf die neue Kontoverbindung umzustellen. Der Gedanke lag deshalb nahe, da im Betrieb ca. 80 % aller Zahlungen über das EC-Karten-Terminal laufen. Auch dies war leider ohne Vollmacht nicht möglich, da der EC-Karten-Dienstleister von der Geschäftsbank darauf hingewiesen wurde, dass ohne Handlungsvollmacht das EC-Karten-Gerät vom alten Konto nicht abgebunden werden darf. Die einzige Lösung, die sich bot, war ein zweites Gerät für das Übergangskonto anzuschaffen. Da davon auszugehen war, dass es relativ schnell und spontan nicht mehr notwendig ist, sollte es ein Gerät ohne Vertragslaufzeit sein. Da hierbei aber enorme monatliche Grundgebühren angefallen wären, wurde in diesem Fall darauf verzichtet. Den Kunden wurde telefonisch mitgeteilt, dass ihre neue Brille fertig ist und bei Abholung nur eine Barzahlung oder Überweisung möglich sei. Auch dieses Prozedere musste über vier Monate lang durchgeführt werden, nämlich solange bis vom Nachfolger die Handlungsvollmacht über das ursprüngliche Konto erlangt wurde.

9.1.4 Das Finanzamt

Bei diesem Absatz geht es um das Finanzamt und die steuerrechtliche Löschung des Einzelunternehmens des verstorbenen Inhabers. Hierbei sollte erwähnt werden, dass die Löschung des Einzelunternehmens seitens des Finanzamts geräuschlos abläuft. Das Finanzamt hat keine Informationspflicht gegenüber den Hinterbliebenen. Hintergrund ist der, dass selbst bei Fortführung des Unternehmens die Hinterbliebenen sowieso verpflichtet sind, eine neue Rechtsform anzumelden. Bei Gesellschaften ist das anders, hier besteht die Gesellschaft fort. Aufgefallen ist die Löschung erst durch die Mitteilung eines neuen Lieferanten aus dem Ausland, mit dem man auf der Branchenmesse einen Monat nach dem Tod des Inhabers in eine Geschäftsbeziehung getreten war. Dieser Lieferant benötigte die Umsatzsteuer-Identifikationsnummer, um seine Ware mehrwertsteuerfrei einführen zu können. Erst nach Weitergabe dieser Nummer an den Lieferanten fiel auf, dass die USt-ID nicht mehr gültig ist. Auf Rückfrage beim Finanzamt wurde erklärt, dass durch das Finanzamt das Einzelunternehmen rückwirkend zum Todestag des Inhabers gelöscht wurde.

Wie oben erwähnt, ändert sich die Rechtsform im Todesfall eines Einzelunternehmers. Im Falle eines Allein-Erben wird ein neues Einzelnehmen gegründet, da ein Einzelunternehmen immer personengebunden ist. Im Falle einer Erbengemeinschaft entsteht eine Gesellschaft bürgerlichen Rechts. Zu diesem Zeitpunkt war die GbR zwar bereits steuerlich beim Finanzamt durch den Steuerberater gemeldet, aber eine Umsatzsteuer-Identifikationsnummer war dem Nachfolger noch nicht bekannt. Das heißt in diesem Fall, ein Handel mit ausländischen Lieferanten ist sehr gut abzustimmen, damit es vom Todestag ab bis zum Erhalt einer neuen USt-ID keine Grauzone gibt.

Eine weitere Problematik, die sich beim Finanzamt ergibt, ist das Fehlen der „klassischen" Steuernummer. Das Finanzamt berechnet in der Zeit, in der der Betrieb fortgeführt wird, bis zur Erteilung der neuen Steuernummer keine Lohn- und keine Umsatzsteuer. Das heißt, man muss sich nach Erhalt der Steuernummer auf einen hohen Steuerbescheid zzgl. Säumniszuschläge gefasst machen. In unserem konkreten Beispiel riet der Steuerberater einen fixen Betrag monatlich zu überweisen. Daraufhin bekamen die Hinterbliebenen und Nachfolger des Betriebs einen Anruf vom Finanzamt mit der Frage, was man denn mit dem überwiesenen Geld machen solle, da sie nicht wissen, wie sie es buchen sollen. Das Finanzamt betrachtete das Ganze als eine Art Depot-Zahlung. Nichts desto trotz sind diese Vorauszahlungen eine gute Sache, damit der Steuerbescheid danach nicht in einer immens hohen Summe ausfällt.

9.1.5   Die erbrechtliche Auseinandersetzung

Die Erbengemeinschaft bestand, wie bereits erwähnt, aus Sohn und Tochter (untereinander Halbgeschwister) des verstorbenen Unternehmers. Beide sind Augenoptiker mit einer Ausbildung, die dazu befähigt, den augenoptischen Betrieb weiterführen zu dürfen. Der Sohn mit dem akademischen Abschluss Bachelor of Science in Augenoptik und Hörakustik. Die Tochter mit einem Augenoptik-Meistertitel. Da die Tochter im Gegensatz zum Sohn des verstorbenen Unternehmers eine eigene Familie hat und sich um diese kümmert, war die Frage, wer den Betrieb weiterführen sollte, schnell geklärt. In welcher Art und Weise stand allerdings noch offen. Der Vorschlag des Steuerberaters war, falls die geschäftlichen Anteile des Betriebs bei beiden bleiben sollten und die Firma nicht auf einen übergeht, wäre es gut als neue Rechtsform eine Kommanditgesellschaft zu wählen. Hierbei wäre der Sohn als Geschäftsführer als Komplementär zu besetzen und die Tochter als stille Teilhaberin in der Rolle der Kommanditistin.

Da der Betrieb einen gewissen Investitionstau hat und investiert werden muss, ist es jedoch schwierig die Anteile der KG festzulegen, da der Sohn als Alleinhafter das volle Risiko trägt. Bei einer KG trägt der Kommanditist das Risiko gegenüber den Gläubigern nur bis zur Höhe seiner Einlage. Der Komplementär hingegen haftet voll mit seinem gesamten Privatvermögen. Eine faire Lösung wäre also nicht möglich gewesen, solange nicht beide Kinder bereit sind den gleichen Einsatz und gleichen Arbeitsaufwand in den Betrieb zu stecken. Somit einigte man sich darauf, dass der Sohn den Betrieb alleine übernimmt und die Schwester ausbezahlt. Auf die Auslösesumme kann leider nicht genauer eingegangen werden, da auch private Dinge mit ausgelöst wurden und die Auslösesumme für ein Gesamtpaket mündlich ausverhandelt wurde. Wie Unternehmen bewertet werden, darauf wird später in diesem Kapitel eingegangen. In diesem Fall wurde von dem Sohn ein Einzelunternehmen gegründet. Das geschah auf Anraten des Steuerberaters ein halbes Jahr nach dem Todesfall, da es laut des Finanzamtes möglich sei, ein halbes Jahr rückwirkend einen Betrieb zu eröffnen und auch ein halbes Jahr rückwirkend die Buchhaltung zu machen. Diese Tatsache war sehr arbeitserleichternd, da die Übergangsrechtsform GbR der Erbengemeinschaft damit nicht berücksichtigt werden musste. Somit konnte ein halbes Jahr rückwirkend ein neues Einzelunternehmen gegründet werden.

9.1.6   Der Firmenname

Die Namensgebung im Wettbewerbsrecht sieht vor, dass bei Neugründungen der Name der Gesellschaft oder des Einzelunternehmens aus Zunamen oder Vor- und Zunamen oder einem Fantasienamen entspricht. Bei Gesellschaften, die in das Handelsregister eingetragen werden müssen, achtet das zuständige Amtsgericht darauf. Im Zweifelfall zieht das Amtsgericht die Handwerkskammer zurate. Gesellschaften oder Einzelunternehmen, die nicht eingetragen werden müssen, können sich auf freiwilliger Basis in Handelsregister eintragen lassen. Diese Eintragung ist durchaus zu empfehlen, um einer Abmahnung der Konkurrenz zu entgehen. In unserem Fall kam es auch hierbei anfänglich zu Komplikationen. Aus Marketing-Gründen war geplant, den seit 40 Jahren bestehenden Firmennamen weiterzuführen. Dies ist durch den zuvor geschilderten Prozess bei der Neugründung des Unternehmens allerdings nicht möglich. Man mag an verschiedene Beispiele aus der Praxis denken wie zum Beispiel: „Maler Herbert Müller Inh. Josef Mayer". Diese Namensweitergabe funktioniert nur durch eine notarielle Beglaubigung. Dieses Beispiel wurde zufällig gewählt. Eine Übereinstimmung oder Ähnlichkeiten mit einem Betrieb in der Realität sind ggf. rein zufällig. Eine solche notarielle Beglaubigung fehlte dem Nachfolger in unserem Fall allerdings und so gab es laut der Handwerkskammer keine Aussichten auf eine entsprechende Eintragung des

Firmennamens in das Handelsregister. Auch bei dieser Frage half der Rechtsbeistand des Betriebsnachfolgers. Im Todesfall erbt die Erbengemeinschaft nicht nur die Pflichten des Verstorbenen, sondern auch die Rechte. Die Erbengemeinschaft hat als juristische Person somit das Recht, die Namensrechte notariell zu übertragen. Die Erbengemeinschaft, bestehend aus Sohn und Tochter des Verstorbenen, konnten somit dem Sohn – in dieser Betrachtung der Betriebsnachfolger – das Namensrecht weitergeben. Darauf wird an dieser Stelle explizit eingegangen, da dieses Beispiel zeigt, dass auch die Aussagen eines Rechtsbeistands der Handwerkskammer durchaus hinterfragt werden sollten. Eine Eintragung in das Handelsregister war somit möglich und das Einzelunternehmen wurde in das Handelsregister mit dem seitherigen Firmennamen und dem neuen Inhaberzusatz eingetragen.

9.1.7 Der Umsatzverlust

Man möchte vielleicht denken, dass ein solcher Todesfall in einem inhabergeführten Betrieb bei gleichbleibenden Mitarbeitern nicht allzu hohe Auswirkungen auf den Umsatz des Betriebs haben sollte. Allerdings scheuten die Kunden nach dem Todesfall die Angehörigen mit ihrem Auftrag bzw. Wunsch, so absurd sich das lesen mag, zu belästigen. Ein weiterer Punkt ist, dass der Kundenkontakt in einem Augenoptikbetrieb oftmals sehr persönlich geprägt ist. Kunden, die es gewohnt sind immer denselben Ansprechpartner zu haben, in diesem Fall also häufig den Chef des Betriebs, bleiben aus, wenn der Ansprechpartner fehlt. Die Auswirkungen wurden im vorliegenden Fall stark unterschätzt. Der Umsatzverlust wurde zusätzlich durch die von den Angehörigen in Auftrag gegebene Todesanzeige in der Tageszeitung verstärkt. Dadurch wurden viele Kunden des Betriebs viel zu früh und in einem zu großen Umfang informiert. Auch rein betriebswirtschaftlich war also das Schalten der Todesanzeige in der Lokalzeitung ein großer Fehler. Wobei an dieser Stelle zu erwähnen ist, dass selbst Kunden, die die Todesanzeige nicht gelesen haben und in das Geschäft kamen, um einen Termin zu vereinbaren, wieder gegangen sind, nachdem Sie vom Tod des Chefs erfuhren. Die Kombination des oben erwähnten gesperrten Bankkontos mit dem Umsatzverlust war in diesem Fall besonders herausfordernd (Abb. 9.1).

Monat	Januar	Februar	März	April	Mai	Juni	Juli	August	Sept.
Umsatzverlust in %	-15,9	-17,0	-22,9	-32,9	-24,5	-17,0	-22,4	-5,6	76,3
Kumulierter Umsatzverlust in %	-15,9	-16,4	-19,1	-22,9	-20,2	-19,6	-20,1	-18,5	-10,1

Abb. 9.1 Umsatzverlust

9.2   Vermeiden einzelner Probleme und Lösungsansätze

9.2.1   Die Bank

Um die oben erwähnte Problematik mit der Bank zu vermeiden, ist das wichtigste Dokument, um nach einem Ausfall des Kontoberechtigten – sei es durch Tod oder nur zeitweise krankheitsbedingt – handlungsfähig und liquide zu bleiben, die Bankvollmacht. Bei einem Ausfall durch den Tod ist darauf zu achten, dass die Vollmacht auch über den Tod des Vollmachtgebers hinaus wirksam ist und nicht mit seinem Tode erlischt. Bei Vollmachten/Bankvollmachten über den Tod hinaus kann zwischen postmortalen und transmortalen Vollmachten unterschieden werden. Die postmortale Vollmacht wird zu Lebzeiten geschlossen und ist allerdings erst ab dem Tod gültig. Sie dient hauptsächlich dazu die Zeitperiode zwischen Tod und Erbschein, in der die Erben nicht über das Konto verfügen können, zu überbrücken. Die transmortale Vollmacht wird zu Lebzeiten geschlossen und ist sofort und über den Tod hinaus gültig (Anwalt 24 2018). Diese Vollmacht macht z. B. dann Sinn, wenn dem Tod schon eine Krankheit vorausgeht, die den Vollmachtgeber handlungsunfähig macht. Die Banken haben in der Regel für Bankvollmachten hauseigene Vordrucke. Es ist die Empfehlung auch diese zu verwenden, um einer späteren Nichtanerkennung der Vollmacht von Bankseite aus zu vermeiden. Meistens müssen bei der Vollmachtausstellung Vollmachtgeber und Vollmachtnehmer anwesend sein und sich ausweisen können (Meyer-Götz 2017, S. 96).

9.2.2   Handlungsunfähigkeit anhand des Beispiels des EC-Karten-Dienstleisters

Am oben beschriebenen Beispiel des EC-Karten-Dienstleisters ist zu erkennen, dass eine generelle Handlungsvollmacht nötig ist, um den Geschäftsbetrieb aufrechtzuerhalten. Im vorliegenden Beispiel beschränkte sich die Handlungsunfähigkeit tatsächlich auf das Umstellen des EC-Karten-Lesegerätes vom alten Konto auf das neue Geschäftsgirokonto. Der Geschäftsbetrieb mit den Lieferanten konnte ohne Vollmacht nur aufgrund langer und guter Geschäftsbeziehungen aufrechterhalten werden. Das war allerdings großes Glück. Im schlimmsten Fall ist ohne eine Handlungsvollmacht keinerlei Geschäftstätigkeit mehr möglich. Bei der Erteilung der Handlungsvollmacht muss der Vollmachtgeber die postmortale von der transmortalen Handlungsvollmacht unterscheiden, sodass der Prokurist entweder seine Vollmachten bereits zu Lebzeiten und über den Tod des Inhabers hinaus behält oder diese erst nach dessen Ableben wirksam werden. Darüber hinaus ist wichtig zu wissen, dass eine Prokura nicht mit dem Tod des Inhabers erlischt, sondern nur bei Versterben des Prokuristen (IHK Leipzig 2018).

9.2.3   Die Erbfolge

In unserem Fallbeispiel existierte kein Testament oder ein ähnlicher geregelter Nachlasswille. Somit galt die gesetzliche Erbfolge, welche im BGB in den § 1924 bis § 1926 geregelt ist und sich an dem Verwandtschaftsgrad orientiert. Verwandte erster Ordnung sind Kinder und Enkel des Erblassers, Verwandte zweiter Ordnung Eltern und Geschwister. Großeltern sowie Onkel und Tanten sind als Verwandte dritter Ordnung an der letzten Stelle der Erbfolge vorgesehen. Die Ehegattin/der Ehegatte erbt neben den Kindern immer ein Viertel egal wie viele Kinder existieren. Falls keine Erben erster Ordnung da sind, sondern nur Verwandte zweiter Ordnung, erbt die Ehegattin/der Ehegatte die Hälfte. Im Falle einer Zugewinngemeinschaft erhöht sich der Anteil des Ehepartners um ein Viertel auf die Hälfte, so dass den Kindern des Ehepaares die andere Hälfte zufällt (Finanztipp 2018). Die gesetzliche Erbfolge ist in Abb. 9.2 dargestellt.

Jeder Leser ist an dieser Stelle dazu eingeladen, sich Gedanken zu seiner persönlichen Situation zu machen und durchzuspielen, was die gesetzliche Erbfolge an seiner Stelle für Auswirkungen hätte. Man wird sehr schnell feststellen, dass es durchaus Sinn macht, sich früh um eine Nachlassregelung zu kümmern. In der Regel nicht primär, um einen Teil der Hinterbliebenen zu benachteiligen, sondern das ist der Tatsache geschuldet, dass es leider relativ oft Werte gibt, die sich nicht „pauschal" trennen lassen. Die in den letzten Jahren gestiegenen Immobilienpreise sind hierfür das beste Beispiel, denn sehr oft sind die Erben nicht in der Lage den über die Jahre gestiegenen Wert einer Immobilie auszubezahlen. Wenn man nicht von einem monetär getriebenen Gedanken der Erben ausgeht, sondern davon, dass der letzte Wille des Verstorbenen berücksichtigt werden soll, dann sollte dessen Nachlass geregelt sein, um Sachwerte für die Nachkommen zu erhalten. Dies kann in einem Testament oder einem Erbvertrag geschehen. Das Vermächtnis

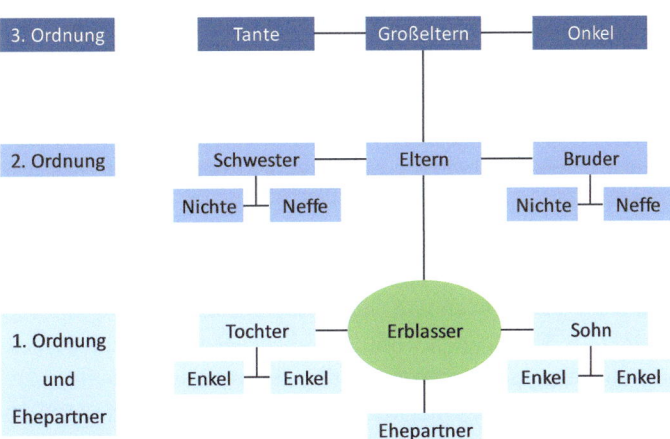

Abb. 9.2   Gesetzliche Erbfolge

Abb. 9.3 Ermittlung des
Substanzwerts

> **Vermögen zu Verkehrswerten**
> **- Schulden**
> **= Substanzwert**

Abb. 9.4 Beispiel zur
Errechnung des Substanzwerts

Ermittlung des Substanzwertes		Beispiel 1	Beispiel 2
Anlagevermögen			
Bebautes Grundstück	Verkehrswert	210.000 €	450.000 €
Maschinen, Geräte	Verkehrswert	35.000 €	85.000 €
Fahrzeuge	Verkehrswert	30.000 €	55.000 €
+ Umlaufvermögen		40.000 €	60.000 €
- Fremdkapital		70.000 €	120.000 €
Substanzwert		245.000 €	530.000 €

oder die Testamentsvollstreckung unterscheidet sich rechtlich von einem Testament oder einem Erbvertrag (Bundesnotarkammer 2018). Übergreifend kann hierbei von der gewillkürten Erbfolge gesprochen werden. Dabei sind die Gestaltungsmöglichkeiten sehr vielfältig, sodass an dieser Stelle nicht näher darauf eingegangen wird. In jedem Fall sollte immer sichergestellt werden, dass das Dokument im Todesfall aufgefunden und rechtlich umgesetzt wird (Meyer-Götz 2017, S. 96).

9.2.4 Die Unternehmensbewertung

Der Unternehmenswert lässt sich auf verschiedene Arten ermitteln. Im Falle des Autors hat sich die Erbengemeinschaft privat auf einen Betrag geeinigt. Da dies allerdings nicht der Regelfall ist, könnte der Unternehmenswert z. B. mit dem Verfahren des vereinfachten Ertragswerts hergeleitet werden. Hierbei errechnet sich die untere Wertegrenze immer nach dem Substanzwertverfahren. Das Substanzwertverfahren (Abb. 9.3 und 9.4) lässt den wirtschaftlichen Erfolg außer Acht und bewertet das Unternehmen nur danach, welcher Geldbetrag aufgewendet werden müsste, um den gleichen Betrieb erneut mit derselben Geschäftsausstattung zu eröffnen (Handwerkskammer für Oberfranken 2018). Der Substanzwert ist der Verkehrswert, welcher auch bei einer Veräußerung der Geräte erzielt wird und nicht der Restwert nach Abschreibungen. Anschließend werden von dem errechneten Betrag die Schulden des Betriebs abgezogen. Ermittelt werden diese Werte z. B. von einem unabhängigen vertrauenswürdigen Gutachter.

Der Substanzwert stellt den untersten anzunehmenden Wert des Unternehmens dar. Wenn der Ertragswert höher ist als der Substanzwert, wird dieser angenommen, da der Ertragswert den wirtschaftlichen Erfolg des Unternehmens darstellt. Der vereinfachte

Ertragswert errechnet sich aus dem künftigen nachhaltig erzielbaren Jahresertrag, welcher sich aus den Betriebsergebnissen der letzten drei Jahre zusammensetzt (Handwerkskammer für Oberfranken 2018).

Steuerlicher Gewinn – Abzüge + Hinzurechnungen = Betriebsergebnis vor Steuern
Betriebsergebnis vor Steuern – 30 % pauschale Steuern = Betriebsergebnis nach
Steuern

Zu Hinzurechnungen zählen steuerbilanzielle Korrekturposten (Sonderabschreibungen, Rückstellungen, etc.) Abschreibungen auf den Firmenwert, einmalige Veräußerungsverluste, außerordentliche Aufwendungen, nicht bilanzierte Investitionszulagen, Ertragssteueraufwand und Aufwendungen im Zusammenhang mit nicht betriebsnotwendigen Vermögen. Unter Abzügen hingegen versteht man insbesondere Auflösungen steuerfreier Rücklagen, einmalige Veräußerungsgewinne, außerordentliche Erträge, bilanzierte Investitionszulagen, einen angemessenen Unternehmerlohn, einen fiktiven Lohnaufwand für unentgeltliche mitarbeitende Familienangehörige des Unternehmers und Erträge aus der Erstattung von Ertragssteuern und Erträge im Zusammenhang mit nicht betriebsnotwendigen Vermögen (Handwerkskammer für Oberfranken 2018).

9.2.5 Dem Umsatzverlust entgegenwirken

Um dem Umsatzverlust, der in Abb. 9.1 dargestellt ist, entgegenzuwirken, wurden die Stammkunden des Betriebs angeschrieben. Die Idee des Anschreibens war es, die Kunden zu informieren, dass der Geschäftsbetrieb weitergeführt wird und dass man in den Händen des neuen Betriebsinhabers, dem Sohn des Verstorbenen, sehr gut aufgehoben ist. Hierzu wurde ein Anschreiben inkl. Beilegekarte gestaltet. Das Anschreiben wurde ziemlich genau zwei Monate nach dem Todesfall versendet.

Angeschrieben wurden 7120 Kunden, die aus der Branchensoftware des Betriebs ermittelt werden konnten. Die Kosten für dieses Mailing beliefen sich auf 2.955,93 €. Die Summe ergab sich aus 575,07 € Druckkosten und 2.113,66 € Portokosten sowie 267,20 € Portokosten für zurückgesendete Briefe. Nach dem Anschreiben kamen vereinzelt Kunden in den Betrieb, die sich für den Brief bedankten, da sie sich in nächster Zeit wirklich nicht getraut hätten vorbei zu kommen. Andere riefen an, bedankten sich oder bekundeten ihr Mitgefühl, weil sie bis dato noch gar nichts von dem Todesfall gewusst haben. Leider war, wie an den Umsatzzahlen aus Abb. 9.1 zu sehen, keine wirkliche Umsatzsteigerung erkennbar. Die beiden weiteren Monate zeigten sogar einen noch größeren Umsatzverlust als die Monate davor.

Das zweite Anschreiben, das man vorbereitet hatte, war ein Mailing zum Thema Sonnenschutzgläser, bei dem auch eine gratis Sehanalyse und reduzierte Sonnenbrillenfassungen beworben wurden. Auch dieses Anschreiben war im selben Format gehalten wie das erste Anschreiben. Bei der Sonnenschutzaktion war man erfolgreicher, obwohl das

Mailing unter saisonalen Aspekten viel zu spät an die Kunden versendet wurde. Geplant war die Aktion im Frühsommer. Aufgrund eines Fehlers des Lettershops, bei dem man die Flyer hat drucken lassen, verzögerte sich die Auslieferung leider um einen Monat. Nichts desto trotz kann man ein deutliches Umsatzplus nach dieser Aktion erkennen. Interessanterweise waren für die Kunden gar nicht die im Mailing beworbenen neuen Sonnenbrillen mit rabattierten Sonnengläser wichtig. Es kamen wesentlich mehr Kunden, die einfach die Gratis-Sehanalyse in Anspruch nehmen wollten und dann eine normale Korrektionsbrille kauften. Es ging also den Kunden nicht um den Preisvorteil bei Sonnenbrillen, sondern eher um die Erinnerung, dass sie jederzeit auch zum Augencheck vorbeikommen können.

Bei der Sonnenschutzaktion wurden mit 4407 Kunden wesentlicher weniger als in der ersten Werbeaktion angeschrieben. Das lag an der Bereinigung der Kundenkartei durch die Rückläufer auf das erste Anschreiben. Die Kosten des Anschreibens für die Sonnenschutzaktion lagen bei 2.401,42 €. Diese setzten sich wie folgt zusammen: 868,70 € Druckkosten und 1.468,08 € Portokosten. Auch hier kamen zusätzlich 64,64 € Portokosten für Briefe hinzu, die nicht zustellbar waren und retour gesendet wurden. Aufgrund der Karteibereinigung aus dem ersten Mailing waren dies dieses Mal aber schon wesentlich weniger unzustellbare Rückläufer.

Das dritte Anschreiben des Jahres richtete sich im Gegensatz zu den ersten beiden an Neukunden. Hierbei wurde die Herbstkampagne eines Brillenglaslieferanten zum Thema „Gleitsicht-ohne Risiko" genutzt. Die Herbstkampagne hat eine Laufzeit von Mitte September bis Ende Dezember. Der Hersteller bewarb die Kampagne auch online über eine individuelle Kampagnen-Website, in der die teilnehmenden Optiker gelistet wurden. Des Weiteren schaltete der Hersteller für die teilnehmenden Optiker eine individualisierbare Werbung auf Google und Facebook in der Region des Optikers. Über die online-Maßnahmen hinaus veranstaltete der Glashersteller eine Roadshow mit einem unternehmenseigenen Van, eine Art Sehtestmobil, mit dem Mitarbeiter des Glasherstellers zu verschiedenen Zeiten während der Kampagne an verschiedenen Orten präsent waren. Die Mitarbeiter des Glaslieferanten verweisen die Besucher des Vans gezielt an die teilnehmenden Optiker. Neben den zahlreichen POS-Dekorationen, Bannern, Schaufensteraufklebern und Folien wurde auch ein Selfmailer zum Anschreiben der Bestandskunden von der Industrie zur Verfügung gestellt. Diese Selfmailer wurden nicht genutzt, da man nicht ein drittes Mal die Bestandskunden anschreiben wollte. Stattdessen wurde basierend auf dem Selfmailer ein Flyer entwickelt, der per Postwurfsendung an die umliegenden Haushalte verteilt wurde. Durchgeführt wurde dies über den gemeinsamen Service von Flyeralarm und Postaktuell (www.flyeralarm-postaktuell.com). Hierbei kann neben dem Druck des Flyers auch gleich die Verteilung ausgewählt werden und man muss sich um die Verteilung der Flyer nach dem Druck nicht selbst kümmern. Ausgewählt wurde ein vierseitiger Flyer im DIN-A5 Querformat bei dem neben der Hersteller-Kampagne auch das eigene Unternehmen hervorgehoben wurde.

Als Verteilungsradius wurden die drei Postleitzahlgebiete, in denen der Betrieb ansässig ist, gewählt und darüber hinaus zwei weitere Postleitzahlgebiete im Umland hinzugefügt. Die Verteilung unterscheidet zwischen einer kompletten flächendeckenden Verteilung und einer Verteilung an die Haushalte mit Tagespost. Bei der Verteilung mit Tagespost erreicht man etwa 70 % der Haushalte. Diese ist wesentlich günstiger als die komplette flächendeckende Verteilung. Somit wurde die Verteilung auf die Haushalte mit Tagespost begrenzt. Nichts desto trotz erreichte man so 18.700 Haushalte. Bei einer Annahme von 0,3 % Rücklauf würden 56 Kunden in den Laden kommen. Bei einem durchschnittlichen Umsatz von 550,00 € pro Kunde, wohlwissentlich, dass die Aktion auf Gleitsichtgläser abgestimmt ist, die weitaus mehr kosten, aber es nicht bei jedem Kunden zu einem Kaufabschluss kommt, wäre ein durch die Werbeaktion generierter Umsatz von 30.800,00 € möglich. Die Kosten dieser Kampagne beliefen sich auf 947,00 €, die der Glashersteller für die Onlinemaßnahmen, Dekorationen und die Teilnahme an der Roadshow in Rechnung stellte. Hinzu kamen die Kosten für den Druck und die Verteilung der Flyer in Höhe von 3.223,71 €. Die Gesamtkosten betrugen somit 4.170,71 €.

9.2.6 Vollmachten

Patientenverfügung und Gesundheitsvollmacht
Für die gewerbliche Fortführung eines Betriebs ist die Ausstellung einer Gesundheitsvollmacht zunächst nicht so wichtig. Trotzdem wird an dieser Stelle kurz auf diese beiden Begriffe im Zusammenhang mit der Handlungsvollmacht eingegangen. Zunächst wird der Unterschied zwischen der Gesundheitsvollmacht und der Patientenverfügung erläutert. Grob kann man sagen, dass eine Gesundheitsvollmacht dazu dient, dass wenn man während eines medizinischen Eingriffs z. B. bedingt durch eine Vollnarkose, selbst nicht handlungsfähig ist, seitens eines Dritten medizinische Maßnahmen ergriffen werden können.

Bei der Patientenverfügung wird in der Regel auch für die Zeit nach dem medizinischen Eingriff vorgesorgt für den Fall, dass nach einem Eingriff die Handlungsfähigkeit nicht mehr vorliegen sollte. Dies betrifft z. B. die Entscheidung über lebensverlängernde Maßnahmen. Im Zuge der Ausstellung einer Gesundheitsvollmacht oder einer Patientenverfügung sollte immer auch die Ausstellung einer Handlungsvollmacht berücksichtigt werden, damit im Falle eines zeitweisen krankheitsbedingten Ausfalls der Person der Betrieb einen Handlungsbevollmächtigten hat. In diesem Fall sogar transmortal, da im Falle des Wunsches des Patienten nach lebensverlängernden Maßnahmen, die postmortale Handlungsvollmacht keine Gültigkeit erlangen würde (Meyer-Götz 2017, S. 52).

Vorsorgevollmacht und Generalvollmacht

Eine Vorsorgevollmacht oder Generalvollmacht sind im rein geschäftlichen Sinne nicht ausschlaggebend, da über die in diesem Kapitel erwähnte Handlungsvollmacht die Aufrechterhaltung des Geschäftsbetriebs gegeben ist. Da allerdings der Bevollmächtigte die Person oft im geschäftlichen und privaten Bereich gleichermaßen vertritt, soll an dieser Stelle erwähnt werden, dass eine Handlungsvollmacht alleine nur für den Handelsbetrieb und dessen geschäftliche Aktivitäten gilt. Wenn eine Handlungsfähigkeit eines Bevollmächtigten gegenüber Behörden, Kreditinstituten etc. im privaten Bereich benötigt wird, dann ist diese über eine Generalvollmacht oder Vorsorgevollmacht zu erlangen.

Der Unterschied zwischen der Vorsorgevollmacht und der Generalvollmacht liegt in der Beschränkung darin, dass die Vorsorgevollmacht erst dann den Bevollmächtigten befähigt, wenn der Vollmachtgeber nicht mehr in der Lage ist, seine Geschäfte selbst zu führen. Diese Absicherung für den Vollmachtgeber gegen Missbrauch erkauft man sich leider oft durch die fehlende Anerkennung der Vollmacht bei den verschiedenen Instituten und Behörden, da diese meist nicht in der Lage sind, die Geschäftsunfähigkeit des Vollmachtgebers zu überprüfen (Meyer-Götz 2017, S. 73).

9.2.7 Checkliste

Zusammenfassend werden die notwendigsten Dokumente und Tätigkeiten aufgelistet, die man benötigt, um im Todes- oder Krankheitsfall den Geschäftsbetrieb weiterführen bzw. übernehmen zu können:

- eine Bankvollmacht für den uneingeschränkten Zugriff auf die entsprechenden Bankkonten,
- bei mehreren Banken möglichst liquide Geschäftskonten,
- eine Handlungsvollmacht für die Befugnisse den Betrieb leiten und geschäftliche Entscheidungen treffen zu dürfen,
- ein Dokument der gewillkürten Erbfolge bzw. den Erbschein bei gesetzlicher Erbfolge,
- Kenntnisse über die Firmenrechtsform und ggf. ist die Rechtsform bereits zu Lebzeiten für eine etwaige Betriebsübernahme anzupassen,
- Werbeaktionen überlegen, um dem mit dem Todesfall des Inhabers immer einhergehenden Umsatzrückgang entgegenzuwirken,
- keine Todesanzeige schalten, um zumindest ein paar Tage „Aufschub" bis zu einer „Kontoeinfrierung" der Bank zu realisieren,
- eine Generalvollmacht oder Vorsorgevollmacht, wenn auch im privaten Bereich vorgesorgt werden soll.

9.2.8 Bundesnotarkammer

In der Bundesnotarkammer können Vollmachten, Verfügungen und Testamente hinterlegt werden. Vollmachten und Verfügungen werden im zentralen Vorsorgeregister hinterlegt. Das stellt nicht nur sicher, dass die Betroffenen sämtliche Dokumente schnell zur Hand haben. Im Falle eines Unfalls sind diese auch gegenüber Dritten missbrauchssicher. Das gilt ebenso für das zentrale Testamentsregister der Bundesnotarkammer. Das Register wird über jeden Sterbefall informiert und wird somit – falls ein Nachlasswille hinterlegt ist – diesen an das zuständige Nachlassgericht weiterleiten. Der Nachlass kann somit schneller abgewickelt werden (Testamentsregister 2018).

9.3 Die geschäftliche Neuausrichtung

9.3.1 Investitionen

Um mit dem Betrieb in Zukunft erfolgreich aufgestellt zu sein, ist immer zu investieren. Auch soll der „frische Wind", den der Unternehmensnachfolger in das Unternehmen bringt, sichtbar werden. Ein kompletter Umbau des Ladenlokals ist meist aufgrund der finanziell angespannten Situation nicht möglich, vielmehr soll mit gezielten „Eingriffen" das Ladenlokal aufgepeppt und modernisiert werden. Ein größerer Teil der Investitionen geht in dem vorliegenden Fall in neue optometrische Geräte, die dazu dienen, die optometrische Kompetenz, die der Autor in seinem berufsbegleitenden Masterstudium erworben hat, umsetzen zu können. In Abb. 9.5 findet sich ein Überblick der Investitionen.

In der Investitionsliste ist auch ein zweiter Kreditrahmen aufgeführt. Diese Investitionen sollen erst dann getätigt werden, wenn nach zwei Jahren das gesetzte Umsatzziel erreicht ist. Beim ersten Teil der Investitionsliste erkennt man, dass im Bereich der optometrischen Geräteausstattung in eine Videospaltlampe und einem Wellenfront-Aberrometer investiert werden soll. Bei der Investition in eine neue Ladenkasse handelt es sich um einen notwendigen Gegenstand, der dringend so oder so notwendig gewesen wäre. Bei den Investitionen in Stühle und in die neue Kassentheke lässt sich der Hintergrund das Ladenlokal so verändern, dass der Kunde mit dem neuen Inhaber auch eine optische Veränderung des alten Geschäftes wahrnimmt.

Der Punkt Wand-Refraktionsraum bedarf einer genaueren Erklärung. Der bisherige Augenprüfraum war nur durch einen Art Raumteiler vom Verkaufsbereich des Geschäfts getrennt. Dieser soll nun so abgetrennt werden, dass eine gewisse Ruhe im Refraktionsraum auch dann herrscht, wenn zeitgleich im Nebenraum eine Brillenberatung stattfindet. Der Schaukasten und die beiden in Abb. 9.5 erwähnten Leuchtkästen dienen dazu, den Außenauftritt des Betriebs zu modernisieren. Unter dem Punkt sonstige diverse Einrichtungsgegenstände verbirgt sich lediglich ein Liquiditätspuffer, der immer hilfreich ist.

Investitionsliste		
Opa Ladenkasse	2.447,24 €	
Stühle (Couch Wartebereich)	2.500,00 €	
Videospaltlampe	20.000,00 €	
Wand Refraktionsraum	4.500,00 €	
DnEye Scanner 2+	29.900,00 €	
Kassentheke	6.500,00 €	
Siebträger	500,00 €	
Beleuchtung	1.500,00 €	
Schaukasten	2.000,00 €	
Optik Leuchtkästen	700,00 €	
Brillen Wohlfart Leuchtkasten	700,00 €	
Scheitelbrechwertmesser	1.990,00 €	
Sonstige diverse Einrichtungsgegenstände	10.000,00 €	
		brutto
1. Kreditrahmen (Zwischensumme)	83.237,24 €	99.052,32 €
Fußböden 4. Stock	8.000,00 €	
Sehzeichen Projektor gebraucht	1.500,00 €	
Glaskasten Messbrille gebraucht	1.500,00 €	
Phoropter gebraucht	1.000,00 €	
Easy Scan	20.000,00 €	
Videospaltlampe	20.000,00 €	
Hörakustik	40.000,00 €	
		brutto
Kompletter Kreditrahmen	175.237,24 €	208.532,32 €

Abb. 9.5 Investitionsliste Businessplan

9.3.2 Finanzierung

Finanziert werden sollen die 83.237,24 € auf 10 Jahre zu 2,6 % Zinsen. Diese Zahlen sind reell, da ein entsprechendes Angebot eines Bankhauses vorliegt. Hierbei kämen monatliche Tilgungskosten von 833,33 € und Zinskosten von 216,67 € auf den Betrieb zu.

Folgejahr nach der Übernahme	1. Quartal		
	Jan	Feb	Mrz
Zahlungseingänge			
Umsatz gemäß Umsatzplan (*)	0,00 €	18.506,00 €	18.316,00 €
eingenommene Umsatzsteuer	0,00 €	3.516,14 €	3.480,04 €
vom Finanzamt erstattete Umsatzsteuer	16.804,17 €		
Kreditaufnahme	100.000,00 €		
Summe Zahlungseingänge	116.804,17 €	22.022,14 €	21.796,04 €
Auszahlungen			
Wareneinkauf (**)	5.205,74 €	5.129,74 €	5.205,74 €
Personal	4.074,33 €	4.074,33 €	4.074,33 €
sonstige Betriebsausgaben	5.239,93 €	5.239,93 €	5.239,93 €
Investitionen	83.237,24 €	0,00 €	0,00 €
Kreditkosten	216,67 €	216,67 €	216,67 €
Kredittilgung	833,33 €	833,33 €	833,33 €
Steuern(***)	0,00 €	0,00 €	0,00 €
gezahlte Vorsteuer	16.804,17 €	974,65 €	989,09 €
ans Finanzamt abgeführte Umsatzsteuer		2.541,49 €	2.490,95 €
Summe Auszahlungen	115.611,40 €	19.010,14 €	19.050,04 €
Saldo (Σ Zahlungseingänge - Σ Zahlungsausgänge)	1.192,76 €	3.012,00 €	2.746,00 €
Kasse	0,00 €	1.192,76 €	4.204,76 €
Liquiditätsreserve	1.192,76 €	4.204,76 €	6.950,77 €

(***) zugrundeliegende Steuersätze	
Gewerbesteuermesszahl	3,50%
Gewerbesteuerhebezahl Rosenheim	400%
Körperschaftssteuer inkl. Solidaritätszuschlag	15,83%
Steuern werden erst im Folgejahr fällig	

(*) Annahme: Zahlungseingang durchschnittlich 1 Monat nach Rechnungsstellung
(**) Annahme: Einkauf und Bezahlung der Waren im Absatzmonat
(***) Steuern werden jeweils im Folgejahr bezahlt

Abb. 9.6 Liquiditätsplan

Abb. 9.6 enthält nur das 1. Quartal. Da das laufende Jahr aufgrund des Todesfalls bisher zahlenmäßig rückläufig war, derzeit aber noch die Aktion „Gleitsicht-ohne-Risiko" läuft, ist zum Jahresende im besten Fall mit einer vergleichbaren Umsatzhöhe wie im Vorjahr zu rechnen. Die Absatz- und Umsatzplanung im Businessplan startet erst im auf den Tod des Betriebsinhabers folgenden Jahr.

Umsatz- und Absatzplanung im Folgejahr nach der Übernahme	1. Quartal			2. Quartal			3. Quartal			4. Quartal			Summe
	Jan	Feb	Mrz	Apr	Mai	Jun	Jul	Aug	Sep	Okt	Nov	Dez	
Arbeitstage (5,3-Tage-Woche)	23	20	22	20	20	21	23	22	21	22	22	19	255
Einstärkenbrillen	256												
Anzahl	32	32	32	32	32	32	32	32	32	32	32	32	384
Umsatz [€]	8.192	8.192	8.192	8.192	8.192	8.192	8.192	8.192	8.192	8.192	8.192	8.192	98.304
Mehrstärkenbrillen	545												
Anzahl	13	13	13	13	13	13	13	13	13	13	13	13	156
Umsatz [€]	7.085	7.085	7.085	7.085	7.085	7.085	7.085	7.085	7.085	7.085	7.085	7.085	85.020
Optometrische Dienstleistungen	79,0												
Anzahl	21	21	21	21	21	21	21	21	21	21	21	21	252
Umsatz [€]	1.659	1.659	1.659	1.659	1.659	1.659	1.659	1.659	1.659	1.659	1.659	1.659	19.908
Kontaktlinsen speziell	390,0												
Anzahl	3	2	3	2	3	2	3	2	3	2	3	2	30
Umsatz [€]	1.170	780	1.170	780	1.170	780	1.170	780	1.170	780	1.170	780	11.700
Kontaktlinsen konventionell	200,0												
Anzahl	2	3	2	3	2	3	2	3	2	3	2	3	30
Umsatz [€]	400	600	400	600	400	600	400	600	400	600	400	600	6.000
Monatsumsatz gesamt [€]	18.506	18.316	18.506	18.316	18.506	18.316	18.506	18.316	18.506	18.316	18.506	18.316	220.932

Abb. 9.7 Absatz- und Umsatzplanung

9.3.3 Absatz- und Umsatzplanung

Bei der Absatz- und Umsatzplanung des Folgejahres wird davon ausgegangen, dass monatlich etwa 32 Einstärken- sowie 13 Gleitsichtbrillen verkauft werden. Wenn man die Durchschnittspreise aus den vergangenen Jahren zugrunde legt, kommt man bei den Einstärkenbrillen auf einen durchschnittlichen Preis in Höhe von 256,00 € und bei den Gleitsichtbrillen auf 545,00 €. Die optometrischen Dienstleistungen, die aufgrund des angeschafften DNEye Scanners 2 + und der Videospaltlampe umfangreicher ausfallen, werden mit 79,00 € bepreist. Da man nicht davon ausgehen kann, dass alle Kunden die volle optometrische Sehanalyse möchten und einige Kunden auch mit dem Sehtest, wie er bisher durchgeführt wurde, zufrieden sind, ist davon auszugehen, dass im Mittel pro Monat 21 komplette optometrische Sehanalysen zu 79,00 € abgerechnet werden können. Im Bereich der Kontaktlinsenoptik ist von 30 Anpassungen im konventionellen Bereich und von 30 Anpassungen im speziellen Bereich auszugehen. Die konventionellen Kontaktlinsen sind inkl. Anpassung mit 200,00 € veranschlagt worden. Die Kontaktlinsen im Spezialsektor mit 390,00 €. Aus diesen geplanten Verkäufen entsteht ein Nettoumsatz für das Folgejahr in Höhe von 220.932,00 € (Abb. 9.7).

Die Umsatzzahlen für die weiteren Jahre sind Abb. 9.8 zu entnehmen. Für beide nachfolgenden Jahre ist von einer Umsatzsteigerung von jeweils 10 % ausgegangen worden.

9.3.4 Gewinn- und Verlustrechnung

Aus diesen geplanten Umsatzzahlen und aufgrund der Kostenstruktur des Betriebs ergibt sich nachfolgende Gewinn- und Verlustrechnung (Abb. 9.9).

Umsatz- und Absatzplanung für die Folgejahre nach der Übernahme	Folgejahr 1	Folgejahr 2
Arbeitstage (6-Tage-Woche)	255	255
Einstärkenbrillen		
Anzahl	420	460
Umsatz [€]	107.520	117.760
Mehrstärkenbrillen		
Anzahl	170	187
Umsatz [€]	92.650	101.915
Optometrische Dienstleistungen		
Anzahl	272	302
Umsatz [€]	21.488	23.858
Kontaktlinsen speziell		
Anzahl	33	36
Umsatz [€]	12.870	14.040
Kontaktlinsen konventionell		
Anzahl	33	36
Umsatz [€]	6.600	7.200
Gesamtumsatz [€]	**241.128**	**264.773**

Abb. 9.8 Absatz- und Umsatzplanung Folgejahre

In Abb. 9.9 ist zu erkennen, dass sich ab dem folgenden Jahr ein positives Betriebsergebnis einstellen wird. Da es sich bei dem beschriebenen Unternehmen um ein Einzelunternehmen handelt, ist im Jahresüberschuss allerdings auch das gesamte Einkommen des Betriebsinhabers eingerechnet, da bei Einzelunternehmen der Unternehmerlohn des Einzelunternehmers nicht in den Personalkosten verbucht wird.

Zusammenfassend ist zu sagen, dass der finanziell angeschlagene Betrieb ein Potenzial zu Umsatzsteigerung hat und ab einem Umsatz von 264.000,00 € pro Jahr rentabel genug ist, um diesen Betrieb fortzuführen. Bei Erreichen der Umsatz- und Ertragsziele kann in den Folgejahren die geplante weitere Investition, nämlich der Aufbau einer Hörakustikabteilung, getätigt werden. Bei Nichterreichen der geplanten Umsatz- und Ertragsziele ist über eine Neuausrichtung des Betriebes oder eine Geschäftsaufgabe nachzudenken.

Gewinn- und Verlustrechnung	Folgejahr 1	Folgejahr 2	Folgejahr 3
Umsatzerlöse	220.932	241.128	264.773
Bestandsveränderung (*)			
Andere betriebliche Erträge (*)			
Betriebsleistung			
Materialaufwand	62.013	67.769	74.321
Personalaufwand	48.892	48.892	48.892
Planmäßige Abschreibungen	9.240	9.240	9.240
Sonstige betriebliche Aufwendungen	62.879	62.149	62.149
EBIT	**37.908**	**53.078**	**70.170**
Aufwendungen für Betriebsleistung			
Zinsergebnis	-2.600	-2.340	-2.106
Ordentliches Unternehmensergebnis	35.308	50.738	68.064
Bemessungsgrundlage für Steuern	35.308	50.738	68.064
Steuern (#)	10.530	15.133	20.300
Jahresüberschuss /Jahresfehlbetrag	**24.777**	**35.605**	**47.764**

(*) Aus Vereinfachungsgründen nicht geplant

(#)zugrundeliegende Steuersätze:	
Gewerbesteuermesszahl	3,50%
Gewerbesteuerhebezahl Rosenheim	400%
Körperschaftssteuer inkl. Solidaritätszuschlag	15,83%

Abb. 9.9 Gewinn- und Verlustrechnung Folgejahre

Literatur

Bücher

Meyer-Götz H et al (2017) Das Alles-ist-geregelt-Buch. Deutscher Sparkassen Verlag GmbH, Stuttgart

Internet

Anwalt 24 (2018) Postmortale Vollmacht. https://www.anwalt24.de/lexikon/postmortale_vollmacht. Zugegriffen: 7. Okt. 2018

Bundesnotarkammer (2018) Informationen Erben. https://www.bnotk.de/Buergerservice/Informationen/Erben/Notariell.php. Zugegriffen: 7. Okt. 2018

Finanztipp (2018) Erbfolge. https://www.finanztip.de/erbfolge/. Zugegriffen: 7. Okt. 2018

Habig H, Berninghaus J (2004) Die Nachfolge im Familienunternehmen ganzheitlich regeln. Springer-Verlag, Heidelberg

Handwerkskammer für Oberfranken (2018) Was ist das Unternehmen wert? https://www. hwk-oberfranken.de/viewDocument%3Fonr%3D72%26id%3D38. Zugegriffen: 7. Okt. 2018

IHK Leipzig (2018) Prokura und Handlungsvollmacht. https://www.leipzig.ihk.de/mediathek/Prokura%20und%20Handlungsvollmacht.pdf. Zugegriffen: 6. Okt. 2018

Testamentsregister (2018) Testamentsregister. https://www.testamentsrcgister.de/. Zugegriffen: 10. Okt. 2018

Stichwortverzeichnis

© Springer Fachmedien Wiesbaden GmbH, ein Teil von Springer Nature 2019   181
A. Nagl (Hrsg.), *Wie regele ich meine Nachfolge?*,
https://doi.org/10.1007/978-3-658-25845-0

Anna Nagl

Der Businessplan

Geschäftspläne professionell erstellen
Mit Checklisten und Fallbeispielen

9. Auflage

EBOOK INSIDE